다름으로 환대하며
존재로 가르치는

별별 교사들

별도의 표시가 없는 한 교육공동체 벗이 생산한 저작물은 크리에이티브 커먼즈
[저작자표시-비영리-변경금지 4.0 국제 라이선스]에 따라 이용하실 수 있습니다.
http://creativecommons.org/licenses/by-nc-nd/4.0

다름으로 환대하며 존재로 가르치는
별별 교사들 2

ⓒ 채홍 외, 2024

2024년 12월 23일 처음 펴냄

글쓴이 | 채홍, 이강희, 박병찬, 현유림, 손지은, 배성규, 구윤숙, 조윤주, 보란
편집부장 | 이진주
기획·편집 | 서경, 공현
출판자문위원 | 이상대, 박진환
디자인 | 이수정, 박대성
제작 | 세종 PNP

펴낸이 | 김기언
펴낸곳 | 교육공동체 벗
사무국 | 최승훈, 이진주, 설원민, 서경, 공현
출판등록 | 제2011-000022호(2011년 1월 14일)
주소 | (03971) 서울시 마포구 성미산로1길 30 2층
전화 | 02-332-0712
전송 | 0505-115-0712
홈페이지 | communebut.com

ISBN 978-89-6880-190-7 03370

다름으로 환대하며 존재로 가르치는

별별 교사들

2

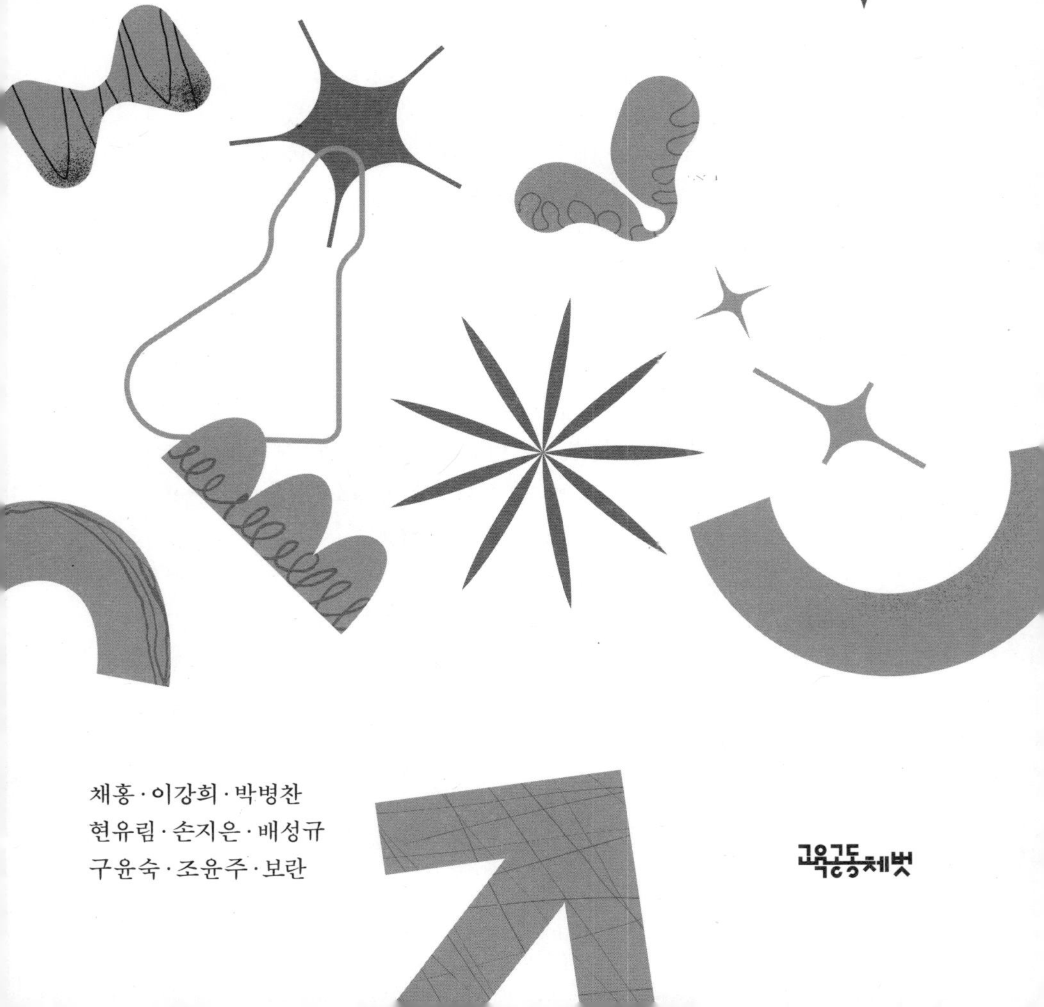

채홍 · 이강희 · 박병찬
현유림 · 손지은 · 배성규
구윤숙 · 조윤주 · 보란

교육공동체벗

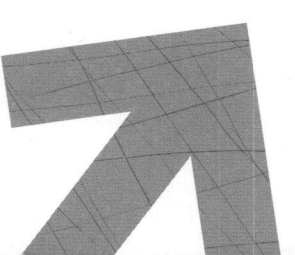

이 책의 집필에 참여한 사람들

채홍 슬프고 아름다운 이야기를 좋아한다. 이 세상을 싫어하지만, 이 세상이 변하는 것을 보고 싶어 오래 살고 싶다. 아이들에게 이 세상의 슬픔과 아름다움, '그럼에도 불구'하는 마음을 가르쳐 주고 싶다.

이강희 1995년 강원도 홍천군 출생, 농촌과 지방 소도시를 거쳐 서울에 거주 중이다. 초등 교사로 일하며 영화, 사진, 글쓰기 등 다양한 놀이를 하며 지낸다. 다큐멘터리 〈모든 가족은 퀴어하다〉(2024)를 연출했다.

박병찬 삶은 때로 우리가 예상치 못한 길로 안내한다. 비장애인에서 중증 장애인이 되는 순간, 내 삶은 크게 달라졌다. 장애를 겪으면서 사회에서 소외되고 배제되는 삶으로 바뀌었다. 그러던 중 '내 존재 자체가 교육이 될 수 있다'라는 말을 듣고 용기를 얻어 15년째 아이들과 함께하며 행동하는 삶의 가치를 몸소 가르치고 있다. 나는 희망한다. 내 이야기가 세상을 바꾸는 용기가 되기를…….

현유림 햇빛이 만들어 내는 밝음과 어두움을 유심히 바라보는 사람. '연대하는 교사잡것들' 모임에서 활동하고 있다. 어린이·청소년과의 평등한 관계를 고민하고, 함께 자유로울 수 있는 세상을 꿈꾼다.

손지은 강원도 동해의 바다를 보고 자랐다. 물결의 도도한 기상을 마음에 품고 산다. 자연을 닮은 춤 훌라를 추고 가르치며 파도가 되기도, 바람이 되기도, 새가 되기도 한다. 초등 교사로 일하다가 지난 4년 동안 전국교직원노동조합에서 전임으로 일하고 있다.

배성규 소리를 보는 삶을 통해 바람의 흔적을 기억하려는 특수교사이다. 들리지 않는 세상에서 견딜 수 없는 것들을 한미한 이 몸뚱이로 저항하고, 얕은 헤아림으로 다친 마음을 스스로 다독여 왔다. 모두가 함께 가면 커다란 길이 되듯, 나 홀로 겪은 저항의 흔적이 모두의 목소리로 공유되어 우리의 길을 만들어 가기를 희망한다.

구윤숙 가르치는 것보다 배우는 게 더 좋다. 좋은 스승과 도반을 만나 오랫동안 즐겁게 공부하고 있다. "아직도 배우고 싶은 게 있으세요?"라는 말을 가끔 듣는다. 그리스 신화, 중국 고전, 서양 미술사, 철학, 과학 등등. 배울 게 많아서 좋다.

조윤주 학창 시절에도, 특수교사가 된 이후에도 학교라는 조직이 녹록지 않음을 수시로 마주한다. 하지만 나의 존재가 때때로 제자들에게 '가르침'이 되고, 제자들의 존재가 때때로 나에게 '행복'으로 다가오는 걸 느낄 때가 있다. 그렇게 우리의 존재가 '때때로' 서로에게 의지함을 느낄 때 나는 특수교사로 조금 더 살아가도 되겠다고 생각한다.

보란 돌봄 노동을 하며 글 쓰는 것을 좋아한다. 특성화고등학교 1학년 학생들과 함께 과학을 한다. 우울증을 겪으며 여동생, 길고양이 모모, 코코와 같이 살고 있다. 아파도 자기다운 삶을 모두가 살 수 있길 희망한다.

차례

이 책의 집필에 참여한 사람들 … 4

책을 펴내며 한 줌의 우리들 | 채훙 … 8

서로에게 기대어, 무너지지 않기
가난, 퀴어, 우울이 교사로서의 나에게 남긴 것들 | 채훙 … 15

젠더는 어디에나 있고 어디에도 없다
교실 안의 퀴어 활동가 | 이강희 … 39

내 모습이 나의 가르침
있는 그대로의 나를 세상에 던지는 특별한 교육 | 박병찬 … 65

반투명한 보따리를 둘러메고
'땜빵 교사'의 자리에서 바라본 학교의 풍경 | 현유림 … 101

학교에 나 같은 사람이 없을 리가
페미니스트 '강성 노조' 여교사·활동가의 학교 생존기 | 손지은 … 125

기억의 공유, 새로운 지경을 위해
　　다양한 장애 유형의 교원과 함께 '낯섦'을 넘어 | 배성규 … 151

학교를 나온 교사, 학교로 돌아간 이방인
　　가르치는 것보다 배우는 것이 더 좋다 | 구윤숙 … 185

우리를 담기엔 그릇이 작은 학교
　　휠체어를 타고 다시 돌아간 학교에서 | 조윤주 … 217

취약한 나로 되돌아가 보았습니다
　　아픈 가족을 돌보며 가족 너머의 돌봄을 상상하기 | 보란 … 251

책을 펴내며
한 줌의 우리들

'한 줌'이라는 말이 있다. '줌'은 '주먹'의 준말로, 그리 많지 않은 양을 이야기할 때 한 줌이라는 표현을 종종 쓴다. 대학 시절 인권 단체에서 활동할 때, 한 활동가가 "우리는 한 줌밖에 안 되기 때문에 더더욱 연대해야 해"하며 자조적으로 말한 적이 있다. 나는 이 말에 대해 종종 생각한다.

한 줌은 확실히 많은 양은 아니다. 하지만 누군가의 빈손을 가득 채울 수 있다. 또 그 한 줌의 힘을 그러쥔 채, 글러 먹은 사회를 향해 주먹을 날릴 수도 있다. 나는 이 책이 그러한 '한 줌'들이 모여 만들어진 이야기라고 생각한다.

《다름으로 환대하며 존재로 가르치는 - 별별 교사들 2》는 다양한 정체성을 가진 교사들이 지금-여기의 학교에서 어떻게 역동하며 살아가는지를 보여 주기 위해 기획되었다. '다름'을 지닌 교사들이 학교 안에서 어떤 변화를 가져오고 있으며, 이로 인해 앞으로 학교가 어떻게 변화할지를 보여 준다.

채홍은 가난, 퀴어, 우울의 체험이 교사로서의 자신에게 남긴 것들에 대해 말하며, 취약성에 기반한 연대의 힘을 이야기한다. 보수적인 교직 사회 안에서 아웃팅의 위협을 느끼며 '다른 나'를 숨길 수밖에 없었던 경험을 털어놓는다. 동시에 그와 비슷한 다름을 지닌 학생들을 향해 공감과 위로를 건네며 연대해 온 경험을 나누고자 한다. 이를 통해 서로에게 기대어, 무너지지 않고 연대할 수 있는 가능성을 모색하고자 한다.

이강희는 학교 안에서 지워진 젠더와 퀴어, 페미니즘 담론에 대해 이야기한다. 퀴어로 정체화한 저자는 성별이분법을 체화한 학생들의 말과 행동으로부터 위협을 느끼지만, 한편으로는 교실에서부터 여성과 남성, 피해와 가해, 정상과 비정상을 구획하는 불합리한 이분법에 균열을 낼 수 있는 가능성을 발견한다. 그리고 이러한 경계를 가로지르는 '교실 안의 퀴어 활동가'로서의 교육적 경험을 공유하고자 한다.

박병찬은 장애로 인해 삶의 어떤 부분은 떠나보낼 수밖에 없었지만, 동시에 장애를 매개로 동료 교사와 학생을 비롯한 타인과 연대하고 함께하는 시간을 보낼 수 있었다고 회고한다. 차별과 혐오에 치열하게 맞섰던 경험을 나누며 저자는 다름을 지닌 존재 자체, 즉 있는 그대로의 모습을 세상에 내던지는 것만으로도 아이들에게 의미 있는 가르침이 될 수 있다는 메시지를 전하고자 한다.

현유림은 어린 기간제 교사라는 이유로 담임의 자율권을 존중받지 못하고, 동등한 노동자가 아닌 다른 누군가의 '땜빵'으로 여겨졌던 경험을 이야기한다. 저자는 교사가 가진 노동자로서의 권리를 침해하는 근본적인 문제점을 해결하지 않으며 소위 '문제 학생'을 탓하고 소외되게끔 하는 학교의 구조를 비판적으로 바라본다. 그리고 학교의 구조적인 문제는 단지 신물이 난 개개인들이 학교를 떠난다고 해결되지 않으며, 오히려 내부자로 위치하며 이러한 문제에 대해 적극적으로 거부하고 비판하는 과정을 통해 바꿔 나갈 수 있을 것이라는 가능성을 제시한다.

손지은은 페미니스트이자 '강성 노조 활동가'인 비혼 여성 교사로서의 경험을 공유하며, 보수적인 교직 사회 안에서 불온한 존재로서 분투해 온 과정을 이야기한다. 교원 노동조합 안에서 학교를 둘러싼 다양한 역동을 느끼는 한편, 조합 내 여성 차별을 발견하고 '페미 선본'으로 선거에 출마하게 된 일련의 과정을 위트 있게 풀어내면서 저자는 모든 개인이 고유한 존재로서 함께할 수 있는 학교를 꿈꾸고자 한다.

배성규는 청각장애를 가진 교사로서 사회의 차별과 혐오에 맞서 온 투쟁의 서사를 다각적인 관점에서 되짚어 본다. 장애인 교원 단체의 내부자로서 외부의 몰이해와 무관심에 대해 분노하는 동시에, 장애인 교사라는 공통의 정체성 아래 모인 사람들 사이에도 낯섦과 다름이 존재하며 이들 역시 당연하게도 무결하지 않다는 점을 짚어 낸다. 그러면서 서로를 이해한다는 것은 단지 서로에게 익숙해지는 것이 아니라 끊임없이 새로움을 발견하는 과정이어야

함을 이야기하며 모두가 '평범'하고 행복한 세상의 가능성을 모색한다.

구윤숙은 교사에게 공부가 갖는 의미에 대해 경험적으로 탐구하는 동시에, 정교사를 그만둔 뒤 다시 학교로 돌아온 기간제 교사로서 학교에서 느낀 위화감과 부조리를 지적한다. 배우는 일에 대한 애정에 기반하여 학생들을 가르치는 일을 다시 선택하게 된 저자는 학교라는 공간에서 비정규직 교사 - 철저한 이방인으로 여겨지던 상황을 구체적인 사례로 풀어낸다. 그리고 학교라는 공간의 내부자인 동시에 외부자로서의 정체성을 유지한 채 객관적인 시선으로 학교를 바라보며, 그럼에도 불구하고 자신의 삶을 경유해 공부의 즐거움을 아이들에게 가르치는 일의 보람에 대해 이야기한다.

조윤주는 장애 학생으로서 경험한 차별과 장애인 교사로서 경험한 차별의 양상을 돌이켜보며, 장애 학생이 '무사히' 졸업하기가 여전히 어려운 학교 현장의 문제점을 짚어 본다. 교실의 위치나 엘리베이터의 유무 등 물리적 요소는 물론, 학교 구성원들의 차별 등 심리적 요소 역시 장애인에게 학교가 안전한 공간이라는 믿음을 갖지 못하도록 방해한다. 이 글에서는 학생과 교사의 입장을 모두 경험한 장애인 당사자로서 앞으로 변화할 학교의 모습에 대한 희망과 기대를 이야기한다.

보란은 아픈 가족을 돌보았던 경험이 교사로서의 삶에 미친 영향을 이야기하며, 돌봄에 대한 새로운 인식을 제시하고자 한다. 학생들이 좋은 삶을 살게 하기 위해 가르치는 동시에, 쓸모 있는 삶을 살게 하기 위해 다그치게 되는 교사의 이중적인 역할에 대해 고민한다. 이러한 고민의 과정을 거치며, 저자는 아이들이 자신을 돌보는 법을 배우는 것과 함께 타자와 공존하는 법을 배울 수 있어야 한다는 결론에 도달하게 된다.

각각의 이야기를 짧게 살펴본 바와 같이, 개인이 지닌 정체성은 교차성을 갖는 복수의 정체성이기도 하고 삶의 양태를 크게 뒤바꾸어 놓은 하나의 정체성이기도 하다. 하지만 이들을 꿰뚫는 하나의 공통점이 있다면, 이러한 정체성들은 사회적으로 만들어지는 종류의 것이라는 점이다. 성별이분법적인 사회가 아니라면 동성애자는 소수자가 아닐 것이고, 장애인이 이용 가능한 사회적 자원이 풍부한, 충분히 배리어프리 barrier-free 한 사회라면 장애인은 지금과 같은 차별을 겪지 않을 것이다. 이러한 점을 고려할 때, 우리를 주류 사회의 울타리 바깥으로 밀어내는 '다름'의 정체성은 사회에 의해서 규정지어진 것으로 볼 수 있다.

학교 역시 하나의 작은 사회이기에, 우리 사회의 차별과 혐오가 학교 안에서도 그대로 나타나기도 한다. 또한 어떤 경우에는 체제순응적 공간인 학교의 특성상 사회적 잣대가 더욱 심하게 작용하기도 한다. 학교라는 보수적 사회 안에서, 어떤 이는 사회와 불화하는 자신의 정체성을 적극적으로 드러내기도 하고, 어떤 이는 이러한 정체성을 숨기기도 한다. 그러나 어떠한 선택을 하든, 우리가 지닌 다름은 우리의 실천에서, 교육에서, 삶에서 감출 수 없는 파문이 되어 변화를 가져오고 있다.

한편으로 '다름'이라는 정체성, 다시 말해 소수자성을 지닌다는 것이 우리를 모두 하나로 이어 주는 것은 아니다. 사회의 울타리 바깥으로 밀려난 사람들이라는 공통점이 있을 뿐, 그 안을 들여다보면 우리는 저마다 다른 삶을 영위하고 있기 때문이다. 그러나 서로의 동질성을 이야기하며 하나의 통일된 결론을 내려 하지는 않았다. 대신 학교라는 공간 안에 존재하는 다성적인 목소리를 있는 그대로 전하고자 한다.

이 책에 실린 다른 저자들의 글을 읽으며 조르주 쇠라의 그림이 떠올랐다. 쇠라는 점묘법을 사용한 대표적인 인상주의 화가이다. 점묘법은 수없이 많은 점들로 색과 면을 표현하는 기법을 말한다. 서두에서 이 책이 '한 줌'의 사람들이 모여 만든 책이라는 생각을 밝힌 바 있다. 학교라는 사회에서 우리와 같이 '별난' 교사들은 하나의 작은 점에 불과할지도 모른다. 하지만 한 줌의 사람들이 각자의 자리에서 분투하며 한 점을 찍고, 그 점들이 모여 독특한 빛깔로 학교를 물들일 수 있으리라는 생각이 든다. 지금까지 상상하기 어려웠던 그 빛깔을 함께 그려 나가는 데 이 책이 참조가 되기를 바란다.

2024년 12월
저자들을 대신하여
채홍

서로에게 기대어, 무너지지 않기

―――

가난, 퀴어, 우울이
교사로서의 나에게 남긴 것들

―――

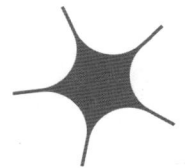

채홍

이 이야기는 개인의 이야기에서 교육의 이야기로, 교육의 이야기에서 사회의 이야기로 외연을 넓혀 간다.

나는 퀴어다. 가난을 경험했고, 가족의 죽음을 경험했다. 우울증과 공황장애를 갖고 있다.

그리고 나는 교사다. 문학을 사랑하고, 아이들에게 항상 나의 진심을 건네고, 선의와 정의의 가치를 가르치고 지키기 위해 노력하는 교사다.

두 이야기 사이에는 아주 넓은 강이 있는 것만 같다. 나는 여기에 징검다리를 둘 수 있는 이야기를 하고 싶다. 그리고 이 이야기가 당신에게 가닿기를 소망하고 있다.

취약성의 기원

나는 항상 가난에 대해 이야기하고 싶었다. 보통의 사람들이 이야기하는 가난은 내가 경험한 가난과는 조금 달랐다. 김영하의 소설 〈오직 두 사람〉에는 두 사람만이 사용하던 어떤 언어가 한 사람의 죽음으로 인해 소실되는 것에 대한 비유가 나온다.* 유일하게 모국어로 함께 이야기를 나누던 사람이 사라지면, 그는 혼잣말을 거듭하며 잊고 싶지 않은 언어를 곱씹게 된다. 나에게는 가난이 그런 모국어였다.

초등학교에 입학할 무렵 나는 잠시 아빠를 떠나 엄마와 함께 살게 되었다. 다이아몬드가 박힌 분홍색 침대에서 잠을 자게 해 주겠다는 엄마의 말을 듣고, 엄마의 손을 잡고 나선 것이 시작이었다. 긴 여정을 떠나 도착한 집은 반지하에 곰팡이가 가득 핀 원룸이었다. 그날 밤 나는 엄마에게 좀처럼 쓰지 않던 떼를 쓰며 울었다. 다이아몬드가 박힌 분홍색 침대에서 자게 해 준다며, 그건 어딨냐고. 엄마는 아무 말도 하지 않았다.

먹을 것을 먹지 못해 신체 검사에서 안 좋은 결과가 나왔다. 담임 선생님이 따로 불러서 이야기해 준 결과를 뜻도 모른 채 집으로 가 엄마에게 전했다. 엄마는 그 순간 내 뺨을 때렸다. 그리고 나를 감싸안고 울었다. 나도 울었다. 그날 저녁에는 김칫국에 오뎅을 넣고 끓여 밥을 먹었다. 좁은 집에서 아픈 정신을 끌어안고 나를 먹여 살리던 엄마는 때때로 배드민턴 채의 줄이 끊어질 때까지 나를 때렸다.

먹을 것이 없어서 한두 달을 라면만 먹기도 했다. 그마저도 여의치 않으면 밥 위에 라면 스프를 뿌려서 먹었다. 화장실은 지상으로 통하는 계단을 타고 나가면 있었다. 한겨울에는 화장실을 가는 길이 너무 무섭고 추웠다. 푸세식 화장실 아래에는 앨리스의 토끼

---

* 김영하(2017), 〈오직 두 사람〉, 《오직 두 사람》, 문학동네.

굴처럼 깊은 구멍이 보였다. 나는 발을 헛디뎌 거기에 빠지는 상상을 하곤 했었다. 그때 우리 가족은 보일러도 들어오지 않는 방에서 이불 안에 드라이기를 넣고 뜨거운 바람을 쐬며 한겨울을 났다.

아빠는 중국집에서 배달 일을 했고, 엄마는 대인기피증과 망상장애가 있었다. 여기에는 수없이 많은 슬픈 이야기가 담겨 있다. 언젠가 돈 세는 기계를 갖고 싶다던 엄마의 꿈, 어느 날 배달을 갔는데 친구와 함께 있는 내가 자신을 모른 척할까 봐 무섭다던 아빠의 두려움. 나는 그런 것들을 생각하며 공부했다. 내 방도 없는 집에서 컴퓨터 책상의 키보드를 치우고 공부하거나 새벽까지 화장실 변기에 앉아 공부를 했다. 지난한 시간이 지나고 나는 서울에 있는 대학에 합격했다. 작은 집에서 가족들은 나를 자랑스러워하며 기뻐했다.

대학에서 나는 내가 퀴어임을 알게 되었고, 처음으로 지독한 짝사랑을 경험했다. 그사이 사회에서는 많은 일들이 일어났다. 함께 시위에 나가고, 함께 문학을 하며 그 사람과 연인이 되었다. 대학에서 나는 자유로웠으나, 집으로 돌아가면 망상장애에 시달리는 엄마와 교통사고를 당한 아빠가 있었다. 12시가 되면 마법이 풀리는 신데렐라처럼, 그러한 생활의 낙차가 나를 깊은 우울로 이끌었다.

대학을 졸업하면서 임용에 바로 합격한 나를 보며 가족들은 기뻐했다. 그리고 모든 것들이 지나고 1년이 채 되지 않았을 때 엄마는 암 투병을 하다가 돌아가셨다. 그 일은 나의 영혼을 조금쯤 망가뜨렸다. 처음으로 공황 발작을 경험했고 병원에서 우울증과 공황장애 진단을 받았다. 처음으로 상담이 아닌 약물 치료를 받기 시작했다.

이 모든 이야기는 내가 사람들의 어떤 말들을 그냥 웃어넘기지 못하는 이유이다.

웃음을 멈추거나, 함께 웃거나

교실에서는 다양한 말이 오간다. 수업 중에도 그러하고, 아이들의 휴식 시간 중에도 마찬가지이다. 웃음은 사람의 가치관을 가장 잘 보여 주는 행위 중 하나이다. 나는 아이들의 웃음에서 타자에 대한 폭력을 곧잘 포착하곤 한다.

문법 수업을 하던 중이었다. 용언의 활용에서 어간은 독립적으로 쓰일 수 없고, 반드시 어미가 있어야 함을 설명하고 있었다. '어미가 없으면 안 된다'는 나의 말을 들은 한 학생이 웃음을 터뜨렸다. 설명을 멈추고 그 아이를 바라보았으나 계속 웃고 있었고, 다른 아이들도 웃기 시작했다. 나는 그 아이의 웃음의 이유를 짐작할 수 있었다. 그리고 당연하게도 그 순간 그곳에는 어머니가 없는 아이들이 있었다.

그 아이에게 왜 웃냐고 물어보았으나, 대답하지 않고 계속 웃었다. 그래서 나는 말했다.

"현준이는 어머니가 없으면 안 된다고 생각하나 봅니다. 그러면 선생님이 '갑분싸' 만들어 볼게요. 선생님네 어머니도 돌아가셨습니다."

아이들은 일순 숙연해졌다. 연신 웃음을 터뜨리던 아이가 책상으로 시선을 떨구고 웃음을 그쳤다. 나는 나의 어머니가 암으로 투병을 하다가 돌아가셨으며, 그 일로 몹시 슬펐지만 딛고 일어나 결국 여기에 서 있다고 말했다. 그러니, 어미가 없으면 안 된다는 것은 문법에서만 유효한 이야기며 실제로는 어미가 없어도 된다고. 너희 모두 언젠가는 소중한 부모님을 떠나보내고 홀로 서야만 하는 날이 올 수밖에 없고, 어쩌면 조금 더 일찍 올 수 있다고. 그러니 어미가 없으면 안 된다는 말에 장난스럽게 웃는 짓은 하지 말자고 말했다.

화가 나서 이야기한 것도, 특별한 기대를 품고 이야기한 것도 아니었으나 아이들은 생각 외로 진지하게 이야기를 들어 주었고 웃음을 터뜨린 아이는 죄송하다고 말했다.* 아이들에게 가족의 죽음을 말해도 되는 건지 고민을 했었지만, 엄마가 없으면 안 된다는 생각을 하며 저열한 웃음을 짓는 아이들 사이에서 웃지 못했을 몇몇의 아이들을 생각하면 말하지 않을 수 없었다. 누군가의

---

* 글에서 다룬 학생들의 사례는 민감한 정보를 삭제한 후 익명성이 보장되도록 복수의 사례를 엮어 재구성한 사례이다.

슬픔을 덜어 주기 위해, 이러한 순간에 나는 기꺼이 누군가의 웃음을 멈추고 싶다.

사라 아메드는 《페미니스트 킬조이》에서 페미니스트가 어떻게 사람들의 정치적으로 올바르지 못한 즐거움을 빼앗아 버리는지를 이야기한다.* 이를 칭하는 단어 '킬조이killjoy'는 굉장히 오랜 기원을 지닌 단어인데, 나는 이것이 한국의 신조어 '갑분싸'와 매우 흡사하다고 생각한다. 무언가가 잘못되었다고 말하는 것이 분위기를 망칠까 봐 종종 말하지 못할 때가 있으며, 대부분의 경우 어떤 종류의 취약성을 가진 사람이 그런 위치에 놓이게 된다. 때때로 나의 취약성은 나를 적극적인 킬조이로 만든다. 그리고 교사라는 직업은 킬조이가 되기에 적합하기도 하다. 교실에는 '어미가 없다'고 말하면 웃는 아이가, 소설 속 인물이 배달을 하다가 교통사고를 당하면 '딸배'라며 웃는 아이가, 비빔밥이 나오면 '보빔밥'이라며 웃는 아이가, 도서관에 가면 죽은 정치인의 책을 가리키며 킥킥대는 아이들이 있다. 어떤 웃음은 그 자체로 부당하기 때문에 반드시 멈춰야만 하는데, 교사라는 자리는 다행히 그것이 자연스러운 자리이다.

한편으로 취약성은 타인에 대한 이해를 도우며 연대의 기반이 되기도 한다. 흔히 사람들이 생각하는 교사는 중산층 정상 가

---

* 사라 아메드, 김다봄 옮김(2023), 《페미니스트 킬조이 - 쉽게 웃어넘기지 않는 이들을 위한 서바이벌 가이드》, 아르테.

정에서 자라 모범적으로 학교생활을 하고, 성공적인 연애와 결혼을 완수한 비장애 이성애자이다. 그리고 어떤 학생들은 바로 그 지점에서 거부감을 느끼기도 한다. 잘 가르치는 선생님, 재미있는 선생님은 많지만 정상성의 울타리를 벗어난 아이들에게 나도 너와 같다고 말해 줄 수 있는 선생님은 많지 않다. 나는 그저 부모님이 두 분 다 계신다는 걸 당연하게 여기지 않고, 이성 애인이 있다는 걸 당연하게 여기지 않고, 우울증이 있다는 걸 이상하게 여기지 않는 그런 선생님이 아이들에게 있으면 좋겠다고 생각했던 것 같다. 학교는 정상성의 공간이고, 그 안에는 정상성의 규격을 벗어난 정체성을 숨기며 살아가는 아이들이 있었다. 아이들에게 학교는 하나의 세상이기에, 나는 그 세상에서 다양한 아이들의 손을 잡아 주고 싶었다.

실제로 선생님이 되어 마주한 아이들의 모습은 다양했다. 집을 나와 쉼터에서 지내는 아이, 지병이 있어 자주 기절하는 아이, 우울증이 심한 아이, 자해하는 아이, 가난한 아이 등 학교에는 수없이 많은 모양새의 아이들이 섞여 지내고 있었다. 나에게 그런 아이들이 많이 온 건지, 혹은 내가 그런 아이들을 찾아 나선 건지는 알 수 없었다. 세희와 지완(모두 가명)도 그러한 아이들 중 한 명이었다.

우울에 대처하는 우리의 자세

세희는 우울증과 공황장애가 심한 아이였다. 학교에 나오면 증상이 심해져서 학교에 왔다가도 금방 조퇴를 하곤 했다. 대신 세희는 나와 상담을 하며 고민을 털어놓는 것을 편안하게 생각했기 때문에, 조퇴를 하기 전 1시간씩 상담을 하곤 했었다. 어느 날 나는 세희에게 혹시 지금 겪고 있는 어려운 문제가 있느냐고 물었다. 세희의 공황장애와 관련해 직접적으로 스트레스를 주는 문제가 있다면 돕고 싶어서 물었던 것이었다. 세희는 잠시 고민하다가, '어른들은 이해하기 힘들 만한 문제'로 어려움을 겪고 있다고 말했다. 선생님에게 말하고 싶지만, 선생님도 어른이기 때문에 이해할 수 없을 것이라는 말이었다. 나는 어떤 문제일지 알 수는 없지만 선생님은 너의 편이니, 혹시 나중에 말하고 싶어질 때가 오면 말해 줘도 좋다고만 말해 두었다.

시간이 지난 뒤 세희는 평소처럼 찾아와 이야기를 했다. 학교 안에서 동성 애인을 사귀었다가 헤어졌는데, 그 일로 힘들어하고 있었다는 이야기였다. 그리고 자신의 정체성을 주변에 어떻게 알렸고 주변에서는 어떤 반응이었는지 나에게 말해 주었다. 나는 관계가 끝났을 때 어떻게 받아들여야 하는지에 관해 세희와 긴 이야기를 나누었고, 세희의 전 애인의 나빴던 행동에 대해 같이 욕해 주었다. 세희는 환하게 웃었다.

해가 지나고 세희는 다른 선생님의 반이 되었다. 한동안 학교에 나오지 않던 세희가 나를 찾아온 적이 있었다. 나는 따뜻한 차를 내려 주고 세희에게 요즈음 어떤 감정인지, 어떤 상황인지 물었다. 세희는 힘없는 모습으로 대답을 이어 나갔다. 처방받은 약도 잘 챙겨 먹지 않는 듯했는데, 나아지지 않으니 먹고 싶지 않다는 이유에서였다. 그러면서 자신은 왜 나아지지 않는 건지 지겹다고 이야기했다.

그때, 나는 왠지 담담하고 가벼운 마음으로 말하고 싶어졌다. 선생님도 공황장애가 있다고. 나의 말을 들은 세희는 조금 놀란 표정으로 나를 바라보았다. 나는 몇 년 전부터 공황장애 진단을 받고 약물 치료를 받고 있으며, 나도 세희와 같은 생각을 한 적이 있다고 말했다. 나아지지 않는다는 기분, 그리고 어차피 나아지지 않을 텐데 약을 왜 먹어야 하나 싶은 기분을 나도 느껴 본 적이 있었다. 그다음으로 나아갈 자신이 없어 보이는 세희에게 나는 그저 그다음도 있다는 것을 보여 주고 싶었다.

나의 이야기를 듣고 세희는 곰곰이 생각하다가 물었다. 공황이 오려고 할 때, 어떻게 해야 하느냐고. 공황장애를 가진 사람들은 예기 불안을 느끼는 경우가 많다. 갑작스럽게 공황이 오는 것에 대한 불안, 그리고 그로 인해 많은 사람들 앞에서 원치 않게 자신의 장애가 드러나는 것에 대한 불안이다. 나는 정확하게 동일한 질문을 내가 다니는 병원 원장님께 여쭈어 본 적이 있었다. 원장님은 나에게 약을 잘 챙겨 먹는 한 갑작스러운 발작은 일어나지 않을 것이며, 비상약도 있으니 걱정하지 말라고 하셨다. 그리고 일단 발작이 오면 죽을 듯한 공포가 밀려오지만, 아무리 긴 발작도 3분을 넘기지 못하니 두려워하지 말라고 말씀하셨었다. 나는 세희에게 똑같이 이야기해 주었다. 그리고 마음대로 단약을 하면 안 된다고 당부했다. 세희는 그제서야 알겠다며 끄덕거렸다.

그날 따뜻한 차를 나눠 마시며 나와 세희는 비밀을 나누고 함께 웃었다. 한 사람 안에 갇혀 있던 비밀이 세상 밖으로 나와 '우리'의 이야기가 되는 것은 기분 좋은 일이었다. 굳건한 정상성의 벽으로 가로막힌 공간에서, 취약성을 가진 우리가 조금씩 균열을 만들어 내고 있다는 감각이 소중했다.

한편, 지완이는 내게 우울의 또 다른 얼굴을 보여 준 아이였다. 지완이는 보호자의 학대를 신고하고 집에서 나와 쉼터에서 지내고 있었다. 내가 아직 신규일 적에, 첫 담임을 맡고 아직 학교에 출근하기도 전인 겨울 방학 때 지완이의 소식을 듣게 되었다. 주변 선생님들은 나를 걱정해 주었는데, 어쩐지 나는 그리 걱정이 되진 않았다. 개학일 날 교실이 아닌 상담실에서 처음 본 지완이는 쇼핑백에 빵을 잔뜩 사 들고 와서 나에게 잘 부탁한다는 말을 했다. 쉼터 선생님인지 상담 선생님인지, 다른 어른이 시켜서 한 행동이라는 걸 알았지만 지완이의 눈을 마주했을 때 역시 그리 걱정이 되치 않았다.

지완이는 항상 생활비가 부족해서 휴대전화 선결제로 몇백만 원을 쓰기도 했다. 힘들 때면 친구들과 함께 담배를 씹어 먹거나 술을 마셨다. 학교에 온다고 거짓말을 치고 근처에서 떡볶이를 먹거나 운동장에서 낮잠을 자기도 했다. 나는 지완이의 생활을 돕기 위해 어느 대기업의 장학금 사업에 연계해 주었고, 글 쓰는 것을 좋아하는 지완이에게서 우격다짐으로 자기소개서를 받아 내고 추천서를 작성하여 장학생으로 합격을 시키기도 했다. 흡연과 음주를 줄이기 위해 함께 일지를 작성하기도 하고, 꼭 오겠다고 약속해 놓고 학교에 오지 않는 지완이를 찾으러 학교 근처를 뛰어다니다가 왠지 모를 직감으로 허름한 벤치에서 자고 있는 지완이를 단번에 찾아낸 적도 있었다. 밥을 굶는 지완이에게 과자나 빵을 주고, 자해를 해서 기다란 상처를 달고 온 지완이에게 아팠겠다고 말하며 토닥이고, 다음 주 수요일에 자살하겠다는 지완이에게서 칼을 빼앗고, 자살하지 않겠다는 약속을 받아 내던 어느 여름날의 저녁이었다.

왜 자살을 하려 하는지 지완이에게 물었다. 지완이는 계속 이야기를 빙빙 돌리며 좀처럼 제대로 된 이야기를 하려고 하지 않았다. 이전에는 나를 잘 따르고 마음속의 이야기를 곧잘 털어놓던 지완이가, 선생님은 그저 학생이 자살하면 곤란하니까 이러는 거 아니냐고 말했다. 나는 어떤 말을 해야 나의 진심이 가닿을지 고민하고 있었다. 정확히 기억이 나지 않지만, 나는 어떤 말인가 삶과 죽음에 대한 나의 생각을 조금 이야기했던 것 같다. 삶에 대한 무조건적 긍정을 하려는 것도, 삶을 강요하려는 것도 아니며 단순히 담임 선생님이기 때문에 학생의 죽음을 막으려는 것도 아니라고. 그저 한 사람과 한 사람으로서 이 자리에서 너와 이야기하고 있을 뿐이라는 그런 이야기를 했던 것 같다.

　이야기를 듣고 지완이는 잠시 생각하다가, 별다른 표정 없이 그저 이렇게 말했다. 사는 게 수치스러워서 죽고 싶다고. 나는 제대로 그 말을 들었었는데, 지완이가 그렇게 말했다는 사실을 믿을 수가 없어서 다시 물었다. 지완이는 똑같이 그 말을 반복했고, 말이 끝나자 나도 모르게 눈물이 흘렀다. 지완이는 읽을 수 없는 표정으로 나를 바라보고 있었다. 나는 그때 그렇게 어린 아이가 사는 게 수치스럽다는 감각을 느꼈다는 사실에 놀랐고, 그 사실이 견딜 수 없이 슬펐다. 그런 일은 나의 상식으로는 있어서는 안 되는 일이었는데, 바로 나의 눈앞에서 일어나고 있었다. 지완이에게 "왜 그렇게 생각하니, 그렇지 않아" 하고 말했었는데, 지완이는 그에 대해 태연히 부연 설명을 했다. 부모도 없고, 돈도 없고, 공부도 못하고 학교도 안 가고 뭣도 없는데 꾸역꾸역 살아가는 게 너무 수치스러운 일이지 않느냐고.

　열일곱 살짜리 그 아이가 자신의 삶에 대해 그렇게 생각하게 만든 것은 분명 세상이었다. 나는 그 세상이 몹시도 미웠다. 그날 해가 지도록 나는 지완이와 긴 이야기를 했다. 세상에 대해, 세상이 주는 수치에 대해, 내가 그것과 어떻게 싸워 왔는지에 대해, 그리고 지완이가 삶을 지속해야 할 이유에 대해. 긴 이야기를 나눈 후 지완이는 선생님의 비밀을 꼭 지켜 주겠다고 말했다.

　결국 지완이는 죽지 않았다. 졸업을 하고, 대학에 갔다. 나는 지완이에게 언젠가 한번 밥을 사 주겠다고 했지만, 지완이는 5성급 호텔에서 나오는 스테이크 같은 게 아니면 먹지 않는다고 거절했다. 지완이는 그렇게 더 넓은 세상으로 나아갔다.

일찍이 신경림 시인은 가난이 무엇을 버리게 만드는지 노래한 바 있다. 시 〈가난한 사랑 노래〉에서 가난한 자는 외로움도, 두려움도, 그리움도, 사랑도 알지만, 바로 가난하기 때문에 그 모든 것을 버려야 한다고 시인은 말한다.

나는 여기에 더해, 가난이 '프라이드pride'를 버리게 만든다고 생각한 적이 있다. 성소수자들은 'queer, 이상한'이라는 말이 갖는 모멸적인 어감을 전복하고 퀴어 프라이드를 형성한 바 있다. 장애 당사자인 김원영 변호사는 《실격당한 자들을 위한 변론》에서 전속력으로 휠체어를 밀며 도로를 질주하는 자유로움과 희열에 대해서 이야기한 바 있다.* 해마다 6월이면 돌아오는 '프라이드 먼스pride month'에서 모티브를 얻어, 정신장애인들의 축제인 '매드 프라이드mad pride'가 해외에서 열렸다는 소식을 뉴스에서 본 적도 있다. 하지만 '가난 프라이드'는 여태껏 들어 본 바 없다.

나는 이에 대해 꽤 오래 생각을 해 왔다. 성소수자는 약자임에도 자신이 성소수자임을 자랑스러워할 수 있다. 장애인은 약자임에도 자신이 장애인임을 자랑스러워할 수 있다. 하지만 가난한 자는 자신의 가난을 자랑스러워할 수 있나. 가난이라는 취약성을 매개로 연대할 수 있나. 노동자로서의 정체성을 자랑스러워하거나,

---

* 김원영(2018),《실격당한 자들을 위한 변론》, 사계절, 124쪽.

노동자로서의 취약성을 매개로 연대를 이룰 수는 있을지라도 가난이라는 정체성으로는 어려울 것 같았다. 그 이유를 찾기란 매우 어려웠다.

나는 지완이를 만나고 나서 그 이유를 조금 이해하게 되었다. 가난이 우리를 자랑스럽게 만들지 못하는 이유는, 가난이 우리를 슬프게 만드는 면이 분명히 있기 때문이다. 가난은 떡볶이를 사 먹지 못하게 만들고, 담배를 씹게 만들고, 영혼을 아프게 한다.

하지만 일단 가난을 경험한 사람은, 적어도 하나의 아픔에 대해 그 누구보다도 잘 이해하게 된다. 가난은 분명히 나를 슬프게 했지만, 다른 이의 슬픔을 선명히 이해하게도 했다. 가난이 아니었더라면 나는 가난한 아이에게 정말로 무엇이 필요한지 몰랐을 것이고 시혜적인 선생님이 되었을지도 모른다. 가난이 아니었더라면 나는 아이들의 장학생 추천서를 그렇게 절절하게 쓰지 못했을 것이고, 추천한 모든 아이들을 장학생으로 합격시키는 성과를 이루지도 못했을 것이다. 어린 시절의 가난을 경험해 보지 못했더라면, 삶이 수치스럽다는 지완이의 말을 듣고 눈물 흘리지 못했을지도 모른다.

그래서 나는 일찍이 신경림 시인이 노래한 바와 같이, 나의 가난을 부인하지 않고 끌어안은 채로 '가난한 사랑 노래'를 부르고 싶다. 취약성이 우리를 약하게 만드는 것이 아니라, 타인을 이해하게 함으로써 연대의 기반이 된다는 점에서 우리를 더욱 강하게 만들기도 한다고 나는 믿고 있다. 내가 나의 취약성에 기반하여 세희와 지완이를 이해했듯이, 그리고 세희와 지완이가 나의 비밀을 지켜 주었듯이 우리가 서로의 약한 부분을 드러내면서 더욱 견고해지는 방식을 택한다면 언젠가 우리의 삶도 그저 수치스럽지만은 않은 것이 될 수 있을 것이다.

아웃팅과 커버링, 그 사이의 크레바스crevasse에서

학교에는 학생들만 존재하는 것은 아니다. 세희가 나에게 커밍아웃했을 때 기뻤지만, 동시에 '선생님도 그래'라고 말해 줄 수 없음에 조금 슬프기도 했다. 지완이가 학대와 가난에 대해 이야기했을 때, 내 안에도 가난한 집에서 매를 맞던 아이가 여전히 남아 있다고 말해 줄 수 없음에 조금 쓸쓸한 기분이 들기도 했다. 두 사람이 그것을 원했을지는 알 수 없지만, 나의 정체성에 대하여 말하는 것이 결코 가벼운 일이 될 수 없다는 사실 자체가 나를 서글프게 만들었다.

교육 구성원의 3요소는 학생, 학부모, 교사이다. 그때 나는 세희에게 커밍아웃을 하는 상상을 해 보았다. 세희는 그럴 아이가 아니지만, 혹시 어떠한 경로로든 나의 이야기가 새어 나가고 학생들이 알게 된다면 어떨까 생각해 보았다. 학생들이 아는 것까지는 그럭저럭 괜찮을 것 같았다. 하지만 학부모들이 알게 된다면 상황이 조금 다를 것 같았다. 여러 매체에서 본 뉴스들이 떠올랐다. 학생에게 성소수자 인권과 관련한 수업을 한 선생님에게 '동성애 교육'을 한다며 교문 앞에서 시위하던 학부모들의 모습을 뉴스에서 본 적이 있었다. 단지 수업만 해도 시위를 하는 세상에, 퀴어 교사를 받아들이기란 쉽지 않을 듯했다.

곧이어 굳이 거기까지 가지 않아도, 동료 교사들이 내가 퀴어임을 알게 되는 것만으로도 학교생활이 꽤 어려워질 것 같다는 생각이 들었다. 학교생활을 하면서 항상 나를 가장 힘들게 했던 것은 동료와의 관계였기 때문이다.

"선생님은 숨겨 둔 남자친구 없으세요?"

내가 아직 신규일 때, 술자리에서 동료가 물었다. 나는 '숨겨 둔'이라는 말이 참 의미심장하다고 생각했다. 없다고 말했다. 나에게는 8년 동안 만나고 있는 애인이 있었지만, 그 동료가 지정해서 물어본 성별이 아니었기에 아니라고 말했다. 사람들은 종종 술자리에서 자신의 현 애인 혹은 전 애인 이야기를 했다. 순번이 다 돌아가고 나 혼자 입을 열지 않은 채 술잔을 홀짝이고 있으면 정적이 흘렀다. 그때부터는 '썰 좀 풀어 보라'는 말이 나오곤 했다.

나는 나의 부모에게도 나의 연애에 대해 이야기하지 않았다. 그것이 지극히 사적인 영역이라고 생각했기 때문이다. 그들에게도 사적인 영역이 있을 것이고, 나는 그것을 굳이 알고 싶지 않았다. 동료들에게도 마찬가지였다. 술이라는 용매가 있다고 해서, 그들의 지극히 사적인 부분을 녹여 내어 함께 나눠 마시고 싶지 않았다. 우리는 그렇게 내밀한 사이가 아니었다. 하지만 대부분의 동료들은 술을 마시고 나면 자신의 내밀한 이야기를 내놓고 싶어 했고, 상대에게도 동일한 것을 원했다.

학교생활이 처음이었던 신규 때였다. 어느 날은 사람들의 물음에 이성애자인 척 대답하며 되도 않는 이상형을 마구 늘어놓은 뒤, 소개팅을 강권하는 동료들을 뿌리치고 술에 취한 채 집에 들어와 잤다. 그리고 다음 날 아침 일찍 일어나 멀리 사는 애인을 만나러 버스에 올랐다. 음악도 듣지 않은 채 그저 버스의 떨리는 진동을 느끼며, 지겨운 소도시의 풍경이 지나가는 모습을 보며 왜인지 모르게 눈물이 났다. 나의 내밀한 이야기를 듣고 싶어 했던 동료들에게 정말로 듣고 싶은 거냐고, 들을 준비는 되었냐고 묻고 싶었다. 나에게도 사실은 오랫동안 사귄 애인이 있고, 동성혼 법제화가 되면 결혼할 생각이 있다고 말했다면, 결혼을 앞둔 다른 동료에게 그러했듯이 축하받을 수 있었을까 생각해 보기도 했다. 답은 알 수 없었다.

언젠가 한번, 나를 그다지 좋아하지 않던 선생님 한 분이 직접적으로 나와 친한 선생님의 관계를 언급하며 '이상하다'고 표현한 적이 있었다. 술에 취한 동료 선생님을 부축하기 위해 잠깐 손을 잡았을 뿐인데, 여러 사람들과 함께 있는 술자리에서 그 일을 언급하며 그건 좀 흔치 않다, '여자끼리' 그러는 게 이상하지 않냐고 운을 뗀 것이었다. 그 순간 나는 그 말을 어떻게 해석해야 할지, 그리고 그 사람이 왜 나에게 이렇게까지 악의를 갖는 것인지 생각하다가 아무 대응도 하지 못했다. 그 상황은 이상하다고 언급된 상대편 선생님이 가벼운 농담을 하며 마무리되었다. 그 일 이후 나는 나와 친한 선생님들에게 이성애자로 오해받을 수 있을 만한 헛소문을 퍼트리고자 노력했다. 그 이야기가 나를 미워하는 선생님에게까지 닿기를 바라며, 나의 오래된 애인에게 미안해하며.

커버링covering이란 주류에 부합하도록 남들이 선호하지 않는 정체성의 표현을 자제하는 것을 말한다.* 커버링은 본래 사회학자 어빙 고프먼의 저서 《스티그마 – 장애의 세계와 사회 적응》에서 낙인과 관련해 쓰인 개념인데, 켄지 요시노는 자신의 저서 《커버링 – 민권을 파괴하는 우리 사회의 보이지 않는 폭력》에서 이를 발전시켜 설명하였다. 이제 우리 사회에서 아웃팅과 같이 단순한 형태의 폭력은 아주 조금은 줄어든 듯하다. 특히 도덕적이고 교양 있어 보이고 싶어 하는 집단 안에서는 더더욱 그러하다. 하지만 커버링과 같이 표면적으로 잘 드러나지 않는 폭력은 더욱 은밀하게 자행되고 있다. 켄지 요시노의 표현과 같이, 커버링은 '보이지 않는 폭력'이라는 점에서 교묘한 면이 있는 듯하다. 커버링은 무언가를 숨기고 있는 그 개인이 그것을 적극적으로 드러내지 않는 이상 커버링을 수행하고 있다는 사실조차 드러나지 않기 때문이다.

그동안 나는 교사로서 커버링에 대한 사회적 요구를 느껴 왔고, 이를 일정 부분 수행하기도 했다. 이성애자가 아니라는 것, 동성의

---

* 켄지 요시노, 김현경·한빛나 옮김(2017), 《커버링 – 민권을 파괴하는 우리 사회의 보이지 않는 폭력》, 민음사.

애인이 있다는 것은 교직 사회에서는 물론 숨겨야 할 사실이었다. 회식 자리에서 학생들의 실명을 거론하며 '게이 같다, 레즈 같다' 하다가도, '나는 동성애자들 존중한다, 동성애자 친구도 있었던 적이 있다'는 말들을 해 대는 동료 교사 앞에서 퀴어 당사자이자 동성애자 친구만 잔뜩 있는 내가 할 수 있는 말은 적었다. 학생들에 대해 그렇게 말하지 않도록 이야기하면서도, 이런 말을 하는 나의 모습에서 나의 정체성이 읽힐까 봐 두려워하며 동료들의 얼굴을 살펴야 했다. 시간이 지나며 이러한 두려움이 결국 나를 이성애자인 척하도록 만들기도 했다.

　이것은 단지 성적 지향에 대한 이야기만이 아니다. 곁에 있을 거라고 생각되지 않는 사람들에 대한 이야기다. 해외여행을 한 번도 가 보지 못한 것, 가족이 모는 차를 한 번도 타 보지 못한 것, 가족들과 변변한 외식을 못 해 본 것 등 가난으로부터 기인한 경험의 부족도 결코 드러나서 좋을 것이 아니었다. 사회생활을 하며 만난 사람들은 그런 사람이 자신의 옆에 있으리라고는 전혀 생각하지 않았다. 나는 대학에 가서야 연어 초밥, 스테이크, 아메리카노, 파스타를 처음 먹어 봤고, 사회생활을 처음 시작했을 때는 자가용을 타 본 적이 별로 없어 자동차의 창문이나 문을 여는 법도 잘 몰랐다. 뒤늦게 사람들이 '평범하게' 하는 경험들을 따라잡기 위해 나는 부단히 노력해야만 했다.

　가족의 직업과 가족의 죽음, 오래된 우울증과 공황장애와 같이 더 내밀한 부분은 더더욱 들키지 않기 위해 노력했다. 문제 행동을 하는 학생에 대해 '가족들 보살핌을 못 받고 가난하게 자라서 그래' 같은 말을 하거나, 우울증을 가진 학생에 대해 '관심받고 싶어서 저러는 거다' 같은 말을 하는 동료들은 많았다. 그런 아이들에 대해 비웃는 듯이 말하면서도, 자신의 옆에 있는 동료는 사회적으로 기능하고 있으니 당연히 '그런 사람'이 아닐 것이라고 생각하는 듯했다. 나는 이것이 상상력의 부족인지 관심의 부족인지 혹은 알고 싶지 않은 것에 대한 외면인지 궁금했지만, 그 답을 알 수는 없었다. 다만 분명한 것은 정상성의 바깥에 위치하는 사람이 자신의 옆에 있을 것이라고 생각하지 않는 사람들의 곁에서 퀴어, 가난, 정신장애 등의 정체성을 가진 사람들이 불안과 위협을 마주하며 실존한다는 것이었다.

 대학에서 나는 퀴어뿐만 아니라 몇 가지의 영역에서 거의 오픈리로 지냈다. 여러 모임이나 세미나에 참석하면서 나의 가난과 관련한 경험이나 가족의 문제, 우울증과 퀴어 정체성에서 비롯한 나의 생각들을 사람들과 편안하게 나누곤 했다. 하지만 사회에 나와서부터 나는 나의 거의 모든 정체성에 대해서 '벽장'이 되었다. 이러한 변화를 단순히 시간이 지나서, 혹은 나의 성향이 바뀌어서로 해석할 수만은 없을 것이다. 만약 학교가 나를 드러내도 될 만큼 안전한 곳이라고 여겨졌다면, 내가 나를 숨겨야 할 이유는 없었을 것이다.

 아웃팅과 커버링, 그 양극의 선택지 사이에는 깊은 크레바스와도 같은 심연이 있다. 취약성을 가진 이들은 그곳에서 잠시 선택을 유보한 채 고민한다. 나의 정체성을 드러내는 게 좋을지, 아웃팅을 당하느니 커밍아웃을 하는 게 나을지. 커밍아웃 이후에도 커버링의 압박을 겪을 것이라면 차라리 커밍아웃조차 하지 않는 게 나을지. 수많은 가정 속에서 여러 괴로움을 겪다가 결국은 각자의 선택을 내리게 될 것이다. 누가 어떤 선택을 내렸든, 그 순간 그 선택은 최선의 선택이었을 것이라고 생각한다. 그렇기에 나는 더 솔직하지 못했던 학교 안의 나를, 많이 미워하지는 않기로 했다.

다른 나를 숨기며, 다른 너를 지키기

학교는 정상성의 공간이다. 학교 안에 위치하는 모든 구성원들은 어느 정도의 정상성을 수행하도록 암묵적으로 요구받는다. 가족 구성, 장애 여부, 성적 지향성, 경제적 지위 등 다양한 영역에서 이러한 커버링의 요구가 발생한다. 나 역시 이로 인해 가족의 결손을, 정신장애를, 오랜 애인을, 가난을 숨기며 살아가고 있다. 어쩌면 생각보다도 많은 교사가 자신이 지닌 어떤 약한 부분을 숨기며 살아가고 있을지 모르고, 그렇기에 더더욱 집단의 정상성-동일성이 도드라져 보이는 것일 수도 있다.

그렇다면 우리는, 정상성의 이데올로기 아래에 지고 마는 걸까? 나는 그렇지 않다고 생각한다. 모두가 최전방에 서서 자신의 모든 것을 내던지며 스스로를 연소시키는 것만이 변화를 가져오는 것은 아니라고 생각하기 때문이다. 때로는 어디가 최전방인지, 혹은 어디가 공론장인지조차 알 수 없게 만드는 것이 효과적인 변화의 시작이 될 수도 있다고 생각한다. 이러한 변화는 예기치 못한 곳에서부터 일어나고 있는 것으로 보인다. 바로 학생들이다.

학교 안에는 다양한 국적과 문화적 배경을 숨기지 않고 드러내며 살아가는 학생들이 있고, 친구들과 선생님에게 커밍아웃을 하고 오픈리 퀴어로 살아가는 학생들이 있으며 자신의 장애를 밝히고 학교 안에서 나름의 방식으로 살아가는 학생들이 있다. 이런 학생들을 받아들일 준비가 되지 않은 어른들 — 나의 동료들과 같은 사람들이 '쉽게 대학 가려고 남의 나라에 왔다'고 하든지, '누가 남자 역할일지 궁금하다'고 하든지, '튀고 싶어서 자해한다'고 하든지 이 아이들은 상관없다. 그저 준비되지 않은 사람들에게도 자기 자신을 있는 그대로 보여 줄 뿐이다.

교육 현장에는 이러한 아이들이 점점 더 많아지고 있는 듯하다. 자신의 취약성을 숨기지 않고 드러내고, 이를 있는 그대로 존중받기를 원하는 아이들이 학교에는 점점 더 많아지고 있다. 이건 단순히 우리 교육의 보편적 지향점인 '다양성 포용'이나 '학생의 개성' 등의 측면에서 설명될 수 없는, 실존에 관한 문제이다.

우리 모두는 어떤 면에서 취약성을 가지고 있다. 그리고 이러한 취약성은 타자의 취약성을 이해할 수 있도록 돕는다는 점에서 연대의 기반이기도 하다. 그렇다면 다시 이전의 질문으로 돌아가자. 우리는 지고 마는 걸까? 그렇지 않다. 누군가가 자신의 약한 부분을 드러낼 때, 나의 약한 부분을 떠올리며 그를 포용한다면 약한 이들은 지지 않을 것이다. 세희를 내가 지켜 주고, 지완이가 나를 지켜 주고, 나를 당신이 지켜 준다면 말이다. 모두가 최전방에 서서 자신의 모든 것을 내던지며 스스로를 연소시키는 것만이 변화를 가져오지는 않기에, 어디가 최전방인지, 어디가 공론장인지조차 알 수 없도록 서로가 서로의 안전망이 되어 준다면 비로소 학교에는 '별별 학생'들도, '별별 교사'들도 그저 한 명의 구성원으로서 살아갈 수 있는 날이 올 수 있을 것이다.

젠더는 어디에나 있고 어디에도 없다

교실 안의 퀴어 활동가

이강희

아이들이 빠져나가고 난 뒤의 교실에는 소리가 없다. 교실에 남아서 놀던 몇몇 아이들이 집으로, 학원으로 흩어지고 마지막 아이가 쭈뼛쭈뼛 '안녕히 계세요'를 말하고 난 뒤의 교실에선 아무 소리가 나지 않는다. 그때가 되면 나는 자리에서 일어나 교실의 불을 끄고 다시 자리에 앉는다. 눈이 시릴 정도로 푸르스름한 형광등을 끄고 창문으로 들어오는 햇빛에 의존해 일을 시작한다. 다행히 학교는 창이 크고 업무 시간엔 해가 한창일 때라서 불을 켜지 않아도 충분하다.

교실 안에서 여러 가지 삶을 마주한다. 어떤 삶은 종종 부모에게 맞는 삶이다. 나 역시 어릴 적 엄마에게 지나치게 많이 맞았다. 엄마는 화가 난다고 나를 때렸고, 시험 점수가 나쁘다고 때렸고, 거짓말을 했다고, 숙제를 하지 않았다고 때렸다. 신체적 폭력은 고등학생 때까지 이어졌다. 그게 잘못된 것인 줄 몰랐다. 다들 드러내지 않을 뿐 그렇게 사는 줄 알았기 때문이다. 십몇 년이 지난 뒤 지금 내 교실에서 '엄마가 때렸다'는 학생을 만나면 마음이 허물어진다. 그에게서 어릴 적 내 모습을 발견하기 때문이다. 나는 말한다. 아무리 부모라도 네가 잘못했더라도 때리는 것은 부모의 잘못이라고. 평소에 좋은 모습이 많은 부모라 할지라도 그 행동만은 잘못된 것이라고. 그래서 나쁘고 미운 마음이 들더라도 그건 당연하다고, 내가 듣고 싶었던 말을 전한다.

　어느 날에는 예민하고 연약한 어린이를 만난다. 친구의 눈빛과 말투, 목소리, 표정에서 냉랭한 기운을 짚어 내고 미묘한 폭력도 금세 알아차리는 삶이다. 그러나 직접 목소리를 낼 용기는 아직 부족해서 자주 선생님을 찾는다. 관계에 문제가 생겼을 때 학생 스스로 해결 가능한 범위를 넘어가는 상황이라면 교사가 개입해야 한다. 어려운 부분은 '스스로 해결 가능한 범위'다. 어린이마다 개인차와 시간차가 존재하기 때문이다. 나는 어디까지 교사가 개입해야 하는가를 고민한다. 어느 날엔 더 이상 선생님이 없을 것이다. 그때를 위해 마음이 튼튼해지려면 시간이 걸리고 어려운 일이라고 설명한다.

　교실에는 종종 성/장애/인종 차별적 언행이나 혐오 표현을 하는 학생도 있다. 다행히 우리에겐 1년의 시간이 있다. 1년 동안 어른들처럼 꼭 어떤 결과와 성과를 내지 않아도 된다. 생각이 자라고 깊어지는 것으로 충분해서 나는 조급해지지 않으려고 한다.

나는 학교가 싫었다

　나는 5년 차 교사다. 가끔 여러 사람이 있는 교실 앞에서 말하고 있는 내가 꼭 선생님 놀이를 하는 것 같아서 웃음이 난다. 내가 선생님이라는 게 믿기지 않기 때문이다. 나는 학교가 싫었던 어린이였다. 등교하는 중에 주의가 자주 흩어지고, 그래서 시간을 잘 못 지키는 어린이였다. 늦잠을 자서 지각하기 일쑤였고 여유롭지 않은 와중에도 길가에서 무당벌레를 구경했다. 공부를 열심히 했지만, 수학은 잘 못했고, 60점 맞은 시험지를 엄마에게 보여 주기 무서워 몰래 부모님 사인을 위조했다가 손바닥을 맞는 어린이였다. 학교의 여러 행사를 즐거워하지 않았고 주로 지루해했다. 전학을 많이 다녔고 또래 문화에 적응하는 것도 어려웠다. 그럴 땐 책에 파묻혔고 그래서 종종 다른 세계에 가 있었다.

나를 설명할 언어가 부족했을 때도 나는 내가 원하는 것을 느꼈던 것 같다. 나는 다른 학교에 다니고 싶었고, 아니면 학교를 그만두고 싶었다. 초등학교 4학년 때, 나의 사촌이 자기가 다니는 학교 이야기를 했다. 원하지 않으면 수업 시간에 들어가지 않아도 된다고 했다. 그래서 자기는 어느 날 수업 시간에 운동장에 앉아서 놀았다고 했다. 나는 "그런 학교가 있어?"라고 물었다. 부럽다고 생각했다. 그건 그냥 수업이 싫고 공부가 하기 싫은 마음이 아니었다. 정해진 때에 정해진 활동을 해야 한다는 규칙에서 벗어나고 싶은 마음이었던 것 같다. 지금에야 그곳은 대안학교라는 걸 안다. 만약에 그때 내가 대안학교라는 것을 알았다면 어땠을까, 나의 부모를 설득할 수 있었을까, 학교라는 곳을 조금 덜 싫어하게 되었을까, 돌아갈 수 없는 과거에 자꾸만 만약을 추가한다.

그러나 나는 대안학교를 알지 못했으므로 그냥 학교에 다녔다. 다른 삶을 본 적도 상상한 적도 없었으므로 어떻게든 밀려 나가지 않으려고 버티며 학교를 졸업하였다. 어른이 되어서 가장 좋았던 점은 더 이상 학교에 가지 않아도 된다는 것이었다. 선생님이 되어 다시 학교로 되돌아간 첫날엔 울고 싶었다. 그런 나 자신을 잘 알았기에 할 수 있다면 이 자리에서 벗어나려 했다. 학교에 대한 아무런 기대가 없었으므로 발령을 받았을 때조차 설렘이 없었다. 무기징역 선고를 받은 기분이었다. 졸업이 없는 감옥에 갇힌 느낌.

적응할 수 있을 줄 알았다

첫 발령지인 지금의 학교를 처음 방문한 날이 기억난다. 나와 발령 동기 선생님을 나란히 교무실 의자에 앉혀 놓고 교무부장 선생님은 설명했다. 혁신학교라고 했다. 수업의 시작과 끝을 알리는 종소리가 없다고 했다. 각종 교내 대회와 상장도 없다고 했다. 반장도 회장도 없고 '학급대의원'이 있다고 했다. 학급 어린이들의 의견을 대의하는 역할을 한다고 했다. 다모임이라는 것이 있다고 했다. 학급 내에서 학생들이 모여 학급·학교살이를 의논하는 학급다모임과 학생다모임, 교사들이 모여서 학교 일을 의논하는 교원다모임이 있다고 했다. 학창 시절 내가 싫었던 대부분이 없었고, 있었으면 좋겠다고 상상한 것들이 있었다. 혁신학교에 발령받아서 다행이라고 생각했다. 자유로웠고, 부당한 일은 적었고, 배우고 싶은 점이 많았다.

이 학교에서 닮고 싶은 인생의 선배들을 많이 만났다. 첫 다모임에서 나는 충격을 받았다. 그동안 기간제 교사로 일하며 참석했던 '교직원 회의'에서 나는 회의 진행을 맡은 부장 선생님 이외의 다른 교사가 의견을 내는 것을 본 기억이 없다. 교사들끼리 하는 말 중에 '벌떡 교사'라는 것이 있다. 회의 중에 '벌떡' 일어나서 의견을 개진하는 교사를 가리키는 말이다. 고작 의견을 이야기했다고 별명이 붙다니 회의가 얼마나 일방적으로 이루어지는지를 보여 준다. 회의라는 것이 말만 회의일 뿐, 지시 사항 전달에 불과한 것이다. 그런 회의에 익숙하던 내가 처음으로 의견을 교환하는 회의 자리에 참석하게 되었다. 때로는 의견이 달라 충돌할 때도 있고 회의 분위기가 사뭇 심각해질 때도 있었지만 갈등 상황을 풀어 가는 모습 또한 배우고 싶은 광경이었다. 나는 이들을 닮고 싶어서 노력했다. 그러면 학교라는 공간에 적응할 수 있을 것 같았다.

그해는 2020년, 코로나가 전 세계에 퍼지기 시작한 해였다. 3월 초에 해야 했을 개학은 2주씩 밀렸고, 결국 5월이 다 되어서 컴퓨터 화면으로 학급 어린이들을 만나게 되었다. 그해에 첫 담임을 지낸 경험은 잘 기억나지 않는다. 나중에 세어 보니 등교일은 50여 일 정도였고, 그건 법정 수업 일수 191일의 1/3도 되지 않는 날들이었다. 만남 횟수가 적었기 때문에 어떤 교사든 학생들을 대면하는 날엔 각자가 중요하다고 생각하는 수업을 했다. 어떤 선생님은 함께 수학 공부를 했고 어떤 선생님은 함께 노래를 불렀다.

나는 존중이라는 가치에 관해 이야기 나누고 싶었다. 교실 안에 있는 우리는 모두 제각각 다르기에 함께 살아가기 위해서 존중해야 한다는 것을 약속하고 싶었다. 누구에게나 보이지 않는 경계가 있고 우리는 타인의 경계를 존중해야 한다는 이야기를 나눴다. 하지만 삶이란 혼자 살아가는 것이 아니라서 우리는 불가피하게 타인의 경계 안으로 들어가게 된다는 것도 배웠다. 그럴 때 어떻게 해야 할까에 대해 고민하려는 찰나였다. 어느 여학생이 자기는 '모든 남학생'이 자신의 경계 안으로 들어오는 것이 싫다고 하자 이에 질세라 다른 남학생이 자기는 '모든 여자'를 허락할 수 없다고 했다. 여러분, 왜 그렇게 성별을 구분해야 할까요? 나의 물음에,

"남자랑 남자랑 뽀뽀하면 이상하잖아요!"

라고 당당한 목소리의 대답이 돌아왔다. 교실은 웃음바다가 되었지만 난 그렇지 못했다. 온몸은 뻣뻣하게 굳어 버렸고 화살을 맞은 듯했다. 그 말은 정확히 나에게 날아와 꽂혔다. 그날 집에 가는 지하철 안에서 복숭아털이 온몸을 뒤덮은 듯한 알 수 없는 감각에 시달렸다. 내가 바로 그, 여자와 뽀뽀하는 여자였기 때문이다.

살아남을 수 있을까

나는 스물네 살에 처음으로 '언니'를 만났다. 첫 연애는 아니었다. 그때 생각했다. 헉, 나도 동성을 만날 수 있는 사람이었나?

딱히 정체성 탐색이랄 것도 안 했다. 예전엔 남자친구가 있었으니까, 그리고 지금은 언니를 만나니까 '아, 나는 양성애자구나!' 했다.

그다음 연애를 하면서는 무성애자일지 고민하는 시기가 왔다. 온 집안 식구가 교회를 열심히 다니던 우리 집에서 성은 금기였다. 초등학교 6학년 때엔 교회 수련회에 가서 혼전 순결을 서약하고 하트 모양 핀 배지를 받았다. 청소년기에는 '섹스가 무엇인지 아는 거 아니냐'고 엄마에게 혼났다. 성인이 되어서도 성별에 상관없이 연애하는 건 자연스러웠지만(?) '결혼 전에 섹스한다(!)'라는 것은 죄를 짓는 일 같았다. 즐거울 리가 없었다. 그런 나에게 애인은 "무성애자는 아닐까"라고 진지하게 탐색을 제안했다.

어영부영 아닌 것 같다고 결론 내린 뒤로는 '혹시 레즈비언은 아닐까'의 시기가 찾아왔고, 그다음엔 '논바이너리'라는 이름을 탐색했다가, '폴리아모리', '판섹슈얼'의 시기가 찾아왔고…… 지금은 그냥 퀴어라고 소개한다.

지금의 나는 누구를 만나도 내가 퀴어임을 어렵지 않게 드러낸다. 기회가 있다면 직장 동료에게도 말할 수 있다. 그렇지만 학생들에게 커밍아웃하는 건 상상만 해 봤다. 지금의 나라면 교실 안에서, 수업 중에 누군가 혐오 발언을 한다면 그 자리에서 차분히 대화를 시작했을 것이다. 하지만 그때의 나는 이런 상황이 교실 안에서 펼쳐질 거라는 상상은 해 본 적도 없었다. 예상치 못한 일이 닥친 상황은 사람들 앞에서 발가벗은 꿈을 꿀 때의 감각과 같았다. 상황이 나를 압도했다.

우리는 흔히 어린이들은 고정 관념에서 더 자유로울 것으로 생각하지만 막상 어린이를 직접 만나 보면 꼭 그렇지도 않다. 사회적 규범을 온몸으로 받아들이며 쑥쑥 자라지만 그 규범에 어딘가 불편함을 느껴도 그것을 언어화할 자원이 부족하기 때문이라고 생각한다. 나는 교사로서 내가 살고 있는 이 교실을 진공 상태로 만들어야 한다는 압박감을 받는다. 아무도 상처받지 않고, 서로 해치지 않는 무해한 곳, 그 어떤 갈등도 없고 충돌도 없고 입장 차이도 없는 곳으로 말이다.

하지만 동시에 알고 있다. 그것은 가능하지 않다는 걸, 그런 교실이 있다 해도 그건 상상만큼 행복하지 않을 거라는 걸. 교실 안에서 경계를 존중해야 함과 동의 없는 신체 접촉, 폭력에 대해 주의를 기울이는 말들을 하면서도 자주 놀라곤 한다. 어쩔 수 없이 서로의 경계와 영역을 침범하며 사는 광경을 목격하기 때문이다. 그런데 그건 항상 나쁜 것만도, 좋은 것만도 아니다. 때로는 좋을 수도, 좋지 않을 수도 있는 그냥 그런, 애매한 것일 수도 있다. 어릴 적 시시때때로 놀러 와 이것저것 시시콜콜 떠들고 나서 우리 집에 대해서도 한두 마디 보태고 사라지는 윗집 아주머니를 보면서, 엄마는 귀찮아 보이는데 왜 그만 오시라거나 싫은 소리를 하지 않을까 궁금한 적이 있었다. 세상이 진공 상태가 된다면 그곳엔 아무런 충돌도 없겠지만 아무런 소리도 나지 않을 것이다. 웃음소리도 노래도 음악도 없는 곳일 테다. 손을 잡기 위해서는 경계를 넘어 타인의 몸에 닿아야 하고, 생각이 깊어지기 위해서는 나와 다른 친구의 생각에도 부딪쳐 보아야 한다. 상황을 종합적으로 파악하려면 내가 몰랐던 친구의 이야기도 들어야 한다.

그러나 나는 그러한 위기 상황을 헤쳐 나가기엔 아직 경험이 부족한 교사였으므로, 그날의 수업 이후로 교실이 안전하지 않다는 생각이 자꾸만 들었다. 결국 그해 가을부터 정신과에 다니기 시작했다. 의사 선생님은 내게 병명을 정확히 알려 주진 않았지만, 우울증이라고 짐작했다.

다음 해에 새로운 학생들을 만났다. 새로운 교실은 밝고 환하고 따뜻했다. 그곳에서 학생들과 춤을 추고 한글을 배우고 놀이를 했다. 함께 점심을 먹고 나서는 내일 만나자고 웃으면서 헤어졌다. 하지만 '위험한' 이야기는 하지 않았다. 그즈음 퇴근하면 집에 와 꼼짝하지 않고 누워 있어야 했다. 밤이 되면 침대에 누워서 울었다. 온갖 슬픈 감정이 몰려오면서 눈물이 났다. 울면서 여러 가지 이미지와 슬플 만한 일들이 떠오르는데, 그렇다고 이것들 때문에 우는 건 아니었다. 다음 날이 오는 게 두려워서였다. 출근을 생각하면 머릿속에 계산기가 자동으로 돌아갔다. 앞으로 몇 시간 있으면 출근한다고 계산해 주는 계산기가. 아침에 눈을 뜨면 '결국 또 이렇게 하루가 시작되는구나' 하고 절망했다. 병가를 냈다.

내가 교사로서 기쁨을 느끼고 있는지 스스로 물었다. 나는 어려서 시민단체에서 일하고 싶었다. 나 혼자가 아닌 타인과 연결될 수 있는 일을 하고 싶었고, 더 나은 세상을 위해 필요한 가치들에 관해 이야기하고 싶었다. 그때 내가 알던 몇 가지 직업 중 타인을 위해 할 수 있는 일이 교사였다. 그래서 교대에 갔고, 운이 좋아 임용이 되었고, 정말로 선생님이 되었다. 그런데 무엇이 문제일까? 게다가 나는 혁신학교에 와서 너무 좋은데, 왜 나는 날이 갈수록 생기 없고 무감각한 인간이 되어 가는 것일까?

같은 학교에서 근무하는 직장 선배를 만나 고민 상담을 했다. 함께 교내의 성평등 소모임에서 공부하는 남성 선배 교사였다. 나는 그 선배에게 커밍아웃하고 애인을 소개했을 정도로 신뢰하고 있었다. 집이 가까워 카풀을 하기도 했고, 둘이서 또는 여럿이 회식을 하는 날도 있었다. 그날도 다른 날처럼 술을 마시며 고민 상담을 했다. 선생님, 제게 교사가 맞는지 잘 모르겠어요, 그런 이야기를 나눴다. 그러나 내가 도움을 청했다고 생각했던 동아줄은 썩은 동아줄이었다. 그날 선배가 나를 추행하였다.

페미니즘을 통과하다

그날 이후의 학교생활은 그전과 절대 같지 않았다. 사건 이후 일주일 동안 아무것도 하지 못했다. 겨우 주변 사람들에게 알렸고, 다행히 도움의 손길을 건네는 이들이 있었다. 누군가는 옆에 있어 주었고, 누군가는 이야기를 들어 주었으며 누군가는 앞으로 할 수 있는 일들을 알아봐 주었다. 사과를 요구하거나, 학교 혹은 노동조합에 신고하거나 형사 고소를 할 수 있다고 했다. 나는 교내 기구에 신고하였다.

교내 성희롱 및 성폭력 사안 발생 시 크게 신고-사안 조사-심의-징계의 절차로 사안 처리가 진행된다. 그러니까 학교에 신고하면 절차의 마지막은 '징계 아님' 또는 '징계'라는 결론을 내리는 것이고, 징계라면 어떤 종류의 징계인지도 결론이 나게 된다. 징계란 공적인 것이므로 그 징계라는 결론에 이르기 위해서는 철저한 사안 조사와 심의가 필요하다는 것을, 나는 몰랐다. 사안 조사를 위해 휴직 후 간만에 학교를 찾았을 때, 그러니까 나로서는 내가 신고했다는 것을 처음으로 실감하는 날에야 그것을 알게 되었다. 심의 장소로 들어간 나는 들어가자마자 긴장감 흐르는 분위기에 당황했다. 심의는 위원들의 질문에 내가 답하는 방식으로 이루어졌다. 위원들은 정말로 그 일이 일어났는지를 확인하기 위해 세세한 앞뒤 정황과 정확한 기억을 요구했다. '이런 걸 물어야 해?' 싶은 질문들도 마구 튀어나왔다.

심의 과정에서 '어떻게 하길 원하느냐'는 말을 반복해서 들었다. 들을 때마다 당황스러웠다. 내가 어떤 처벌을 바라는지 이야기하는 일이야 할 수는 있지만, 그것을 공적인 자리에서 이야기해도 되는가 싶었다.

피해자는 당연히 자신의 경험을 주관적으로 해석할 권리가 있지만, 그 경험을 공론의 영역으로 가져올 때는 정당화의 의무를 지게 된다.*

그 어느 범죄의 경우에도 아무리 피해자라 하더라도 원하는 처벌의 수위를 정하게 하지 않는다. 나는 당연히 나의 관점에서 피해 사실을 해석할 권리가 있지만 처벌의 수위를 정할 권리까지도 나에게 있는 것은 아니다. 나는 나를 보호 대상으로 여기지 않기를 바랐다. 나는 나의 해석에 귀를 기울인 다음, 구성원이 상의하여 합당한 처벌을 내리길 바랐다. 그러나 피해자 중심주의를 기계적으로 적용한 결과, 사안 처리 과정 동안 피해자인 나를 심문하는 듯한 태도와 과보호하는 분위기가 공존하게 되어 버렸다.

나는 공동체적 해결을 바랐다. 나의 성적 자기 결정권이 침해받았다는 것에도 분노했지만 이 사안이 단순한 개인적인 일로 여겨지지 않기를 바랐다. 나는 다음의 것들을 원했다. 공동체 안에서 성폭력 사안이 발생했다는 것을 구성원들이 인지할 것, 무엇이 왜 성폭력인지 함께 논의할 수 있는 자리가 만들어질 것, 가해자와 피해자의 관점에서 모두에게 도움이 될 수 있는 해결 방안을 논의할 것.

성폭력은 다른 범죄들보다도 평소 자신이 가지고 있는 젠더나 섹슈얼리티에 대한 생각으로부터 많은 영향을 받는다. 같은 학교 안에 속한 구성원들이라 하더라도 성폭력에 대한 해석이 다를 수 있는 것이다. 그래서 성폭력 피해 경험의 해석을 둘러싸고 구성원이 함께 담론을 만들어 가야 한다고 생각했다. 이 기회를 빌어 어

---

* 권김현영 외(2018),《피해와 가해의 페미니즘》, 교양인, 50쪽.

떤 것이 피해이고 가해인지, 성폭력이 무엇인지를 생각하고 묻고 답하는 시간과 자리가 생기길 바랐다. 하지만 토의가 이루어지기엔 어려움이 많았고 그나마 이야기해 볼 수 있는 심의 자리에서 나는 배제되었다. 그건 가해자도 마찬가지였다.

무엇이 성폭력인지를 판단할 수 있는 절대적인 기준 같은 것은 '없다'. 모든 지식은 부분적이며, 맥락 의존적이다. 그러므로 성폭력에 관한 페미니즘 정치학은 누구의 말이 진실인가의 문제가 아니라, 성폭력에 대한 가해와 피해의 서사가 서로 다를 때 누구의 해석을 사회 정의로 받아들일 것인가라는 차원의 해석 투쟁이다. (……)

오히려 우리는 무엇이 성폭력인지 아닌지를 판단할 수 있는 절대적인 기준이 없다는 점을 인정하는 것에서 이야기를 시작해야 한다. 우리의 주장은 언제나 맥락 의존적이며 '상황적^{situated}'이다. 이때 상황에 대한 상이한 해석을 허용하고, 그 해석이 얼마나 자신이 처한 위치에서 성찰적인지, 그러면서도 설명에 대한 책임을 다하고자 했는지가 (사실이 아니라 정의로서) 판단 기준이 될 수 있다.*

가해자는 인정하지 않았다. 심의 내내 일관되게 그런 일이 없었다는 태도였다. 가해자와 피해자 분리 조치로 그가 학교를 떠나게 되었을 때 나에게 보낸 마지막 문자 메시지에서도 그는 부인

---

* 권김현영 외(2018), 앞의 책, 52쪽.

했다. 믿는 선배였고 좋은 팀이라고 생각했던 어른이기에 배신감이 컸다. 믿었기에 했던 커밍아웃조차 양성애자라는 사실을 자신이 알고 있었기에 추행했을 리가 없다는 식의 방어 논리로 쓰였을지, 알 수 없는 일이었다. 결국 형사 소송을 결심했다. 그 사람이 어떤 처벌을 받길 원해서라기보다는 인정하길 바라며. 살면서 생기는 모든 상처를 치유할 순 없지만 어떤 것들엔 봉합이 필요하겠지, 생각하며 결정한 일이었다.

시간이 흘러 형사 소송은 꽤 많은 벌금형으로 끝났다. 나의 경우엔 사건을 한 문장으로 압축할 수 있었다. 이런 양형이 가능한 이유 중 하나가 '피해자가 고소 이후 일관되게 진술했음'이었다. 사건이 더 복잡하고 맥락이 더 다양했다면 나는 진작에 포기했을 것이다. 우리가 처한 순간은 너무나 다양하고 복잡하지만 그걸 말로, 글로, 어떤 종류의 언어로 옮기고 나면 빈약해진다는 생각이 들었다. 그것이 언어의 한계일까. 지금, 이 순간에도 그 어려움에도 결심하는 마음들에 용기를 보낸다.

그가 유죄를 받았다 해도 나는 괜찮지 않다. 그가 끼어 있는 어떤 좋은 기억들은 떠올리기 어려운 채로 쓸쓸하게 남았다. 공동체가 허물어져 가는 것을 보았다. 어떤 얼굴은 여전히 마주 대하기가 두렵다. 여러 절차를 거치며 받았던 질문 일부는 아직도 쓰리다. 나는 사건을 통해 배우고 성장했지만 공동체는 와해되었다. 그리고 그건 나의 마음을 아프게 하고 피해자가 회복하는 데 영향을 미친다고 생각한다.

사건을 통과하며 나는 페미니즘에 의지했다. 혼란스러운 상황과 말 속에서 힘이 되어 준 것은 페미니즘의 언어였다. 내가 마주하는 사회적 통념들은 나 자신도 가지고 있는 것이어서 나를 공격하기 위해 쓰이는 말들에 나도 모르게 상처받고 있었다. '그러게 왜 가해자와 단둘이 술을 마셨나', '왜 집에 초대했나', '사건 직후 애인이 아닌 동료 교사에게 먼저 전화한 것은 연애 상대에 대한 죄책감 때문이 아니었나'. 나는 아직도 이 말들이 필요한 것인지 잘 모르겠다. 나를 공격하기 위해 이루어진 발화인지, 사실 확인이 필요해서 한 질문인지. 당연히 나에게 아무런 흠집을 낼 수 없는 질문과 답이라는 걸 알고 있지만, 마음의 가장 부드러운 곳 한구석이 칼로 찔린 것 같은 느낌은 나를 움츠러들게 만든다.

'우리 팀'을 찾기 위해, 경기장 밖으로

그러나 어쨌든, 나는 인생의 다음 단계로 넘어가기로 한다. 그날의 일로 인해 다음을 두려워하고 싶지 않다. 나는 우리가 서로의 경계와 영역을 침범하며 세상을 살아가는 것이 항상 나쁘지만은 않으리라는 믿음이 있다. 세상이 나쁘고 두렵고 위험한, 돌이킬 수 없는 것들로 가득하다는 생각, 그러니 우리가 조심해야 한다는 믿음은 불신과 비관을 키운다. 두려움과 알 수 없음이 분명 존재하는 세상에서, 모든 가능성을 피해로 연결 짓는 것이 아니라 상처받고 실수하고 다치고 넘어져도 우리에게는 항상 '다음'이 남아 있다는 것을 모두가 알았으면 좋겠다. 우리에겐 사과하고 바로잡고 더 나아지고 즐거워질 다음 순간이 언제나 기다리고 있다. 그렇게 살아가는 것들이 삶이라고 생각한다.

공동체에 대한 신뢰가 거의 남아 있지 않을 때 힘이 되어 준 것이 QTQ^{Queer Teachers with Queers}, 퀴어 교사 모임이었다. 언제나 어딘가에 속하고 싶었다. 어디 속한 곳이 없어 외롭다는 생각을 교대 재학 시절, 졸업하고도 기간제 교사로 일하며 느꼈다. 혁신학교에 발령받아 드디어 속하고 싶은 공동체를 만났고 선배 교사들을 따라 노동조합에 가입했다. 하지만 성폭력 사건으로 학교 공동체는 와해되었고, 노동조합은 소속감을 느끼기에는 너무 큰 조직이었다. 그때 퀴어 교사 모임을 만났다.

퀴어 교사 모임에 나가면 사는 이야기, 퀴어와 관련된 이슈들, 그냥 잡다한 이야기들을 하며 엄청나게 웃는다. 그리고 마지막엔 퀴어 교사로서 학교에서 살아가는 이야기들을 한다. 그건 때로 한탄이기도 하고 조롱이기도 하고 비판 혹은 웃긴 이야깃거리다. '퀴어하다'와 '교사'라는 공통점 말고는 일하는 학교의 급도 형태도, 가르치는 과목도, 개인적 특성도 모두 다른 우리는 '우리'이기에 이상해 보이는 학교 문화에 대해 이야기한다.

오늘날 학교는 그래도 좀 나아져서, "남학생이 여학생보다 수학을 잘하고, 여학생이 남학생보다 미술을 잘하고……" 비슷한 이야기를 하는 사람은 적다. 그러면 다음과 같은 이야기는 어떨까? "남학생들은 운동하는 걸 좋아하고 서로 부딪쳐 놀면서 갈등 해결에도 '쿨'한 모습을 보이고, 여학생들은 그 관계가 복잡미묘하여서 갈등을 중재하기가 어려워요. 그리고 몸을 움직이기보다는 덜 활동적인 놀이들을 선호하고요."

'아니, 남자는 이렇고 여자는 이런 게 어딨어?'라는 생각부터 들면서 선뜻 동의하기 어렵지만 그렇다고 어느 부분에서 정확히 반박하기는 또 어렵다. 내게는 저런 말들이 이렇게 들린다. "평등해야 하는 건 맞지만 다르잖아요." 나는 이런 물음을 던지고 싶다. "남녀를 갈라서 남자 먼저 출석 번호를 매기는 건 차별이잖아요. 그러면 체육 시간에 남녀 각각 한 줄로 줄 서는 건요? 남녀 분리된 화장실을 쓰는 건요?"

이들 모두가 한 가지 생각으로부터 뻗어 나온다. '남녀는 다르다', 이 말에 동의하려면 일단 남성과 여성이라는 성별이 존재하고, 각각의 집단은 다른 집단과 뚜렷이 구별되며, 그리고 각각의 성별은 구분될 필요가 있다는 것을 믿어야 한다.

나를 정신과로 이끈 그날의 수업도 그렇다. '왜 성별을 구분하여 어울려야 하느냐'는 나의 질문에 대한 학생의 대답, '동성과 뽀뽀하면 이상하다'라는 말 뒤에는 '남학생과 여학생은 다르고, 사랑 혹은 연애는 이성과, 우정은 동성과 관련 있는 감정이며 서로 구별된다'라는 전제가 깔려 있기 때문이다. 성별을 남녀로 구분하는 것, 동성 친구들과 동성 사회를 이루어 어울리고 연애는 이성과 하는 것은 성별이분법에 바탕을 둔 행위이다.

그러나 성별은 2개이지 않다. 우리가 성별을 구별할 수 있는 근거에는 생식기 모양, 호르몬, 염색체 등이 있다. 하지만 각각의 요소가 모두 항상 일치하지 않을 수 있으며 남과 여로 구별하기 어려운 인터섹스의 존재도 있다.

발령 이후에 점차 안 하게 되는 것이 있다. 출석부에서 남학생이 몇 명, 여학생이 몇 명인지 세는 일이다. 처음엔 나도 습관적으로 셌다. 우리 반 학생들이 몇 명인지 파악하고 있어야 하는 것처럼 우리 반에 남학생과 여학생이 각각 몇 명인지도 꼭 알고 있어야 한다고 생각했다. 학생 명부 양식 표의 맨 마지막 부분, 합계 바로 전에는 남녀 학생 각각의 합계를 적게 되어 있기도 하였다. 막상 교실에서 지내 보면 그게 참 의미 없는 일이라는 걸 안다. 지금의 우리 반에는 남녀 학생이 몇 명 있는지 모른다. 오히려 학생들을 남녀로 구분 지어 보지 않으려고 노력한다.

지금 근무하는 학교는 남녀 구분 없이 출석 번호를 섞어서 매긴다. 언제부터 그리하였는지는 모르지만 남자 먼저 번호를 매기던 때도 있었다고 한다. 어쨌거나 학교 구성원들이 어느 순간 그것이 차별이라는 걸 인식한 뒤로 바뀌었을 것이다.

학기 초 외부 강사 선생님의 수업을 임장할 때나 체험학습을 가서 인솔 교사의 지도에 따라 줄을 설 때면 매번 긴장된다. "남자 한 줄 여자 한 줄 서세요!"라는 말이 나올까 봐서다. 인생의 어느 순간부터인지도 모르게 줄을 설 때면 남자 한 줄 여자 한 줄로 서는 것이 우리 모두에게 너무나 자연스럽다 이 경험들이 얼마나 막강한지 "자장면이 좋은 사람은 왼쪽, 짬뽕이 좋은 사람은 오른쪽에 서세요!"라거나 "강아지가 더 좋은 사람은 왼쪽, 고양이가 더 좋은 사람은 오른쪽에 서세요!"라고 나름의 사회 실험을 해 보아도 언제나 남자 한 줄 여자 한 줄이 되곤 했다. 자신이 무엇을 좋아하고 어떤 사람인지보다 어느 성별 집단에 속하는지가 더 강력한 힘을 발휘하는 것이다. 그러나 남자 한 줄 여자 한 줄의 필요성이란 도대체 무엇일까? '남자 먼저 출석 번호'만큼이나 없어져야 할 악습이라고 나는 생각한다.

더 나아가 남녀가 분리된 화장실을 쓰는 것 역시 성별이분법에 근거한다. 여럿이 한 공간에서 사용하는 남성용 소변기가 인격권 침해라는 이야기가 대두되고 개별 칸막이가 설치된 화장실이 점차 늘어 가는 상황에서, 화장실을 여성용과 남성용으로 나누는 건 굳이 필요하지 않은 일이다. 외모로 인식되는 성별과 본인이 인지하는 성별이 다른 경우, 외모로 성별을 파악하기 어려운 경우, 자신의 성별이 이분법 안에 들어맞지 않는다고 생각하는 경우에 화장실 사용이 어렵기도 하다.

이러한 이분법은 사실 성별 구분에서만 나타나는 것은 아니다. 사고할 때 범주를 두 개로 나누는 것이 자연스럽게 느껴지는데, 이러한 이분법은 근대 이후 우리의 사고 체계를 이루는 핵심이 되어 왔기 때문에 우리는 이를 인식하기가 어렵다. 문제는 이분법으로 나누어진 두 개념의 위계가 같지 않다는 것이다. 남/여, 이성/감성, 정신/육체, 인간/자연, 정상/비정상과 같이 짝을 이루는 동시에 한쪽의 개념이 다른 쪽 개념보다 우위에 있게 된다. 이러한 이분법적 사고는 성별이분법뿐만이 아니라 다양한 모습으로 학교 안에서 영향을 미친다.

체육 시간에 팀을 나누는 손쉬운 방법은 두 개의 팀으로 나누는 것이다. 우리 팀과 너의 팀의 구분은 나와 타자의 구분이 된다. 체육 시간에 게임을 위해 팀을 나누는 것에는 아무런 기준이 없다. 거기에는 사회적 의미도, 윤리도, 구범도 없고 꼭 그들이 팀이어야 하는 이유도 없다. 순전한 운에 의해 만들어진 집단이기 때문이다. 그러나 '같은 팀'이라는 이유 하나간으로 우리는 하나가 되고 저들과 우리는 본질적으로 다른 무언가가 된다. 꼭 팀이 두 개여야 하는 이유도 없는데 우리는 자연스럽게 팀을 두 개로 나눈다.

교실 안의 활동가

사람은 똑 나누어떨어지는 존재가 아니므로 이분법의 세계에서 길을 잃는 것은 얼마든지 가능하다. 아즈 오랫동안 나는 길을 잃은 느낌이었다. 나 자신을 퀴어 페미니스트라 소개할 수 있게 되면서 길을 잃어도 괜찮다는 생각을 했다. 내가 시대의 사명처럼 생각하는 두 가지 운동이 바로 페미니즘과 성소수자 권리 운동이다. 두 가지 모두 젠더에 대해 질문한다는 점에서 나에게 중요하다. 페미니즘은 여성 범주에 대해 끊임없이 질문하며 이 사회가 어떻게 젠더를 기반으로 조직, 운영되는지에 대해 사유하게 한다. 이미 존재하는 다양한 '성소수자'들은 기존의 성별이분법으로 자신의 젠더를 설명할 수 없다는 것에 분노한다.

나의 길지 않은 교직 생활 중에서 가장 중요한 사건 두 가지를 거치며 젠더에 대해 질문하게 되었다. 성폭력은 젠더를 기반으로 한 폭력이라는 것, 이분법적인 젠더의 구분은 학교 현장에서 많은 영향을 미치지만 젠더에 대한 이해는 거의 이루어지지 않는다는 것, 따라서 자신의 젠더를 표현하고 이해받고 누릴 권리에 대해 이야기하는 것은 더욱 요원한 일이라는 생각을 하게 되었다. 그런 점에서 앞으로의 교직 생활에서 할 일이 많이 남은 셈이다.

매년 5월 17일은 국제 성소수자 혐오 반대의 날이다. 몇 해 전, 그날을 기념해 성소수자 이해 계기 교육을 준비했다. 함께할 수 있는 동료가 있었다. 청소년 성소수자 지원센터 띵동에서 발간한 귀중한 자료인 〈달라도 괜찮아〉를 초등학생에게 맞게 편집해 활동 자료를 만들고, 수업 시간에는 성소수자에 대해 알아본 뒤 자신의 정체성을 탐색하였다. 그날, 모두가 돌아가고 나서 수업을 되돌아보며 정리를 하다가 문득 그런 생각이 들었다. 아, 이렇게 교실 안의 활동가로 일할 수 있구나.

내가 활동가가 되고 싶었던 이유는 좋은 세상을 만들고 싶어서였다. 내가 상상하는 좋은 세상의 구체적 모습은 '누구나 삶을 충분히 누리는' 곳이다. 살면서 괜히 이유 없이 기분이 좋아지는 순간들이 있다. 선선한 바람이 부는 맑은 날 그늘에 누워 있을 때, 누군가에게 도움이 될 때, 마음을 뻐근하게 만들 정도로 좋은 음악을 들을 때와 같은 순간들 말이다. 또한 타인과 연결될 때의 기쁨, 좋은 순간들을 누군가와 나눌 때의 기쁨 같은 것들도 있다. 그러려면 누구도 혼자이지 않아야 한다. 학급 구성원들이 함께 살아가기 위해 내가 매일 교실에서 하는 고민들이 결국 좋은 삶을 위한 고민이겠지. 학생들이 교실 안에서 매일매일의 삶을 누린다면 그것이 내가 교사-활동가로서 할 수 있는 일이라는 생각이 들었다. 시민단체에 들어가 사회를 향해 목소리를 높이는 방법이 있듯이 교실이라는 하나의 사회에서 누군가와 더 밀접하고 구체적으로 연결되는 방식도 있다는 걸 깨달았다.

나는 제대로 바라보고 있을까

학생들은 자주 묻는다. "선생님 남자친구 있어요?" 질문을 받을 때마다 고민한다. 있다고 할 것인가, 없다고 할 것인가. 찰나의 고민 끝에 연애는 해도 '남자친구'는 없으니 없다고 한다. 그러면 학생들은 진심인지 나를 위한 배려인지 "선생님이요? 왜 없어요?"라고 되물어 준다. 그 마음이 고마우면서도 대답하기 어려워서 매번 어물쩡 넘어가 버린다. 그렇게 물어 놓고도 금방 잊는지, 한 달에 한 번은 저런 질문을 듣는다.

마음 같아서는 나에 대한 정보를 많이 주고 싶다. 사람마다 타인과 관계 맺는 법이 다를 것이다. 내가 다른 사람들과 관계 맺는 방식은 나에 대해 솔직하게 말하는 것이다. 무엇을 좋아하고, 어떤 직업을 갖고 있으며 퇴근 후엔 무얼 하는지, 취미는 무엇인지, 나의 의견은 무엇인지 소소하고 중요한 대화를 주고받는 것. 누군가와 관계를 쌓아 갈 때, 나에게 가장 중요한 관계를 쏙 빼놓고 말해야 하면 나는 혼자서 그 관계의 진정성을 의심하게 된다. 이런 작은 경험들은 쌓여서 큰 스트레스가 된다.

또 모른다. 꾸준히 노력하다 보면 나를 둘러싼 환경이 조금 더 나아지고, 그럼 자연스러운 척, 내 연애 사실을 드러낼 수도 있겠지. 교사인 나의 대학 동기들은 내가 퀴어라는 사실을 거의 알고 있다. 내가 마구잡이로 커밍아웃했기 때문이다. 학교 다닐 때를 생각해 보면 성소수자가 있을 거라고는 상상도 할 수 없었던 대학 분위기에서 살아남아 그 시절 친구들에게 커밍아웃까지 했다는 사실이 믿기지 않는다. 대학을 졸업하고 오랜만에 만나서 별 설명도 없이 '내 여자친구'를 소개했으니 친구들은 어리둥절했을 것이다. 가끔 보면 인생은 대충대충 어영부영이지만 잘도 돌아간다. 그렇지만 이렇게 주변에서 성소수자를 만나다 보면 조금씩 사회가 바뀔 수 있겠지. 만약 이 글을 읽는 당신이 퀴어라면 같이 용기 내 보자고 말하고 싶다. 그리고 그것이 곧 사회운동이라고. 만약 당신이 스스로를 퀴어가 아닌 존재로 정의한다면…… 세상엔 퀴어한 존재가 있다는 걸 늘 생각해 줬으면 한다.

어느 인류학자가 새로운 젠더를 찾기 위해 길을 떠났다. 배를 타고 여섯 개의 젠더를 인식한다는 외딴섬에 도착한 인류학자는 여섯 개의 조각상을 발견한다. 그러나 그는 실망하며 섬을 떠났고, '그 섬에도 역시 두 개의 젠더밖에 없었다'라고 보고했다. 그가 인식할 수 있는 젠더가 두 개뿐이었기 때문이다.

나는 학교 현장에서 많은 어린이를 만난다. 스무 명 남짓한 우리 반 학생들을 나는 제대로 바라보고 있을까. 그러지 않으려고 노력하지만 나 역시 학생들과 마주할 때 여성으로, 남성으로 그들을 파악하려 하는 것은 아닐까. 다시 한번 새로운 눈을 뜨겠다고 다짐한다.

내 모습이
나의 가르침

있는 그대로의 나를
세상에 던지는 특별한 교육

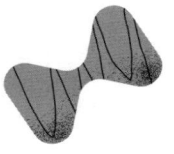

박병찬

'장애'란 녀석과 대면하다

　부모님은 어렸을 때부터 지칠 줄 모르는 왕성한 활동력으로 도망 다니는 나를 잡으러 다니는 것이 일이었다고 한다. 나는 학창 시절에도 체육 시간을 가장 좋아했으며 하루도 빠짐없이 꾸준히 운동을 했다. 그러나 시간이 지날수록 나의 신체 능력은 점점 나빠졌다. 초등학교 6학년 때 100m를 13초대로 달렸지만 중학교 3학년 때는 15초, 고1 때는 17초, 고2 때는 21초……. 나는 운동량이 부족해서 신체 능력이 떨어지는 줄 알고 더 열심히 운동했지만 상태는 좋아지지 않았다. 그러다 군 입대를 앞두고 신체 검사를 받았을 때, 나에게 병이 존재한다는 것을 알게 되었다.
　나에게 장애라는 것을 던져 준 이 병은, 운동을 하면 근육통이 발생하는 것까지는 여느 경우와 같지만 새로운 근육이 생성되지 않고 오히려 기존 근육이 점점 소멸해 힘을 잃는 '괴랄한' 병이다. 운동을 하면 할수록 결실을 얻지 못하게 하는 장애물이 진짜 장애였던 것이다.
　이 병은 몇 가지 조건을 충족하고 정말 극악의 확률을 뚫어야만 발현되는 희귀하고(희귀병), 치료가 불가능하며(불치병), 진행 중인 돌연변이 유전병(근육병)이다. 이 사실을 알기 위해 우리 가족은 할머니부터 어머니, 아버지, 두 명의 누나들까지 모두 정밀 유전자 검사를 받아야만 했다. 첫 번째 조건은 한민족끼리 결혼해야 한다는 것이고, 두 번째 조건은 결혼한 남성과 여성의 다리가 모두 가늘어야 한다는 것이다. 이 두 가지 조건을 충족하는 남녀가 출산했을 때 10,000분의 1의 확률로 발현되는 희귀병이다. 그리고 이 모든 조건과 확률을 충족시킨 존재가 바로 나였다.

내 장애의 이유가 마치 마블 영화에서나 나오는 '돌연변이' 때문이라니. 심지어 우리 가족 중 그 어느 누구도 이 유전자를 보유하고 있지 않았다. 이 설명을 들으면서 병에 걸렸다는 슬픔보다는 이 극악의 확률을 뚫고 나에게 발병한 현실이 너무나도 어처구니없고 황당해서 멍하게 앉아 있었던 것 같다. 그리고 이 소설 같은 이야기를 부정하며 내가 노력하면 마블 영화처럼 극복하고 나아질 거라고 생각했다. 하지만 영화 속 이야기의 고난이 현실에서 발생할 수는 있어도, 그 고난을 극복하는 영화 속 주인공처럼 되는 것은 거의 불가능하다는 사실을 깨닫기까지는 오랜 시간이 걸리지 않았다.

장애는 많은 것을 떠나보내게 했다

가장 먼저 떠나보내야 했던 것은 내가 열정적으로 좋아했던 '운동'이었다. 운동을 하면 할수록 장애가 악화되었고 결국 내가 좋아하던 운동들을 모두 중단해야만 했다. 벌써 운동을 중단한 지 10여 년이 지난 지금, 매일매일 꾸준히 하던 운동은 이제 어떻게 해야 하는지조차 감도 잡히지 않을 정도로 멀어져 버렸다. 또한 운동을 함께 하며 친하다고 생각했던 친구들도 하나둘씩 떠나보냈다. 장애로 인해 그들과 함께 할 수 있는 활동이 줄어들면서, 친구들과의 만남도 점차 줄어들었고, 연락도 점점 끊겼다. 그들은 이런 말을 남기며 나를 떠나갔다.

"너를 부르지 못해 너무 미안하다……."

늘 친구들에게 둘러싸여 학창 시절을 보낸 나에게, 당시의 상실감은 너무나도 컸다.

장애를 알게 되고 나의 연애 생활도 종말을 맞이하였다. 이제 와서 생각해 보니 내가 스스로 마침표를 찍은 것 같다. 나 스스로도 버티기 힘든 나의 삶 속에 다른 사람을 데려올 용기가 없었다. 다행히도 1월과 2월 같은 추운 겨울철만 지나면 그다지 외로움을 느끼지 않아 연애에 대한 아쉬움은 별로 없다. 다만 아이들을 가르치다 보니 나만의 아이를 키워 보고 싶은 욕구가 들었다. 그래서 실제로 우리나라에서는 불법이지만, 대리모가 합법인 나라를 통해 아이를 낳아 보려고 알아본 적도 있다.

그러던 중 고민을 친구에게 털어놓았고, 친구의 조언은 나에게 큰 충격을 주었다.

"나 결혼은 못 할 것 같고, 연애도 자신이 없는데…… 내 아이는 키워 보고 싶어! 그래서 대리모가 합법인 다른 나라를 통해 아이를 가져 보려고 알아보고 있어……."

"너는 왜 너 생각만 하냐?"

"뭔 소리야?"

"네가 대리모를 통해 낳은 애는 생각 안 하냐……."

"아이 씨 무슨 말이야……."

"너 우리 가정사 알지? 애 입장에서 온전한 가정에서 자라는 것이 행복하지 않을까? 네가 엄마와 아빠의 사랑을 애한테 다 느끼게 해 줄 자신 있으면 대리모 하고, 없으면 안 했으면 좋겠어."

대화를 끝내고 나는 아이의 정서적인 부분을 고려하지 않은 오만함을 반성하며 그렇게 내 인생에서 자녀도 떠나보냈다. 이렇게 나의 장애는 나의 소중한 것들과 바람들을 반강제로 떠나보내게 했다. 그런데 아이러니하게도, 이러한 욕망들을 모두 내려놓으니 마음이 편안해지고, 삶이 지루할 정도로 여유가 넘쳐흘렀다.

방황의 시대를 끝내다

장애를 인정하고 나의 삶의 많은 것을 내려놓으면서 인생에 대한 목적과 기대치가 사라졌다. 책임질 것이 없어진 것 같은 나 자신에 대한 무정부주의 상태가 되었고, 그 결과는 방탕한 삶의 시작이었다. 눈을 뜨자마자 컴퓨터 앞에서 게임을 하고, 어두워지면 술을 마시고, 새벽에 해장국과 해장술로 하루를 마무리하며 아픈

속을 끌어안은 채로 잠이 들었다. 깨어나면 다시 게임, 술…… 이런 생활이 반복되었다. 학교생활도 별반 다르지 않았다. 수업에 들어가 출석 체크만 하고 곧바로 강의실을 나와 아침부터 문 연 술집을 찾아가 술을 마셨다. 시험 전날에도 술을 잔뜩 마시고 학교에 있는 마의 108계단을 비틀비틀 올라가다가 구토를 하고 시험을 치렀다. 단소 실기 시험 날에도 아침까지 술을 마시다가 강의실에 들어가 단소를 부니, 알코올에 입술이 마비되어 소리 대신 술냄새만 교수님께 날려 보냈다. 나의 삶은 말 그대로 개판 5분 전이었다.

그러면서 나는 내 몸조차도 내 의지대로 움직일 수 없는데, 아이들과 함께 활동하는 수업이 많은 초등학교 교사는 내가 할 수 없는 직업이라고 생각하기 시작했다. 이 시기부터는 아예 학교에 가지 않고 자취방에 틀어박혀 지냈다. 교사가 될 수 없다면 교대를 졸업하기 위해 시간을 허비하지 말고, 상태가 더 악화되기 전에 학교를 자퇴하고, 점점 움직이기 힘들어지는 내 육체에 맞는 직업을 찾아야 한다고 생각했다. 그러나 내 상황에서 선택할 수 있는 직업은 극히 적었다. 아니, 없었다고 표현하는 게 맞을 것 같다.

그러던 중 과 대표 동기에게 전화가 왔다. 교생 실습을 가기 위해 실습 학교 배정 투표를 해야 하니 학교에 나오라는 연락이었다. 어차피 그때는 교사가 될 수 없다고 체념한 후였기에 실습 또한 큰 의미가 없었다. 그래서 그냥 학교가 멀거나 평이 좋지 않아 동기들이 기피하는 남은 학교 중 한 곳을 실습 학교로 선택(?)했다.

집에 돌아오고 나서 갑자기 걱정이 밀려왔다. 뒤뚱뒤뚱 걷는 나의 모습을 보고 아이들이 비웃거나 놀리면 어떻게 해야 하지? 야단을 쳐야 하나, 화를 내야 하나, 아니면 그냥 웃으면서 넘겨야 하나……. 또한 술과 게임으로 이어진 방탕한 생활은 마른 체형이었던 나의 몸을 배만 볼록 튀어나온 E.T. 체형으로 변화시켰고, 내 몸무게는 또한 내 인생 최초로 세 자리를 찍고 있었다. 오랫동안 옷장에 꽁꽁 박혀 있던 정장을 꺼내 입어 보니 이제는 나에게 맞지 않는 옷이 되어 있었고, 나의 걸음걸이를 더 이상하게 보이는 효과마저 주었다. 이왕 이렇게 된 거, 모두 체념하고 '자존심을 내려놓고 아이들의 반응을 그저 웃으면서 넘기자' 생각하며 실습 학교로 향했다.

처음에는 그냥 교실 뒤에서 아이들이 수업하는 모습을 지켜보기만 했다. 시간이 지나면서 수업을 보조하게 되었고, 내가 걱정했던 상황은 전혀 발생하지 않았다. 오히려 아이들은 어떠한 차별도 없이 순수한 마음으로 나에게 다가왔다. 아이들의 눈에는 내가 놀이터에서 놀다가 다친 친구처럼 보였을지도 모르겠다. 쉬는 시간이 되면 아이들은 나에게 다가와 "선생님 왜 다쳤어요?", "언제 나아요?", "빨리 나았으면 좋겠어요"라며 걱정해 주었다. 이런 아이들이 너무 고맙고 귀여워서 점심시간이면 밥을 빨리 먹고 운동장이나 교실에서 아이들과 함께 뒤뚱뒤뚱 돌아다니며 즐겁게 놀았다. 심지어 쉬는 시간에 아이들과 너무 신나게 놀다가 담당 선생님께 지적을 받기도 했다.

이런 나의 모습을 본 담당 선생님은 실습에는 없는 한 차시의 추가 수업을 직접 해 보라고 권유하셨다. 이 한 차시 수업을 준비하면서 며칠 동안 고민하고 교구를 찾아다니는 내 모습을 발견하고 아직도 내 안에 이런 열정이 남아 있다는 사실에 놀랐다. 그렇게 긴장하며 준비한 수업은 지금 떠올리면 턱없이 부족했지만, 아이들의 격렬한 반응과 담당 선생님의 칭찬 속에 내 자존감을 상승시켜 주었다. 지금도 생생하게 기억난다. 환경 오염이 주제였고, 두 가지 활동으로 구성했다. 활동 1은 본드로 스티로폼 녹이기, 활동 2는 '방구탄' 터트리기였다. 토양 오염과 대기 오염을 아이들에게 알려 주고 싶었다. 방구탄으로 인해 교실 전체는 방귀 냄새로 가득 찼고 냄새가 빠질 때까지 내 실습반은 야외에서 수업을 진행해야 했다. 다만 담당 선생님은 기발한 수업이었지만 대처할 수 있게 미리 언질을 주었으면 좋았을 것 같다고 하셨다.

이 실습은 아이들 앞에서 있는 그대로의 내 모습을 보여 주며 수업을 할 수 있는 자신감을 갖게 해 주었고, 식어 가는 내 삶의 열정에 다시 발화점 이상의 열을 제공해 주었다. 이 경험은 내가 다른 길로 가지 않고 교직의 길을 가기로 결심하는 데 큰 영향을 주었다. 장애를 인정하고 많은 것을 포기만 하던 내가 정말 오랜만에 스스로 결심하고 선택한 순간이었다. 아이들의 순수한 행동과 진심이 위태롭게 흔들리던 나를 잡아 준 것 같다.

경증 장애인으로서 교사의 삶이 시작되다

신규 발령 당시, 나의 상황은 더욱 악화되어 비틀거리며 걷다가 넘어지기도 하는 불안정한 상태가 되었다. 이런 상태로 처음 발령받은 학교는 개교한 지 얼마 되지 않은 신설 학교였다.

새로운 학교에 들어서자마자 교감 선생님이 내 걸음걸이를 보고 어디 아픈 곳이 있냐고 물으셨다. 이제 이런 상황에 익숙해진 나는 마치 미술관의 큐레이터처럼 내 장애에 대해 전시해야 했다. 장황한 설명이 끝난 후, 교감 선생님은 나를 빈 교실로 데려갔다. 칠판만 덩그러니 놓인 곳에서 멍하니 서 있는데 갑자기 복도가 소란스러워지더니 앞 반의 아이들이 책상을 끌고 내가 있는 곳으로 들어왔다. 이렇게 눈 깜짝할 사이에 새로운 학급이 증설되었다. 이 학생들과 함께 새로운 학교에서 나의 교직 생활 첫걸음이 시작되었다. 그때는 몰랐지만, 이 학교에서 만난 소중한 인연들과 경험들이 내 교직 인생에 큰 버팀목이자 자양분이 되었다.

교사가 된 후 나를 가장 고민하게 만든 것은 바로 '체육' 과목이었다. 한때는 가장 사랑했던 체육이 이제는 가장 큰 걱정거리가 되어 버린 것이다. 옆 반의 선배 선생님께 내 고충을 솔직하게 털어놓자 선배 선생님은 예상치 못한 제안을 하셨다. 선배 선생님 반의 사회 수업과 우리 반 체육 수업을 교환 수업으로 진행하자는 것이었다. 초등학교에서는 파격적인 제안이었다. 교장 선생님께서 말도 안 된다며 허락하지 않으실 줄 알았다. 그러나 놀랍게도 교장 선생님은 담임을 하고 싶어 하는 나의 모습을 기특하게 여기시며 옆 반과의 교환 수업을 허락해 주셨다. 내가 아는 한 초등학교 역사상 처음으로 이루어진 공식적인 교환 수업일 것이다.

이렇게 관리자와 동료 교사의 따뜻한 지원 속에서 나는 첫 학교에서 4년 정도 담임을 맡을 수 있었다. 이 기간은 제자라고 부를 수 있는 아이들을 만나 함께한 소중하고 감사한 시간이었으며, 교사로서 나의 길을 확신하게 해 준 의미 있는 추억으로 가득 찬 시기였다.

장애인 교사에게 새로운 도전들이 시작되다

장애를 가진 교사로서의 시작은 항상 많은 도전과 함께했다. 그 도전 중 하나는 담임이 되고 아이들과 함께 현장체험학습과 수련회에 가는 것이었다. 당시에는 장애인 교원에 대한 편의 지원이 전혀 없던 시기라, 나를 보조해 줄 인력조차도 없어 아이들뿐만 아니라 나의 안전도 보장할 수 없는 상황이었다. 그래서 전담 선생님이 우리 반을 데리고 현장체험학습과 수련회를 가야만 했다. 아이들과 함께하지 못해 무척 아쉬웠지만, 나의 안전보다 학생들의 안전을 위해 단념할 수밖에 없었다.

그런데 이때, 교장 선생님께서 나를 위해 움직여 주셨다. 교장 선생님께서는 적극적으로 교육청에 사회복무요원 배치를 요청하셨고, 결국 우리 학교에 사회복무요원이 배정되었다. 나는 사회복무요원과 활동지원사의 도움으로 우리 반 학생들을 직접 데리고 현장체험학습과 수련회 등의 교육 현장에 갈 수 있게 되어 매우 기뻤다. 아이들도 나와 함께 기뻐해 줬고, 그 모습을 보며 나는 또 가슴이 벅차올랐다.

이 학교에서 근무하던 시기는 마치 온 세상이 내가 원하는 것을 다 이뤄 줄 것만 같은 시간이었다. 사회복무요원의 지원을 받으며 담임을 맡아 아이들과 즐겁게 생활하고 있었다. 하지만 나를 지원하던 사회복무요원이 전역하게 되면서 또 새로운 문제가 발생했다. 교육청에서는 사회복무요원이 배정되지 않을 수도 있다고 했다. 만약 그렇다면 앞으로의 학교생활에 큰 지장이 생길 수 있어 생각이 복잡해졌다.

그러던 중 여름 방학을 맞이했고 초등 1급 정교사 연수를 받으며 또 한번 행운이 나를 찾아왔다. 연수를 위해 방문한 교육청 과장님이 수십 명의 교사들 사이에서 나를 발견하고 먼저 다가와 관심을 보이신 것이다. 나는 이것이 기회라고 생각했다. 과장님께 다시 한번 나의 장애를 최선을 다해 전시하고, 필요한 지원이 있음을 알렸다. 당시는 세월호 참사가 발생한 지 얼마 안 돼 과장님은 새벽까지 팽목항에 계시다가 연수를 위해 잠깐 올라와 매우 지치고 힘들어 보였다. 그럼에도 불구하고 내 이야기를 경청하고 진심으로 공감해 주셨다. 내 이야기가 끝나고 과장님은 이렇게 말씀하셨다.

"교사들의 현장 고충을 해결해 주는 것이 교육청의 일입니다. 선생님, 걱정하지 마세요. 선생님이 교육에 전념할 수 있도록 지원 방법을 강구해 보겠습니다."

그리고 얼마 뒤, 학교에서 전화가 왔다. 교육청에서 지원 인력 예산이 편성되어서 필요한 보조 인력을 지원받을 수 있게 되었다는 소식이었다. 이제 더 이상 학교에 부담을 주지 않고 안정적으로 학교생활을 할 수 있게 된 것이다.

이뿐만 아니라, 이동할 때 나를 부축해 주던 동료 교사, 나의 고민을 진심으로 들어 주고 공감해 주던 선배 교사, 내가 갈등할 때 내 편이 되어 힘이 되어 주신 부장님, 하나둘 떠나간 옛날에 '친구'라고 불렀던 사람들하고 다르게 늘 내가 들어갈 수 있는 장소를 알아봐 주던 발령 동기들……. 이 학교에서 만난 소중한 인연들은 내 삶에 큰 힘이 되었다. 그리고 이 첫 학교에서 만난 선생님들은 이제는 교사의 길을 동행하는 동반자들이 되어 지금도 함께하고 있다.

나와 다르면서 닮은 아이를 만나다

신규 발령을 받자마자 나는 ADHD 학생 도환(가명)이를 만나게 되었다. 도환이는 교실에서 만사가 귀찮은 표정으로 항상 축 늘어져 있었다. 처음에는 ADHD라는 것을 전혀 예상조차 하지 못했다. 상담을 통해 도환이가 실제로는 굉장히 활동적인 아이지만 ADHD 약의 영향으로 무기력해진다는 것을 알게 되었다. 움직이고 싶어도 잘 움직이지 못하는 나와는 달리, 활동적으로 움직이고 싶지만 약물로 억제되는 도환이의 상황이 마음 아팠다. 그래서 어머니께 약물의 복용량을 줄여 볼 것을 권유했다. 그 결과는 충격적이었다. 항상 무기력하게 엎드려 있고 식욕마저 없었던 도환이가 180도 달라졌다. 계속 주변을 돌아다니며 왕성한 호기심으로 아이들의 행동에 참견하고 다니기 시작했다. 수업을 진행하기 어려울 정도로 발표와 질문이 잦아졌다.

나는 '참을 인' 자를 가슴속에 새기며 계속 도환이와 대화를 시도했다. 몇 번의 도전 끝에 조금씩 도환이의 어려움을 이해했고, 함께 적응할 수 있는 방안을 찾아 갔다. 우선 도환이가 주변에 주의를 끄는 물건이나 행동이 있으면 참기 어려워한다는 사실을 알게 되었다. 그래서 도환이의 책상을 교탁 바로 앞으로 옮기고 몇 가지 약속을 정했다. 선생님의 말을 모두 듣고 질문하기, 선생님이 하라는 것부터 먼저 하기, 최대한 선생님과 눈 마주치기 등이었다. 처음에는 나도 도환이도 모두 힘들었지만, 점차 완벽하지는 않더라도 도환이가 나와 한 약속을 조금씩 지키기 시작하며 학교생활과 수업 태도가 많이 좋아졌다.

이후 도환이의 어머니는 걱정이 되었는지 다시 상담을 요청했다. 오시자마자 어머니가 한 첫 마디는 "선생님, 힘들지 않으세요?"였다. 나는 "아니요, 오히려 제 어린 시절 모습이 생각나서 도환이에게 더 애착이 가고, 함께 생활하는 게 나름 재미있습니다"라고 답했고, 실제로도 그랬다. 도환이의 어머니는 "선생님, 정말 감사합니다"라며 눈물을 보이셨다. 부모님이 자신의 아이에게 문제가 있다는 것을 알게 되었을 때 받는 슬픔과 충격이 얼마나 클지, 그리고 그 문제를 받아들이고 해결하는 과정에서 겪는 아픔을 나는 감히 상상조차 할 수 없지만, 나의 문제를 알게 되고도 해결할 수 없었던 우리 엄마는 얼마나 슬펐을까 하는 생각이 들어 약간 울컥했다.

얼마 뒤 도환이는 다른 학교로 전학을 가게 되었다. 도환이가 전학 가고 며칠 뒤에 대학 동기에게서 전화가 왔다. 동기는 전화를 받자마자 말했다.

"너 도환이 알아?"

이 동기는 바로 도환이가 전학 간 학교의 담임 선생님이었다. 동기는 전학을 오자마자 과하게 활발하게 행동하는 도환이의 행동을 보고, ADHD가 의심되어 학부모 상담을 요청했다고 한다. 그런데 도환이의 어머니께서 "ADHD가 맞지만 이전 담임 선생님이 약을 줄여도 될 것 같다고 해서서 복용량을 줄였는데도 학교생활을 잘했다"라고 말씀하신 것이다. 그래서 내 동기는 이전 담임 선생님에게 그 학생의 생활 지도 방법을 물어보려고 학생기록부를 열람했다가 내 이름이 떠서 설마 하고 나에게 전화를 한 것이었다. 그러면서 "네가 약을 줄이라 해서 내가 힘들어 죽겠다"라며 하소연했다. 나는 도환이와 했던 약속들을 알려 주며 계속해서 관심을 주는 것이 중요하다고 말해 줬다. 그 뒤로 동기에게 특별한 연락이 없는 것으로 보아, 나의 조언이 도움이 된 것 아닐까 싶다.

도환이 같은 학생들을 볼 때면 내 초등학교 1, 2학년 시절이 떠오른다. 1학년 때 나는 교실 뒤에서 벌을 서고 수업이 끝나면 남아서 청소까지 마쳐야만 집에 가는 힘든 시간을 보냈다. 담임 선생님은 어머니에게 '보온병을 사 와라', '교실 자물쇠를 사 와라' 등 촌지를 요구하는 말을 돌려서 표현했다. 순수했던 어머니는 진짜로 보온병과 자물쇠 같은 것들을 사다가 바쳤고 나는 이유도 모른 채 더 심한 벌을 받아야 했다. 이러한 경험은 나를 장난꾸러기에서 때로는 폭력적인 행동마저 보이는 진정한 '금쪽이'로 진화시켰다.

그러나 2학년 때 만난 은사님은 나의 인생을 바꾸어 놓았다. 어느 날 나는 이유 없이 친구를 꼬집어 울음을 터뜨리게 했다. 담임 선생님은 나에게 다가왔고 나는 자연스럽게 뒤로 나가 벌을 설 준비를 했다. 예상과 달리 선생님은 화를 내지 않고 나에게 왜 그런 행동을 했는지 물어보셨다. 당황한 나는 "그냥 꼬집고 싶었어요"라고 솔직하게 말했다. 그러자 선생님은 수업이 끝난 후 교실에 남으라고 하셨다. 수업이 끝난 후 선생님은 나를 교사용 책상 옆에 앉히고 교사 휴게실에서 가져온 달달한 간식을 주며 내 행동이 잘못된 이유를 설명했다.

내가 학교에 입학한 후 처음으로 받은 친절한 교육이었고, 모든 사람이 존중받고 이해받을 자격이 있다는 중요한 진리를 깨닫게 해 준 순간이었다. 이 별것 아닌 것 같은 따뜻한 대화가 선생님과의 불신의 벽을 허물고 스스로 변화하는 계기가 되었다. 다음 날 나는 피해를 입은 친구들에게 진심 어린 사과를 했다. 내 진심이 친구들에게 전달됐는지 나는 초등학교 2학년을 시작으로 고등학교 졸업까지 반장과 회장을 계속 하며 신뢰받는 '핵인싸'가 되었다.

이 경험은 교직의 길을 걸으며 교사상을 확립하는 데 많은 영향을 주었다. 학생을 만날 때 나이는 어릴지라도 하나의 동등한 인격체로 존중하려고 노력한다. 잘하는 것에는 진심으로 칭찬하고, 잘못된 행동에 대한 피드백을 줄 때는 따로 남겨서 '왜' 그런 행동을 했는지 먼저 묻고 설명을 시작한다. 달달한 간식도 잊지 않고 준비해 둔다. 피드백이 끝난 후에는 긍정적인 코멘트와 함께 '씨익' 또는 '빙그레' 웃으며 대화를 마무리한다. 또 교실 안에서 아이들과 쉬는 시간이나 점심시간을 함께 보내며 그들에게 꾸준히 관심을 보인다. 이러한 노력은 아이들의 마음을 열고 신뢰를 쌓게 해준다.

자세히 보아야만 장애인에서, 누가 봐도 장애인이 되다

장애를 진단받고 10여 년이 지난 후, 마침내 휠체어를 타야만 이동할 수 있는 중증 장애인이 되었다. 이로 인해 좋은 점과 안 좋은 점이 함께 찾아왔다.

좋은 점은 휠체어를 타기 시작하니 이제 더 이상 나의 장애를 다른 사람들에게 전시할 필요가 없어졌다는 것이다. 예전에는 처음 보는 사람들마다 "어디 다치셨나요?" "어디가 아프신가요?" 등을 물어봐서 그때마다 그들에게 미술관의 도슨트처럼 나의 장애를 설명해 줘야 했지만, 이제는 휠체어가 그 모든 설명을 대신한다.

또 다른 좋은 점은 나를 이상하게 보는 사람들의 시선이 줄었다는 것이다. 뒤뚱뒤뚱 또는 비틀비틀 걸을 때는 사람들이 지나가다가도 내 모습을 신기하게 쳐다봤는데, 이제 휠체어를 타니 그냥 힐끗 보고 지나간다.

마지막으로 편의 지원을 받거나 장애인 편의 시설을 이용하기가 더 쉬워졌다. 휠체어를 타고 가면 더 쉽게, 때로는 심지어 알아서 나에게 맞는 편의 지원을 제공받았다. 장애인 편의 시설을 눈빛만으로도 이용할 수 있게 된 것이다.

물론 좋은 점만 있는 것은 아니다. 안 좋은 점은 다리뿐만 아니라 팔의 근력도 함께 약해져서 이제는 소주잔 하나 들기도 힘들어졌다는 것이다. 하지만 내 인생의 마지막 남은 일탈인 음주마저 포기할 수 없었던 나는 소주잔에 빨대를 꽂아 술을 마시기 시작했다. 그러나 소주잔의 높이가 낮아 빨대가 자꾸 떨어지는 상황이 반복됐다. 이를 본 발령 동기는 나를 위해(?) 음료수용 유리컵 안에 소주잔을 넣고 빨대를 꽂아 주었다. 그제서야 빨대는 바닥으로 떨어지지 않았다. 유리잔 안에 꽂힌 빨대는 다치 나를 보는 것 같왔다. 빨대가 소주잔 안에서 떨어지지 않으려면 유리잔의 도움을 받아야만 하는 것처럼 이제는 나도 다른 사람의 도움 없이는 움직일 수 없는 상태가 돼 버린 것이다.

또 다른 안 좋은 점은 심경이 복잡해지면 가끔 혼자 있고 싶을 때가 있는데 이제는 혼자만의 시간을 가질 수 없게 되었다. 동시에 이건 좋은 건지 안 좋은 건지 모르겠지만, 이제는 항상 내 곁에는 도와주는 사람이 있어야만 해서 외로이 혼자 있지 않는다는 것이다.

차별과의 싸움을 시작하다

그러다 나에게 큰 변화를 주는 사건이 발생했다. 출근 준비를 하다가 활동지원사의 발이 미끄러지면서 함께 넘어지는 사고를 당한 것이다. 넘어지면서 허벅지에 큰 충격이 가해졌고, 병원에 실려가서 엑스레이를 찍어 보니 허벅지 뼈가 금이 가고 부러져 있었다. 대학 병원에서 거의 5시간이 넘는 대수술 끝에 오른쪽 다리 안에 철심을 박아 허벅지 뼈를 고정했다. 수술실에서 나와 내 허벅지를 보니 꿰맨 실밥의 개수만 70여 개나 되었다.

또 다른 문제는 내가 휠체어에 앉아 있으면 허벅지 수술 부위가 휠체어 손잡이 틀에 눌려 계속 상처가 터진다는 것이다. 상처가 터질 때마다 응급실에 가서 치료를 받고 오는 상황이 반복되었다. 병원에서 발급해 준 진단서로는 병가를 2주만 쓸 수 있었다. 결국 상처가 아물기도 전에 출근해야 했다. 수업이 끝나고 허벅지를 보면 상처에 둘둘 감싸 놓은 흰 붕대는 빨간색으로 변해 있었다. 그리고 계속 부러진 상처가 휠체어 틀에 눌려 통증이 지속되었다.

견디다 못한 나는 관리자에게 장애를 사유로 병 휴직을 쓸 수 있는지 물었다. 그런데 관리자에게서 정말 충격적인 답변을 받았습니다.

"병 휴직을 쓰고 복직하려면 의사의 완치 판정 진단서가 있어야 하는데, 장애를 이유로 병 휴직을 하면 완치 판정을 받을 수가 없어서 '의원 면직'이 될 수 있습니다."

나는 내 귀를 의심하며 다시 한번 물었다.

"장애를 사유로 병 휴직을 하면 잘릴 수 있다는 말인가요?"

돌아온 대답은 더 싸늘했다.

"규정상 그렇습니다."

이 잔인한 답변을 듣고 장애인 교사에게 교직 사회가 얼마나 가혹한지를 다시 한번 뼈저리게 느꼈다. 그리고 이 답변에 나는 분노하였고, 상처가 터져 피가 철철 흐르고 부러진 뼈에 고통이 가해지는 상태로 병 휴직을 쓰지 않고 학교에 계속 출퇴근했다. 이 사건을 계기로 학교에서 발생하는 장애인 차별에 대한 나의 태도는 매우 강경해졌고, 지금까지 어떤 사유로도 한 번도 병 휴직을 쓴 적이 없다.

자세히 보아야 장애인이었던 시절에는 장애를 숨기거나 장애가 노출되는 것에 거부감이 있었다. 그러나 이 사건을 기점으로 내가 받아야 할 정당한 편의 지원과 권리를 적극적으로 요구하기 시작했다. 그러면서 그동안 차별이라고 인식하지 못했던 것들을 점점 깨닫기 시작했다. 그리고 내가 알게 된 차별들을 개선해 줄 것을 교육부와 교육청에 강하게 요구했다. 시작은 내가 근무하는 학교 현장의 시설 개선이었다. 휠체어를 타고 다니는 나로서는 학교 내에서 원활하게 이동할 수 있는 환경이 절실히 필요했다. 그래서 학교 건물 안에서 휠체어 진입을 위한 경사로 설치를 시작으로 차별을 하나둘씩 개선해 나가기 시작했다. 그리고 교육부와 교육청에 장애인 교사를 소외시키지 말고 관심을 가져 달라고 지속적으로 요구했다.

내 목소리가 들렸는지 어느 날 갑자기 내가 근무하는 학교에 교육부와 교육청 관계자들이 방문했다. 관계자들은 나에게 장애인 교사에게 필요한 지원이 무엇인지 물어보았다. 예상하지 못한 방문에 당황한 나는 두 가지 정도를 요청했다. 첫째는 인사 매뉴얼에 장애인 교원에 대한 내용을 넣어 달라는 것, 둘째는 장애인 교원에 대한 보조 인력을 교육청에서 직접 지원해 달라는 것이었다. 그러면서 장애인 교사에게도 지속적인 관심을 기울이고 소통할 것을 요구했다.*

다행히 나의 외침이 일부 반영되어 인사 매뉴얼에 장애인 교원에 대한 내용이 반영되었으나, 아쉽게도 보조 인력은 교육청과 업무 협약을 맺은 외부 기관에서 제공하기로 결정됐다. 그러나 이 협약을 통해 나 혼자서만 지원받던 보조 인력을 다른 장애인 교사들도 지원받게 되었다는 소식을 위안으로 삼았다.

작은 목소리로 만든 이 변화를 출발점 삼아 나는 장애인 교사로서 당연한 권리를 외치며 차별에 맞서기 시작했다.

'장애'로 함께할 수 있는 사람들과 만나다

평범했던 어느 날, 나는 여느 때처럼 이제는 나의 업무가 되어 버린 '장애인 차별 개선'을 교육청과 장애인고용공단에 강력히 요구하고 있었다. 내 집요한 문제 제기에 업무 담당자는 '본부에서 장애인 교원 단체와 소통하고 있으니 단체를 통해 의견을 제시하는 것이 어떻겠냐'고 제안했다. 그 순간, 마치 망치로 세게 맞은 것처럼 멍해졌다.

나는 지금까지 장애인 교사를 만나 본 적도 없었고 지난 10여 년을 혼자서 외롭게 싸우고 있었는데 나와 같은 사람들이 모인 단체가 있었다고? 충격과 함께, 나의 동지들을 만날 수 있다는 설렘이 동시에 밀려왔다.

---

* 지금 생각해 보면 더 많은 것을 요구할 수 있는 기회였는데 참 아쉽다. 교육부의 연구관과 본청의 교원인사과 장학사, 교육지원청의 교원인사과 장학사와 동시에 면담하는 자리는 지금도 성사되기가 어렵다.

항의하던 문제는 잠시 내려놓고 담당자에게 알겠다는 말을 남기고 전화를 끊었다. 곧바로 컴퓨터 앞에 앉아 검색하기 시작했다. 몇 초 지나지 않아 인터넷이라는 녀석은 나에게 '함께하는장애인교원노동조합(장교조)'이 존재한다는 사실을 알려 주었다. 만들어진 지 3년밖에 되지 않은 따끈따끈한 신상 노동조합이었지만, 교육부와의 단체 협약 체결이라는 어마무시한 성과를 앞두고 있었다. 나는 매우 흥분된 상태로 조합 가입 신청서를 작성해서 바로 제출했고, 곧바로 가입 승인이 나며 조합 단체 채팅방에 초대되었다. 40여 년 내 인생에서 처음으로 노조에 가입하는 순간이었다.

나는 그동안 비장애인들에게 물어볼 수 없었던 것들을 물어보고 공유하며 이 조합에 대한 호기심을 채워 나가기 시작했다. 그해 12월, 처음으로 조합 행사인 송년회에 참여했다. 이전에는 한 번도 장애인이라 불리는 사람들과 식사나 술자리 등 어떠한 교류도 해 본 적이 없었기에 '내가 실수하지 않을까', '실제로 만나면 소통이 잘 될까' 하는 걱정과 설렘이 교차했다. 그리고 나는 또 한번 큰 충격을 받았다. 이곳에 모여 있던 사람들은 '장애'라는 수식어만 붙었을 뿐, 내가 알고 지내던 비장애인들과 별반 다르지 않았다. 그들과 함께하는 시간이 얼마나 즐거웠는지 자정이 훨씬 넘어서야 우리는 헤어졌다. 다른 사람들도 나와 같이 생각했는지는 모르겠지만, 나는 매우 아쉬웠고 그들과 좀 더 함께하고 싶었다.

일상으로 돌아와 평범한 나날을 보내던 중 초대 위원장님과 정책실장님으로부터 전화가 왔다. 그분들은 나에게 장교조의 임원으로 활동해 달라고 제의했다. 노조 활동 경험이 전무한 나로서는 부담스러웠고 친구들의 만류도 있어 거절하게 되었다. 하지만 임원 후보 등록 마지막 날, 다시 한번 간곡한 부탁 전화를 받았고, '노조에 무슨 어려움이 있는 것일까?', '나 같은 사람이 도움이 될 수 있을까?'라는 생각들이 머릿속을 복잡하게 만들었다.

오랜 고뇌 끝에 후보 등록 여부를 그냥 운에 맡기기로 했다. 후보 등록 마감 시간인 자정 전에 이 자리가 끝나면 출마를 하고, 12시가 넘어서까지 만남이 이어지면 나와 인연이 없는 자리라고 생각하기로 했다.

내가 좋아하는 문구인 '케세라세라 Que sera sera'는 '될 대로 되라'라는 뜻이지만, 속뜻은 '이루어질 일은 결국 이루어진다'라는 긍정적인 의미를 담고 있다. 그 말처럼 결국 만나야 할 사람은 만나게 되고, 겪어야 할 일은 겪게 되는 것 같다. 그날따라 휠체어가 들어갈 수 있는 식당들이 모두 사람들로 가득 차 있었고, 휠체어가 진입 가능한 식당을 찾다가 분위기가 흐지부지되었다. 전철 막차가 남아 있어서 원래 택시를 타고 귀가하려던 우리는 돈을 아끼기 위해 그냥 이쯤에서 헤어지기로 했다. 집으로 가는 전철 안에서 시계를 보니 11시 40분쯤을 가리키고 있었다.

참 황당하지만, 이렇게 나는 장교조의 임원 선거에 출마했다. 장애인 교사들과의 아쉬웠던 첫만남을 이제는 마음껏 이어 갈 수 있는 자리에 앉게 되었다.

나와 같지만 다른 사람들을 경험하다

우연한 기회들이 겹치고 황당한 기준까지 충족되어 장교조 임원으로 출마하여 당선되었다. 임기 동안만큼은 장애인 교사들이 열악한 환경 속에서 많은 희생과 노력으로 심은 이 '장교조'라는 나무가 건강하게 자라도록 최선을 다하겠다고 결심했다. 나는 이러한 다짐을 행동으로 보여 주기 시작했다.

누군가가 밀어 줘야 이동하는 수동 휠체어를 타고 장교조가 주최하는 행사와 일에 거의 모두 참여했다. 같은 장애인 교사지만 다른 유형의 장애를 가진 교사들의 이야기는 나에게 새로운 세계를 보여 주었고, 내가 해 오던 '장애인 차별 개선' 업무를 진행하는 데 더 큰 동기 부여가 되었다. 또한 나 역시 언론이나 영상 매체가 만들어 놓은 프레임에 갇혀 있었음을 깨달았다. 장애인 교사들이 나처럼 현장에서 목소리를 높여 투쟁하는 사람들일 거라고만 생각했다. 그런데 여기서 만난 장애인 교사들은 언론이나 영상 매체에서 보던 '과격한' 모습은 거의 보이지 않았고, 대부분 학교 현장에서 관리자나 동료 교사들의 차별적 행위로 인해 위축되어 조용히 지내며, 남몰래 힘들어하며 눈물 흘리고 있었다.

더 충격적이었던 것은, 학부모나 학생들로부터 차별을 받는 경우보다 관리자나 동료 교사들에게 차별받는 선생님들이 더 많았다는 것이다. 심지어 일부 관리자들과 동료 교사들은 장애인 교사를 동등한 동료로 생각하지 않는 태도를 보였다. 예를 들어, 장애인 교사에게 해야 할 당부와 조언을 보조 인력에게 하거나, 장애인 교사가 진입하지 못하는 장소에서 학교 행사를 진행하는 등 장애인 교사를 전혀 고려하지 않고 행하는 일들이 비일비재했다.

분노는 나에게 원동력이 되는 것 같다. 내가 장교조에 들어와서 해야 할 일이 무엇인지 분명히 알게 되었다. 이제는 나만을 위한 차별 개선이 아닌, 모두를 위한 차별 개선을 해야겠다고 마음먹었다.

제일 먼저, 20여 차례가 넘는 교섭 과정에서 장애인 교사들의 의견을 무시하고 심지어 '일반 교사에 대한 역차별'이라는 표현까지 쓰며 불성실하게 교섭에 임해 노동위원회 중재를 받고도 단체 협약을 체결하지 않는 교육부를 개선하기로 결심했다.

교사들은 기본적으로 학교에서 모범생이었던 경우가 많아, 집회나 시위를 주도해 본 사람들이 거의 없었다. 나 역시도 마찬가지였다. 하지만 장애인 교사들을 무시하고 차별하는 교육부를 그대로 두고 볼 수는 없었다. 그래서 나는 장교조 중앙 집행위원회에 단체 협약 체결을 의도적으로 지연시키는 교육부를 규탄하는 집회를 열자고 강력히 요청했다.

그렇게 태어나서 처음으로 집회를 준비했다. 집회 당일, 무언가 부족해 보이는 집회 도구들을 부랴부랴 챙겨 휠체어를 타고 교육부가 있는 세종시로 향했다. 막상 교육부 앞 집회 장소에서 우리를 기다리고 있던 정보과 경찰관에게 집회 내용과 방식을 설명할 때는 조금 두렵기도 했다. 드디어 집회가 시작되었다. 우리 노조는 대부분 중증 장애인으로 구성되어 있어서였는지, 집회 참여 인원은 불과 4명뿐이었다. 그마저도 현수막을 잡을 수 있는 참여자는 2명뿐이었다. 결국 한 분이 현수막과 마이크를 같이 잡고 집회를 시작했다. 현수막이 쓰러지고, 마이크는 갈 곳을 잃었다. 말 그대로 엉망진창이었다.

맞은편에서 우리의 모습을 지켜보던 전교조 선생님들이 오셔서 현수막을 잡아 주셨고, 이렇게 시작된 작은 집회는 거대한 서사의 시작이 되었다. 결국 교육부는 우리 노조와 단체 협약을 체결하기로 약속했고, 2023년 6월 2일 드디어 교육부와 단체 협약을 체결했다. '함께하는장애인교원노동조합'이라는 나무를 심은 선생님들의 희생과 노력이 결실을 맺을 수 있게 되어 너무나 기뻤고 다행이었다. 이 단체 협약을 통해 앞으로 들어올 후배 교사들과 현장의 교사들이 차별 없는 행복한 학교생활을 할 수 있기를 간절히 바란다.

무관심 속에서 희망이 피어나다

2019년 말, 내가 근무하는 경기도에서 장애인 교원들의 편의를 지원하기 위한 계획을 수립하고 운영하라는 조례가 제정되었다. 하지만 몇 년이 지나도록 그 계획서의 실체는 어디에도 존재하지 않는 듯했다. 나는 교육청에 끊임없이 계획서를 공개해 달라고 요구했지만, 돌아오는 것은 '공개할 수 없다'라거나 '검토해 보겠다'라는 무책임한 답변뿐이었다.

그러던 중 새로운 업무 담당자가 배정되었다. 나는 새로운 담당자에게 약간의 기대를 갖고 장애인 교원 편의 지원 계획서를 공개해 달라고 다시 한번 요청했다. 그러나 새로운 담당자의 답변은 전임자보다 더 충격적이었다.

"국회의원실과 도의원실에 제출했으니 거기서 받아 보세요."

장애인 교원들을 지원해야 할 담당자가 오히려 우리를 더 깊은 절망 속으로 밀어 넣는 듯했다. 이 답변에 분노한 나는 직접 국회의원실과 도의회에 연락해서 계획서를 공유해 달라고 요청했다. 의원실은 의아해하며 물었다.

"왜 교육청에서 직접 받지 않고 저희에게 요청하십니까?"

"교육청 업무 담당자가 의원실에서 직접 받으라 합니다."

의원실은 황당해하며 어떻게 된 일인지 알아보겠다고 하면서, 나에게 교육청에서 받은 자료를 공유해 주었다. 그러나 그 자료는 계획서가 아닌, 단지 의원 질의에 대한 답변서였다. 다시 장애인 교원 업무 담당자에게 연락해 "의원실에 제출한 자료가 계획서가 아니지 않습니까?"라고 묻자, 담당자는 "계획서를 정리한 내용입니다"라고 말을 바꾸었다.

계속 업무 담당자와 실랑이를 벌이는 도중에 담당자가 내뱉은 말은 나를 다시 한번 분노하게 했다.

"장애인 관련 업무를 맡기 전에는 장애인을 만나 본 적도 없고,

장애인에 대해 생각해 본 적도 없었는데 앞으로 관심을 가져 보겠습니다."

장애인에 대한 이해와 감수성이 전혀 없는 사람을 장애인 업무 담당자로 앉혀 놓은 것이다. 이런 행정이 현장의 장애인 교사들을 얼마나 힘들게 하는지…….

한편, 우리 지역 장애인 교사들의 현실은 내 예상보다 훨씬 비참한 상황이었다. 새 학기가 시작되었는데도 점자 교과서를 받지 못해 수업 준비에 어려움을 겪고 있는 시각장애인 교사, 처음 교단에 서서 새로운 아이들 만나는 데 아무런 지원도 받지 못하는 장애인 신규 교사, 전문성을 키우기 위해 연수를 듣고 싶어도 의사소통 지원이 없어 기본적인 연수조차도 받지 못하는 청각장애인 교사 등 그들의 이야기는 교육 현장에서 장애인 교원들이 얼마나 소외되고 있는지를 여실히 알려 주었다.

그중에서 가장 나를 울컥하게 만든 이야기는 시력을 점점 잃어 가는 시각장애인 선생님의 사연이었다. 저시력에서 전맹으로 점점 장애가 진행되고 있던 선생님은 교육청의 연락을 받았다. 그러나 그 전화는 힘들어하는 선생님을 지원해 주고 도와주려는 것이 아니었고, "중증 장애인이 되면 알려 달라"는 내용이었다.

왜 중증 장애인이 되면 알려 달라고 했을까? 이유는 단 하나였다. 교육청에서 매년 장애인 고용률을 달성하지 못해 징수당하는 장애인고용부담금이 수백억 원에 달하는데, 중증 장애인은 1명당 2명을 고용한 것으로 계산되어 부담금 액수를 크게 줄일 수 있기 때문이었다.

　장애인 교원의 어려움을 외면하고, 오직 돈만 생각하는 현실에 화가 나면서도 슬펐다. 더욱이 업무 담당자는 벌금 형식의 장애인 고용부담금을 '장애인 교원 편의 지원 예산'이라고 포장해 홍보하기까지 했다. 이는 장애인에 대한 교육청의 인식과 태도를 여실히 보여 주는 행정이었다.

　그러던 중 업무 담당자 덕분에(?) 연락했던 의원실에서 장애인 교원들과 한번 만나 보고 싶다는 연락이 왔다. 설레발일지도 모르지만, 이것이 나비효과인가 하고 추운 겨울날 휠체어를 타고 의원실을 찾아갔다. 그곳에서 현장에서 고통받고 있는 장애인 교사들의 이야기를 공유했다.

　의원님은 우리들의 이야기를 심각하게 듣고, 교육청과의 간담회를 추진해 보겠다고 약속했다. 장애인 교사들의 고충을 묵살하고 벌금을 '장애인 교원 편의 지원 예산'이라고 홍보하던 업무 담당자는 끝까지 간담회 개최를 방해했다. '간담회 주체를 도의회에서 교육청으로 바꿔야 진행하겠다', '간담회 준비 시간이 촉박해 간담회 날짜를 미뤄야 한다', '간담회 참석자가 너무 많으니 참석자 수를 줄여야 한다', '한 학교에서 너무 많은 장애인 교사가 오지 않도록 해야 한다', '교육청의 높은 사람이 도의원하고 마주 보고, 앉아야 한다', '간담회 발언 순서를 바꿔야 한다', '간담회 참석 협조 공문을 전체 교원이 아닌 참석자에게만 보내야 한다' 등 수많은 훼방에도 우리 장애인 교사들은 힘을 합쳐 어렵게 간담회를 성사시켰다.

  간담회 날, 몇몇 장애인 선생님들은 처음으로 마주한 교육청 관계자들 앞에서 오랜 시간 동안 억눌렸던 고통과 설움을 쏟아냈다. 그들의 진솔한 이야기와 눈물은 간담회 자리를 숙연하게 만들었다.

  그 순간 나는 충격적인 사실을 깨달았다 장애인 교원 편의 지원 조례가 제정된 이래로 교육청은 단 한 번도 장애인 선생님들의 목소리에 귀 기울인 적이 없었다는 것이다.

  이번 간담회를 통해 장애인 교사들의 숨겨진 고충이 교육청에 직접 전달되었고, 업무 담당자의 무관심과 차별적 행정이 드러났다. 앞으로 미래가 어떻게 될지는 예상할 수 없지만, 지금처럼 장애인 선생님들이 함께 힘을 모아 당당하게 자신들의 목소리를 내는 것만으로도 우리 교육에 의미 있는 변화가 기다리고 있을 것이라는 행복한 상상을 해 본다.

장애의 끝판왕을 향해 가다

  단체 협약이 체결되고 나는 본격적으로 모두를 위한 장애인 차별 개선 활동을 시작했다. 여기저기서 차별당한 선생님들의 목소리가 들려오면 그 작고 슬픈 목소리에 귀 기울이며 내가 낼 수 있는 가장 큰 목소리로 응답하려고 노력한다.

그런데 의외로 쉽게 해결되는 경우들도 있었다. 내가 장애인의 특성을 고려하지 않거나 차별하는 학교나 기관을 찾아가면 나를 본 후 관리자나 담당자들과의 소통이 갑자기 잘 이루어지는 행운이 연이어 발생했다. 예를 들어 장애인 교사의 장애를 고려하지 않고 업무나 수업을 배정하는 학교가 있을 때, 내가 찾아가서 움직이고 활동하는 모습을 보여 주곤 한다. 그러자 대화를 시작하기도 전에 '아, 이래서 장애를 고려해야 하는구나'라고 생각했는지, 관리자들이 해당 학교의 장애인 교사와 소통해서 어려움 해결을 위해 노력하겠다며 예상보다 쉽게 태도를 바꾸어 오히려 허탈함을 느낀 적도 있었다.

'이렇게 될 거면 처음부터 잘해 주지……'

장애인고용공단에서도 비슷한 일이 있었다. 나는 근무 시간에 맞게 8시간의 지원을 받고 있었지만 많은 장애인 교사들이 보조 인력 지원 시간을 필요한 만큼 지원받지 못하고 있었다. 근무 시간에 맞게 지원받지 못하면 수업이나 생활 지도 등 업무 수행에 공백이나 문제가 발생할 수밖에 없다. 그래서 나는 보조 인력 서비스의 목적에 부합하게 장애인 교사가 안정적으로 학교생활을 할 수 있도록, 나만이 아닌 지원이 필요한 장애인 교사 모두에게 8시간 지원을 해 달라고 요구했다.

그러나 뜻밖의 결과가 나왔다. 형평성을 맞추기 위해 다음 달 1일부터 나도 지원 시간을 줄이겠다는 것이다. 이 예상치 못한 결과에 너무나 당황했다. 이대로라면 안정적이던 나의 학교생활에도 문제가 생길 것이 분명했다. 휠체어를 탄 중증 지체장애인의 분노가 타오르기 시작했다. 해결의 실마리를 찾기 위해 여러 방면으로 노력했으나, 시간만 빠르게 흘러갔고 다음 달이 다가올수록 초조함은 더해만 갔다.

무엇이라도 해 봐야겠다는 마음으로 장애인고용공단에 전화를 걸어 이사장과의 간담회를 요청했다. 그러나 이 황당한 요구는 당연히 먹히지 않았다. 나는 포기하지 않고 장애인고용공단에 다시 전화를 걸어, 이사장과의 면담을 막는다면 휠체어를 타고 직접 항의 방문을 하겠다고 말했다. 그러면서 다음과 같이 말했다.

"장애인을 위한 서비스가 장애인을 괴롭히고 차별한다면 얼마나 모순되고 부끄러운 일인가를 생각해 보셨으면 좋겠습니다."

이런 절박함이 통했는지, 장애인고용공단 본부에서 우리 학교로 직접 찾아와 간담회를 하겠다는 답변이 왔다. 간담회 날 공단에서 오는 담당자 중 한 명은 전화로 계속 대화했지만 내 요구를 수용하지 않던 분이었다. 나는 내 의견을 관철하기 위해 장애인 관련 서비스 매뉴얼과 법원 판례, 학교 내 계약직 근로자 매뉴얼 등을 찾아보며 정말 열심히 준비를 했다.

드디어 간담회 날, 내가 근무하는 학교에서 장애인고용공단 담당자 두 분과 장교조 위원장님, 나 이렇게 네 명이 참석한 가운데 간담회를 진행했다. 나는 일부러 간담회 시간을 학교 수업 시간과 겹치게 잡았다. 이를 통해 담당자들에게 내가 수업하는 모습과 학교에서 근무하는 모습을 있는 그대로 보여 주었다. 이렇게 전시된 나의 모습을 보고 담당자들은 앞서 관리자들이 느꼈던 것처럼 '와~ 이 정도면 장애를 고려해야겠구나'라고 생각했는지, 태도를 바꾸어 나의 요구를 수용하기 시작했다. '다른 장애인 교사들도 근무 시간에 맞게 지원이 필요하다면 재심사를 거쳐 8시간 지원을 해 주겠다'고 약속했다. 사건이 잘 해결되어 기분은 좋았지만, 며칠 동안 잠도 못 자고 자료를 찾았던 나의 노력이 무색하게 느껴졌다.

나의 장애는 계속 진행 중이며 언젠가는 지체장애의 끝판왕에 이를 것이다. 그때까지 교직에 있을지는 알 수 없지만, 장애가 심해질수록 전투력도 커져 가는 것이 느껴진다. 지금 이 순간에도 나의 거대한 장애물인 장애와 힘겹게 싸우고 있다. 내 장애가 커져서 '펑' 하고 터지기 전에 학교 현장에서 장애인 교사들을 괴롭히는 장애물들을 최대한 제거하고 싶다. 앞으로도 다른 장애인 교사들도 안정적으로 학교생활을 할 수 있도록 장애에 대한 이해도가 부족한 분들 또는 기관들에 나의 모습을 계속해서 전시하고 다닐 것이다. 이번 생에 나에게 주어진 사명은 나의 삶을 보여 주며 이러한 가르침을 전하는 것 같다.

에필로그 - 나의 고단한 인생은 진행 중이다

이 책의 참여 제안을 받았을 때, 처음에는 많은 고민 끝에 거절했다. 나에게는 쉽지 않은 결정이었다. 어렸을 때부터 책은 많이 읽었지만, 글을 쓰는 재주는 늘지 않았다. 그래서 환경 탓을 하기 위해 주위를 둘러보니 우리 가족 모두가 글재주가 없다는 것을 알게 되었다. 아마도 유전일 것이다. 더군다나 나는 키보드와 펜, 연필을 사용할 수가 없어서 화상 키보드를 이용해서 한 땀 한 땀 바느질하듯이 마우스로 하나하나 클릭해 글을 써야 했다. 그래서 필자로 나를 추천한 우리 노조 위원장님을 만날 때마다 나한테 글을 쓰라는 것은 상·하지 지체장애인을 농락하는 행위라고 농담 삼아 이야기한다.

  이 원고를 쓰며 인생을 되돌아보는 동안, 스스로도 몰랐던 새로운 사실들을 알게 되었다. 나의 장애를 알게 된 지 20년이 넘었고, 온전히 받아들였다고 생각한 지 10여 년이 되었지만, 실제로는 나 자신을 속이고 있었다는 것을 깨달았다. 나는 아직도 장애를 진정으로 받아들이고 인정하지 못하고 있었다. 비장애인의 삶과 경증 장애인의 삶, 그리고 지금 현재 중증 장애인의 삶을 다시 한 번 생각하는 동안 마음속 한편에서 우울한 감정이 복받쳐 올라와 글쓰기를 여러 번 중단해야 했다.

  방황했던 시절, 내 마음을 흙탕물로 만들었던 절망과 좌절, 우울함 등의 부정적 감정들은 사라진 것이 아니라 시간이 지나면서 점점 바닥에 가라앉아 침전물이 되어 표면적으로만 깨끗해 보였던 것이다. 그러나 이 글을 쓰면서 과거를 회상하다 보니 어디선가 나타난 막대기가 내 마음을 휘젓기 시작했고, 내 마음은 다시 흙

탕물이 되었다. 다시 그때처럼 모든 것을 벗어던지고 아무것도 하기 싫은 상태에 도달했다.

하지만 마음에도 면역이라는 것이 있는지, 생각을 정리하고 학교에서 아이들을 만나는 동안 표면으로 올라왔던 침전물들은 빠르게 가라앉았다. 물론 다시 맑은 물이 되기까지는 약간의 시간이 더 필요해 보인다.

이렇게 내 마음이 흔들리고 힘들어질 때마다 나에게 다시 힘을 주는 말이 있다. 교사로서의 길을 걷던 중, 경증에서 중증 장애로 몸이 변해 가며 다시 한번 나에게 절망의 그림자가 다가왔을 때였다. 교직을 포기해야 하나 싶은 고민 속에서 의사 선생님이 해주신 말씀이 다시금 용기를 내어 현재 모습 그대로 아이들 앞에 설 수 있게 해 주었다.

"너의 존재만으로도, 네가 학교에 있는 것만으로도 아이들에게 큰 교육이 될 것이다."

비록 몸이 예전 같지 않아도, 나의 존재를 전시하는 것만으로도 누군가에게 도움이 되고 교육이 될 수 있다는 믿음이 나를 앞으로 나아가게 한다.

나는 오늘도 그 말씀을 가슴에 깊이 새기며, 수동 휠체어를 타고 학교를 향해 나아간다.

반투명한 보따리를 둘러메고

'땜빵 교사'의 자리에서 바라본 학교의 풍경

현유림

정교사가 되어야만 할까?

고등학생 때 초등학교 교사가 되고 싶다는 마음을 품은 뒤로 늘 한결같이 교사가 되고 싶었다. 교사가 되고 싶거나 교사로 계속 지내고 싶은 사람들의 동기는 각각 다르겠지만, 나의 경우에는 교실에서 학생들을 만나고 싶다는 마음이 컸다. 하지만 모두가 임용 시험을 준비하는 4학년 때 나는 막 시작된 코로나19 팬데믹을 핑계로 방 안에 드러누워 있었고 졸업을 한 뒤에도 마찬가지로 시험공부를 시작하지 않았다. 시험을 준비하지 않는 내게 지인들은 교사 외에 다른 진로를 생각하고 있냐고 조심스레 묻곤 했다. 이 질문은 어쩌면 당연한 것이었는데, 지금의 분위기는 모르겠지만 내가 교육대학교를 다닐 때는 거의 대부분의 교대생이 4학년이 되면 임용 시험을 준비하고 졸업과 함께 합격해서 교사가 되었기 때문이다.

하지만 교사 안 할 거냐는 사람들의 우려와 다르게, 나는 교사가 꼭 되고 싶었다. 교사가 되기 위해 임용 시험을 준비해야 한다는 명제가 나를 납득시키지 못했기에 시험을 치르고 싶지 않았던 것뿐이다. 교사가 되기 위해 필요한 준비는 시험공부가 아니라고 생각했다. 내가 생각하기에 교사는 다양한 특성을 가진 학생들이 자기 자신을 긍정할 수 있도록 평등한 관계 맺기를 통해 배움을 제공하는 사람이었는데, 모두가 열심히 하더라도 누군가는 탈락할 수밖에 없는 상대평가로 줄을 세워 합불을 결정하는 임용 시험은 이러한 교사가 되기 위한 노력과는 거리가 멀다고 생각했다.

시험이라는 것에 대해 어떻게 보면 과할 정도로 생각을 하다 보니 '시험을 친다'는 말이 꼭 누군가를 '주먹으로 친다'는 말처럼 비겁하게 느껴지기도 했다. '치르다'의 사전적 의미는 '무슨 일을 겪어 내다'라고 한다. '겪다'를 다시 사전에 검색해 보면 '경험될 만한 일을 당하여'가 나온다. 시험을 치는 것이 교사로서 겪어야 하는 경험적 가치가 있는지 곰곰이 생각해 봤다. 하지만 아무리 생각해 봐도 교육과정 원문과 교과서 내용을 달달 암기해서 줄줄 써 내려가는 시험공부가 그 자체로는 별 가치를 가지지 못하는 것 같았다. 동료들과 경쟁하며 스스로를 남과 비교하며 깎아 먹는 역경의 시간일 뿐인 것 같았다. 물론 시련과 역경일지라도 다 겪어 내고 나면 추후에 배움이 남는 경우가 많다고는 하지만, 그리고 시험을 치르는 모두가 막대한 고통을 겪는 것은 아니겠지만, 뻔히 보이는 고통을 겪지 않을 수 있는 거라면 피해도 되는 것 아닌가 하는 생각이 들었다.

고집스럽게도 스스로 납득이 되지 않으면 실행하기까지 엄청난 시간과 고뇌가 필요한 나에게 임용 시험은 당시의 내가 끝까지 받아들일 수 없는 것이었다. 시험에 합격하면 물론 좋겠지만, 언제 합격할지도 모르는 시험 준비 과정에서 가치를 찾지 못한 채 결과만을 바라보고 의미 없는 단어와 문장들을 외우며 하루를 보내는 것은 상상만으로도 숨이 턱턱 막히는 것만 같았다. 하지만, 시험을 치지 않더라도 교사가 될 수는 있었다. 기간제 교사로 지내면 된다. 결국 임용 시험을 거부하기로 마음먹었다. 이해받지 못할 것이 뻔한 결정 앞에서 자부심을 가져 보고자 나름대로 이름을 지어 보기도 했는데, 이때 내가 붙인 나의 이름은 여기저기 옮겨 다니는 교사라는 의미를 가진 '보따리 교사'였다.

하지만 이렇게 이름을 붙인다 한들, 사람들은 나를 '교사 지망생' 정도로 생각했다. 마치 기획사와 계약을 마치고 이미 데뷔한 그룹의 무대에 댄서로 서기도 하지만, 공식적으로 발매한 음원이 없다는 이유로 '아이돌 지망생'으로 간주되는 기획사의 연습생들처럼 말이다.

졸업 후 학교에서 기간제로 일을 하며 만난 교사분들은 나를 '아직 경제적으로 가족을 책임지지 않아도 되는 자유로운 상태'로 간주하는 경우가 많았다. 하지만 선배 교사들의 부러워하는 마음과 다르게, 나는 언제나 나의 생계를 책임져야 하는 상황이었다.

어린 기간제 교사라는 이유로 비교적 편안하고 자유로운 삶을 영위하는 '교사 지망생' 정도로 분류된 덕에 학교에서 내게 기대하는 바가 없어 책임을 떠맡지 않아도 된다는 편함도 있었다. 그러나 한편으로 나는 '교사'가 되고 싶어서 이 일을 하고 있고 또 이 일을 하는 동안만큼은 나도 다른 교사들과 같은 교사인데 왜 나는 언제나 '교사 지망생'에 머무르는 건지, 그래서 기대도 의무도 없는 상태가 되는 건지 의문스럽기도 했다. 누군가에게 인정받고 싶어서 하는 일은 아니지만, 정교사가 아닌 어린 기간제 교사라는 이유로 타인에 의해 '교사 지망생'으로 분류되며 배제되고 싶지는 않았다.

새로운 학교에 출근하면 나를 학생으로 생각하는 사람들이 있다. 기간제 일을 하러 온 나를 처음 본 교사들이 화장기 없는 얼굴에 헐렁한 티셔츠와 바지를 입은 키가 작은 나를 보고 학생이라 생각하고 반말로 인사하는 경우가 꽤 많다. (그럴 때에 내가 교사라는 사실을 굳이 말하지 않는 편인데, 비밀스러운 존재가 되는 느낌이 들면 잠시지만 재밌어지기 때문이다.) 그러다 한번은 나보고 학생이랑 구분이 되지 않으니 '아기 같은 노란 핀' 같은 거 내일부터는 꽂고 오지 말라는 부장 교사를 만나기도 했다. 하지만 내가 노란 핀 같은 거 다 갖다 버린다 할지라도 사람들은 여전히 내게 안녕이라고 반말로 말할 것이었다. 지나가다가 갑자기 내게 호통을 칠 수도 있고 내 등짝을 가볍지만 기분 나쁘게 칠 수도 있다. 나는 그래도 되는 사람으로 보일 것이기 때문이다. 내가 나를 소중하게 여기는 것과는 별개로, '어린이처럼' 보이지 않도록 노력하는 것과는 별개로, 많은 비청소년은 청소년(또는 어려 보이는 사람)에게 반말을 해도 된다고 생각하니까 말이다.

담임 자율권이 적용되지 않는 담임

초등학교의 장점이자 단점은 교실을 꾸려 가는 방식에 있어서 담임 교사의 자율권이 비교적 높은 것이라고 생각한다. 그래서 하루 종일 담임 교사와 함께 지내는 학생들에게 교사가 왕처럼 군림하게 되기 쉽다는 단점이 있지만, 교사들이 자신의 스타일에 맞게 반을 만들어 나갈 수 있다는 장점도 있다. 태블릿으로 수업하는 반, 청소가 완전 중요한 반 같은 정체성을 각 반마다 다르게 꾸려 가는 분위기가 초등학교에서는 크게 자리 잡고 있다.

하지만 나에게만큼은 이러한 분위기를 만들어 갈 자율성이 보장되지 않는 편이었는데, 옆 반 선생님들이 내가 교실에서 적용하는 방식을 못마땅해하는 경우가 많았기 때문이다. 예를 들어, 교실에서는 공을 가지고 놀아도 된다고 학생들과 회의에서 정했지만 옆 반 선생님이 지나가다가 '어디 교실에서 공놀이하냐'며 공을 마음대로 뺏어 간 적이 있다. 또 한번은 학생들과 회의를 통해 점심시간에는 휴대폰 게임을 해도 된다는 규칙을 만든 적이 있는데, 옆 반 선생님이 나를 불러내어 학생들이 휴대폰 게임을 못 하게 지도하라는 '정중한' 지시를 한 적도 있다. 옆 반 선생님의 '애들한테 게임 허용은 좀 아니지 않냐'는 말에 맥락을 파악하지 못한 척 '그럼 유튜브는 괜찮을까요?'라고 대답했다가, 한숨과 함께 '그냥 좀 하지 말라면 하지 않게 하라'는 말이 돌아와서 순간 등골이 섬뜩해졌던 기억이 있다.

내가 잠시 머무르는 '땜빵'이 아니라 정식 담임이었다면 내게만 콕 집어 마치 상사처럼 지시하는 일이 일어날 수 있었을까? 혹은 땜빵일지라도 경력이 무시하지 못할 만큼 많았더라면, 내 나이가 그만큼 많았더라면 어땠을까? 학생이 어리다는 이유로 무시하는 교사는, 많은 경우에 동료 교사도 어리다는 이유로 무시하는 것 같다. 어리다는 이유로 아무도 무시하지 않으면 참 좋을 텐데 말이다.

통제해야 하지만 통제할 수 없는

수련원에서 있었던 일이다. (놀랍게도 아직도 조교 선생님의 호통을 들으며 군대식 훈련을 맛볼 수 있는 수련원에 특정 학년이 되면 필수로 가야 하는 지역이 존재한다.) 한 학년에 한 반밖에 없는 소규모 학교였고, 내가 수련회에 가는 학년의 담임 교사였기 때문에 수련회와 관련된 대부분의 업무를 내가 맡아서 하는 상황이었다. 학생들과 가게 될 수련원에 대해 미리 전화로 안내를 받고 사전 답사도 다녀왔다. 그 과정에서 담당자와 이야기를 했을 때 학생들 휴대폰을 걷는 것은 필수가 아니고 학교 자율이라고 해서 학생들과 학급 회의 때 어떻게 할지 정했다. 결과는 '우리는 안 걷는다'로 나왔고, 학생들은 수련원에 대해 가지고 있던 공포를 조금이나마 내려놓는 안도의 한숨을 쉴 수 있었다.

하지만 대망의 수련회 첫째 날, 도착하자마자 갑자기 휴대폰을 걷어야 한다고 수련원에서 통보했고 몇몇 학생들은 서러운 마음에 항의하다 울음을 터뜨렸다. 분명 학교에서 자율적으로 정하라 했는데, 막상 당일에 와 보니 다른 학교에서 휴대폰을 걷으니까 우리 학교도 똑같이 걷어야 한다고 했다. 안내받았던 부분과 다르지 않냐고 말해 보았지만 소용이 없었다. 그냥 다들 그렇게 하기로 했으니 따르라고만 했다. 저연차의 어린 여교사가 혼자서 문제를 제기하면 바뀌기는커녕 그냥 소란스러운 사람만 되어 버린다는 것을 실시간으로 보고 있는데 정말 비참했다.

'비청소년' 그리고 '교사' 정체성으로 학생들의 임시 보호자로 일하더라도 어딜 가든 나보다 나이 또는 경력이 더 많은 비청소년이 있기 때문에, 결국에 나는 그냥 무능력한 '젊은 애'가 되곤 한다. 학생들을 최소한의 '보호'조차 하지 못한다는 것이, 정말 나이주의 중의 나이주의이고 참으로 지긋지긋하다고 생각했다. 분노하는 학생들을 난처한 표정으로 달래는 내 속에서는 울화통이 터지고 있었고 눈물이 막 쏟아질 것 같은 마음이 들끓었다. 시키는 대로 따르며 허허실실하는 사람 좋은 사람이 되고 싶지 않았는데, 부당함에 끝까지 분노하고 따지고 싶었는데. 무능한 나머지 더 싸우기를 포기하고 어쩔 수 없다는 듯 웃으며 사람 좋은 사람의 표정을 지어야 하는 내가 너무 싫었다.

결국 밤에 몰래 휴대폰을 빼돌려 학생들에게 주는 방식을 취하기는 했지만, 어쩐지 잘못을 저지르는 것 같아 영 마음이 찜찜

했다. 또 한편으로는 학생들에게 미움받고 싶지 않다는 이유로 비겁하게 학생들을 휴대폰 빼돌리기 작전에 공범으로 가담시킨 것 같아 부끄럽기도 했다.

통제를 싫어하는 사람이 교사로 지낸다는 것은 정말 어려운 일인 것 같다. 내가 하고 싶지 않더라도 나보다 발화 권력이 높은 교사가 학생들을 통제하라고 지시하면 그에 따르거나 따르는 척이라도 해야 한다는 것이 속상하다. 학교는 통제와 지시의 공간인 것 같다. 반 학생들은 담임 교사가 통제하고, 담임 교사는 관리자가 통제한다. 그리고 기간제 교사는 동료 교사들에게도 통제당한다.

관계 맺기를 이어 가는 것의 어려움

학생들과 평등한 관계 맺기 경험을 만들어 가고 싶다는 목표가 있었지만, 관계 맺기를 시작하는 것부터 어려운 경우가 많았다. 단지 나와 학생 사이의 역동이 문제였다기보다, 기간제 교사로 일하는 것의 제도적 한계가 큰 부분을 차지한다고 느꼈다. 내가 사는 지역의 초등학교는 대체로 병가를 낸 교사가 생겼을 때 그 빈자리를 잠시 메우는 방식으로 기간제 교사가 투입되기 때문에 학생들도 나를 잠깐 있다 곧 떠날 외부인으로 생각하게 되기 쉬운 환경이었다. 그리고 끝까지 함께할 '진짜' 선생님이 아니기 때문에 마음의 벽을 더 높게 갖고 시작하는 경우가 많았다. (실제로 교실에서

'선생님은 언제 진짜 선생님이 되나요?'라는 질문을 학생에게 받아 본 경험이 있다.) 학생들과의 만남이 짧지만 교실에서 함께 지내는 동안 벽을 낮추어 보려 전전긍긍하다 보면 계약 기간이 금세 끝나 버리곤 했다.

또한 이런 한정된 짧은 기간 때문에, 멀리까지 길게 보고 가야 하는 프로젝트를 시작해 보기가 어려웠다. 예를 들어 학생들 사이에서 어떤 갈등이 생겼을 때는 갈등이 일어난 근본적인 원인을 같이 파악하고 해결하기 위해 공동체적인 수업이나 생활 양식을 꾸준히 만들어 가야 하는데, 잠깐 투입된 사람이기 때문에 그때그때 일어난 일들만 급급히 처리할 수밖에 없었다. 그럼에도 내가 하고 싶었던 것은 학생들과 보다 평등한 관계를 만들어 가는 것이었는데, 기간제 교사가 투입되는 방식이 가지는 시스템의 한계 때문에 이를 실현하기에는 어려운 구조였다.

권리를 가질 권리라는 말을 어딘가에서 들은 적이 있는데 너무 공감이 되었다. 내게는 책임질 수 있는 권리가 박탈되고 없는 상태에서, 어긋난 시스템으로 만들어진 학교라는 공간에서 무력해지는 내 모습을 목격할 때마다 아무것도 하지 못하는 나 자신이 무책임하게 느껴지곤 했다. 그리고 그런 내가 점점 싫어지기만 했다. 내게 권한은 없는데 권한 없음 상태에서 느끼는 찌꺼기 같은 감정들은 온전히 나의 몫이 되었다. 가령 학교장이 일방적으로 만들어 버린 시험을 학생들이 추가적으로 실시해야 하는 불합리한 상황에 처한 적이 있는데, 당시 학생들과 토론해서 시험에 대한 의견을 모으는 수업까지는 했지만 그 이후에 함께 문제를 제기하거나 시험 이후의 상황에 대해 이야기 나눌 수 있는 시간이 내게는 없었다. 나는 곧 떠날 사람이었기 때문이다.

촉박한 시간이지만 그럼에도 허겁지겁 지켜 내려 한 것들이 있었는데, 그중 하나는 써클 대화였다. 써클 대화는 반 학생들이 하나의 큰 원을 만들어 둘러앉은 뒤 토킹 피스(돌아가며 대화할 때 말할 차례인 사람이 드는 인형)를 들고 돌아가며 마음에 대해 이야기하는 대화 방식이었다. 스무 명의 학생들과 써클 대화를 만들어 가는 것은 정말 지난한 시간이고 에너지가 많이 쓰이지만, 한 명 한 명의 마음을 못 본 척 지나가고 싶지가 않았다. 부족함이 많았지만 교과서 진도를 늦춰 가면서도 써클 대화를 실시했던 것에 후회는 없는 것 같다. 교실에서 생활하며 반 친구에게 쌓여 있던 감정에 대해 자신의 마음을 중심으로 표현하기도 하고, 사과를 요구하거나 용기 내어 먼저 사과를 하는 학생도 있었다. 써클 대화를 한 뒤 진이 빠져 있지만 어쩐지 개운한 얼굴을 하고 있는 학생들을 보면 이렇게 차근차근 마음을 돌보며 관계를 만들어 가는 것이 내가 바라는 교실이었다는 생각의 줄기가 더욱 단단해졌다.

"선생님은 다음 주부터 우리 학교에 아예 없어요? 그럼 어디로 가는 거예요? 왜 가는 거예요?"

"저는 여기저기 돌아다니는 사람이에요. 여러분이 수업 시간에 하고 싶다고 적어 주었던 세계여행과 비슷하달까요?"

학생들이 나의 노동 형태에 대해 궁금해할 때면 나는 보따리를 둘러메고 여기저기 옮겨 다니는 사람이라고 설명하곤 했다. 보따리 교사로 옮겨 다니는 것의 좋은 점은 더 많은 학교에 가 볼 수 있다는 것이다. 한편으로 불편한 점은 어떤 학교에도 내 자리가 없다는 것인데, 이때 내 자리가 없다는 것은 내가 언제 어떤 사람으로 교체되어도 괜찮다는 것을 의미하기에 씁쓸해지는 순간들이 있다.

땜빵은 험난한 자리에

'문제 학생'들과의 싸움에 지쳐 버린 교사들이 병가를 길게 내는 경우가 꽤 많은데, 나는 대체로 그런 자리에 땜빵으로 갔다. 나간 사람이 있어야만 생기는 땜빵 자리는 대체로 험난한 환경에 나기 마련인데, 나는 그런 곳들에만 갈 수밖에 없는 기간제였고 그래서인지 학생들과의 갈등을 정말 많이 겪었다. 관리자에게 도움을 요청하면 사랑으로 품으라 하고 그냥 조퇴를 쓰고 '마음 챙김' 하라고 하며 실질적으로 도와주는 것은 없었다. 내가 통제를 못 해서, 무딘 사람이라서, 학생들을 못 잡아서 고통받는 것이니 어쩔 수 없다는 식으로 방관했다.

이미 '어른'들에게 적대적인 마음이 강하게 쌓인 학생들이 잠깐 쓰이고 사라질 내게 쏟아 내는 비수를 나는 그대로 맞아야만 했다. (나도 학생들에게 무지막지한 비수를 쏟아 냈다.) 내게 가장 많은 비수를 꽂던 학생은 학부모의 허락을 받고 체벌을 하는 악명 높은 학원에 다녔는데, 숙제를 까먹으면 학원에서 혼나고 맞으니 오전 내내 공포에 떨었고, 대화를 시도하려 해도 단시간에 라포르를 형성하기란 거의 불가능에 가까웠다. 그러다 처음으로 계약 기간을 다 지키지 못하고 중간에 관둔 적이 있다. 도저히 숨이 쉬어지지 않아서, 밤에 잠들 수가 없어서, 누우면 눈물만 나서 그랬다. 당시 학교에서 점심을 먹은 뒤 숟가락을 아무도 모르게 휴지통에 버린 적이 있는데, 영화 〈스왈로우〉에서 위태로운 상황에 놓인 주인공이 남몰래 뾰족한 물건들을 목구멍으로 삼키는 행동을 반복하던 장면이 생각났다. 지금은 쓰레기통에 넣었지만, 조금 있으면 나도 차가운 금속 물질을 내 목구멍으로 쑤셔 넣고 싶어질 것 같았다.

학생들이 소위 '문제 행동'을 하게 되는 원인은 정말 다층적인데, 이는 요즘 많이들 보는 TV 프로그램 〈금쪽같은 내새끼〉 한 편만 보더라도 알 수 있을 것이다. 원인 없는 결과가 없다는 것을 학교에서 일하는 사람이라면 대부분 인지하고 있다. 게다가 학교는 학생들의 변화를 도모하는 교육 기관이다. 그런데 학생의 문제 행동을 단지 개인의 문제로 보고 교사에게 해결하기를 바라거나, 교사가 지쳐서 나가떨어지면 다른 교사를 데려와서 그 자리를 '땜빵' 할 사람으로 쓰고 버리는 현실을 자주 마주한다. 학생이 가정에서 경험하는 것을 당장 변화시킬 수 없더라도 학교에서의 경험만큼은 다르게 할 수 있도록 지원해야 하는데, 그게 학교의 역할인데, 학교는 지금도 교사 수를 줄이고 있기만 하다. 교사 수를 늘리고, 학급당 학생 수를 더 적게 조절하고, 학생들이 학교에서 충분히 쉴 수 있는 시간과 공간을 만들어야 하는데 그렇게 하지 않고 학생의 문제 행동만 탓하는 학교가 밉다. 미워 죽겠다. 이런 방식으로 학생 탓만 하는 건 교사에게도 도움이 되지 않는다. 학생의 곪은 마음에서 쏟아져 나오는 비수를 고스란히 맞아 내야 하는 것은 결국 교사이기 때문이다. 교실의 구멍 난 자리를 기간제 교사를 꽂아 두는 방식으로 무마하지 않고 구멍 난 자리를 새롭게 보수하고, 다시는 구멍이 나지 않도록 학교의 기반 자체를 단단히 다질 수 있도록 변화한다면 얼마나 좋을까.

학급당 학생 수

경력은 짧지만 정말 많은 학교에서 기간제 일을 했다. 여러 학교를 다니면서 나를 가장 자주 분통 터지게 했던 부분은 학급당 학생 수였다. 소수의 학생만 만나기에도 부족한 짧은 기간인데, 몇십 명의 학생들을 한꺼번에 만나야 하는 건 정말 지옥이었다. 많은 수의 학생들이 동시에 뿜어내는 에너지에 압도되는 피로감도 있었지만, 잘해 보고 싶은 마음이 있더라도 내가 혼자서 만나기에는 학생이 너무나 많다는 것에 무력해지는 마음 또한 컸다. 학생 수만 적었어도, 하는 미련의 마음이 늘 찌꺼기처럼 떠다니며 교실에서의 나를 불편하게 했다.

  현재는 반의 학생 수가 30명이 넘지 않으면 필요가 있더라도 반을 2개로 나눌 수 없다. 그래서 양질의 교육을 위해 학급당 학생 수를 최대 20명까지로 제한해 주기를 오래전부터 요구해 온 단체들도 있다. 하지만 이런 이야기를 하면 대체로 '요즘 반에 30명도 안 돼?', '우리 때 비하면 진짜 적다', '저출생 진짜 심각하다'와 같은 반응을 보이는 사람들이 많아 속상하다. 나는 학급당 학생 수가 20명이 넘는 '과밀한' 상황에 대해 토로하고 싶어서 꺼낸 이야기인데, 결론은 정반대인 저출생으로 인한 '학생 수 부족 문제' 이야기로 흘러가 김이 빠진다. 물론 내가 학교를 다닐 때 40명, 그리고 그 이전에는 60명에 육박하는 학생들을 한 교실에 때려 넣던 그런 시절이 있었다. 하지만 그건 학생들을 반인권적으로 마구 때리던 시절이고, 지금은 시대가 변화하고 있다. 물론 아직 더디고 어떤 부분에서는 더욱 퇴보*하기도 했지만, 예전에 비해 학교에서 한 명 한 명의 인격을 존중해야 한다는 이야기가 조금씩 더 나오고 있는 것도 사실이다.

  그렇기에 학급당 학생 수는 지금보다도 더 적어져야 한다. 작년에 참여했던 한 토론회에서 동료가 했던 '학생과 교사의 갈등은 많은 경우 교사가 학생을 통제해야 하는 상황에서 벌어진다'는 이야기가 무척 공감되었다. 정말 그렇다. 좁은 건물에 학생이 너무

---

* 어렵게 만들었던 학생인권조례를 다시 없애 버린 지역들도 있다.

많으니까 교사는 안전사고를 방지하기 위해 원하지 않는 통제를 해야 한다. 하지만 통제를 거부하고 싶거나 거부해야만 숨통이 트이는 학생 또한 늘 존재하기 마련이고, 그러면 무조건 통제해야만 하는 교사와 어떻게든 통제당하지 않으려는 학생 사이의 소모적인 몸싸움이나 기싸움이 일어날 수밖에 없다.

교사를 답이 없는 현재 학교 시스템의 구조적 피해자로 봐야 하고 그렇기에 교사는 학생과 연대해야 한다는 이야기를 하고 싶어 작년 서이초 49재 때 열린 대구 추모제에서 충동적으로 발언을 신청했다. 당시 발언 중 "저는 다른 방식으로 지원받고 싶었습니다. 학급당 학생 수가 줄어서 교사 혼자서도 학습 분위기를 원만히 조성할 수 있는 그런 실질적인 방법들 말입니다. (……) 교사에게 어린이를 체벌할 수 있게 하는 것은 교사를 도와주지 못한다고 생각합니다. 그것은 권리가 아니라 위력이 될 뿐입니다. (……) 학급당 학생 수가 20명만 넘어도 선생님들 죽으려고 하십니다. 하지만 교육부, 교육감 다 뭐 합니까? 낮은 출생률 운운하면서 교사 수는 계속 줄이고 있습니다"라는 내용이 있었다. 학교의 제도적 지원 없이 교사 혼자 혼돈의 교실에 내몰리는 것, 특히 저경력 또는 기간제 교사일수록 더욱 고립되는 것, 학교가 사람을 어떻게 소모품처럼 사용하는지를 고발하고 실질적인 대책 마련을 요구하고 싶었다.

아동·청소년의 권리를 보장하지 않는 사회의 시스템 때문에 곪고 문드러진 마음으로 '문제 행동'을 표현하게 되는 학생을 단지 교사의 사랑으로 품으라고 말하는 것, 신뢰하기 어려운 구조로 인해 발생하는 학생 또는 학부모와의 갈등을 단지 정성스러운 대화로 풀어 보라고 말하는 것, 그 말들은 내가 경험하는 학교 안의 문제를 하나도 해결할 수 없었다. 이는 학교 안의 소외된 학생들이 어떻게 또다시 소외되는지와도 연결이 된다.

협력 교사를 1년간 하면서 겪었던 이야기이다. 내가 있는 지역에는 코로나19로 인한 학습 결손을 보완하고자 협력 교사(기간제로 채용) 제도를 추진한 것으로 알고 있다. 나는 협력 교사 제도가 시행되기 시작하던 해에 지원을 하게 되었는데, 현재는 형태가 바뀌었겠지만 당시에는 기간제 교사 한 명이 교실에 추가로 투입되어서 담임 교사 혼자서 하기 힘든 일들을 도와주는 일을 맡았다. 특히 느린 학습자, 발달장애 학생을 위주로 마크하는 일을 맡았는데, 교사가 미처 돌아보지 못하는, 그래서 교사에게 받아야 하는 돌봄에서 소외된 학생들이었다.

학급당 학생 수를 줄이지 못할 바에는 협력 교사가 없는 것보다는 있는 게 나은 것 아니냐는 생각을 한 적 있다. 하지만 내가 일을 하며 느낀 것은 협력 교사는 이름처럼 담임 교사와 협력한다기보다 교사가 지도하기 어려운 학생을 맡아 대신 돌보는 존재라는 거였다. 예를 들어, 교사가 모든 학생들에게 1만큼씩 줄 수 있고 다른 학생들도 1만큼이 필요할 때, 1.5가 필요한 학생도 많다. 하지만 담임 교사가 힘든 나머지 지원이 필요한 학생을 나에게 맡긴 뒤 아예 보지 않는(못하는) 경우가 많아 담임 교사의 1은 사라져 결국 나의 0.5만 남는 경우가 허다했다. 이렇게 되면 소외된 학생은 나에게 지원을 받더라도 결국 다른 학생들보다 질이 낮은 배움의 시간을 가질 수밖에 없게 된다. 추가적인 지원이 필요한 학생에게 나의 노동으로 인해 1.5를 채울 수 있도록 해 주는 것이 아니라 오히려 담임 교사가 빠져 0이 되어 버린 자리에 0.5를 겨우 채우곤 했다.

나는 교실 구석에서 소외된 학생들에게 따로 생활 지도와 학습 지도를 해야 했는데, 좀 더 특수한 지원이 필요한 학생을 이런 식으로 구석에 치워 버리는 게 과연 정말로 이 학생을 위한 제도인지 의문이 들었다. 모든 학생이 수업에 참여할 수 있도록 좀 더 실질적인 지원을 해야 하는 것이 아닌가. 이렇게 따로 빼는 방식이 아니라 말이다. 그렇다면 교사가 다양한 특성과 속도를 가지고 있는 학생들을 파악하고 그에 맞추어 수업을 할 수 있도록 학급당 학생 수를 지금보다 현저히 줄여야 하는 것이 아닌가. 학급당 학생 수를 줄이면 학생들이 서로에게서 배우는 것이 없는 것 아니냐는 이야기를 종종 듣곤 한다. 하지만 나는 이런 이야기에 이미 학생 수가 매우 적은 지역의 소규모 학교 학생들에 대해서는 어떻게 생각하는지 되묻고 싶고, 또한 학생들이 여러 또래를 만날 수 있도록 반과 반의 협업 수업 등을 실행하면 문제가 해결되는 거 아니냐고 말하고 싶다. 저출생을 논하기 전에, 이미 학교를 다니고 있는 학생들의 개별적 존재를 인격적으로 존중해야 하는 것이 먼저이기 때문이다.

반투명함에 익숙해지기

학교에서 나는 반투명 전학생 같았다. 계절의 변화로 인해 생기는 우울감을 전학생의 불안한 심정에 비유한 글을 트위터에서 보았는데 어쩐지 공감이 되어서 스스로 붙여 준 이름이다. 학교에서 짧게 일하더라도 맡은 일이 있기 때문에 완전히 투명 인간은 아니지만 곧 사라질 투명에 점점 가까워지는 존재이기 때문에 반투명이다. 그리고 계속해서 새로운 학교에 적응해야 하기 때문에 전학생이다.

청소년 시절, 헤어짐 앞에서 익숙하다 못해 피로해 보이던 어른들을 보며 서운함이 커지던 마음이 있었다. 나는 아쉽고 슬픈데 저 사람은 왜 그렇지 않을까, 우리가 나눈 것들은 무엇이었나. 지금의 나는 반복되는 헤어짐에 어느 정도 익숙해진 것 같다. 하지만 헤어짐에 무감해졌다는 것은 아니다. 헤어짐에 대한 감각의 문은 거의 늘 같은 크기와 모양으로 열려 있다. 다만 그 문을 지나가는 방법에 대해 익숙해졌을 뿐이다.

계약직으로 일하는 것에도 어느 정도 익숙해졌다. 새로운 공간에서 새로운 일을 배워야 하는 건 두렵고 피하고 싶지만, 이것 또한 방법에 있어서는 익숙해져 버렸다. 헤어짐과 마찬가지로, 새롭게 적응해야 하는 일을 바라보는 나의 얼굴이 이전과는 조금 달라졌다. 반투명한 나의 생활에 익숙해진다는 것은 반투명한 나의 존재에 익숙해지는 것으로 연결되기도 한다. 때로 학생들이 '선생님이 계속 우리 학교에 있으면 좋겠다'고 말해 줄 때면 내내 희미하던 몸이 잠시 선명해지며 제자리에 뿌리를 내리고 싶은 욕심이 생기기도 했다. 한번은 학생들이 송별 파티로 꾸며 준 칠판에 '꼭 정규직 되세요'라는 말이 있었는데 살면서 처음 만나 본 그 문구가 좀 웃기면서도 뭉클했던 것 같다.

    TMI 중 하나를 적어 보자면 나는 MBTI가 INFP인 사람인데, 그래서 공부를 하면서도 딴 생각과 상상을 하면서 힘듦에서 잠시 도망치곤 했다. 지도서에서 나의 마음을 울렸던 내용이 몇 개 있었는데, 그중 가장 마음을 파고들었던 건 과학 지도서에서 유의 사항으로 "지구에서 물은 계속 순환하므로 지구 전체 물의 양은 변하지 않음을 이해하도록 지도한다"라고 적혀 있었던 부분이다. 물렁하게 고여 있던 물은 기화해서 공기 중으로 날아가 눈에 보이지 않게 되기도 하고, 찬 기운에 꽝꽝 얼어서 옴짝달싹 못 하도록 단단해지기도 한다. 하지만 물과 에너지는 모양이 달라지거나 보이지 않을 뿐, 사라지는 것이 아니라는 말이 어쩐지 위로가 되었다. 나를 이루고 있는 것들도 마찬가지라는 생각에, 내가 학교를 계속 옮겨 다니더라도 내가 학교에서 학생들과 만난 것들은 모양이 바뀌더라도 언제나 나를 채워 주고 있다는 생각에 마음이 찌르르했다.

학교를 떠나지 않는 이유

학교와 불화하고 학교가 못마땅하면 내가 학교를 떠나면 되는 것 아닐까 생각한 적이 수백 번은 되는 것 같다. 하지만 어쩐지 억울한 마음이 불쑥 올라와서 그럴 수 없었다. 중이 절을 떠나면 된다는 말은 떠나는 중에게 너무 억울한 일 아닌가. 내가 있는 곳의 절이 굴러가는 방식에 불만인 것이지 절이라는 공간의 존재 자체에는 애정이 있다면 말이다.

돌이켜 보면 나는 어디에서나 늘 불화했다. 청소년기 학생일 때도 학교와 불화했고, 교대생일 때도 교대생들 그리고 교수들과 불화했다. 어린 시절부터 지금까지 쭉 학교에 적응하지 못하고 있지만 학교를 떠나고 싶지는 않다. 오히려 학교와 불화할수록 더욱 끈질기게 학교에 달라붙어서 학교의 발목, 발가락 하나하나까지 악착같이 부여잡은 채 놓아주고 싶지 않다고 생각했다. 바뀌어야 하는 건 학교라는 것을, 들어 주는 사람이 적더라도 계속 중얼중얼 말하고 싶다.

기간제 교사로 일하며 지내는 동안, 뜯어고칠 것이 천지인 학교에서 무엇을 해야 할까 하는 고민을 정말 많이 했다. 그러다 결국 절을 떠나는 것 대신 다른 도전을 하기로 마음먹었다. 임용 시험 준비를 시작했다. 절대로 하지 않겠다고 마음먹고 2년여의 시간을 보냈는데, 우여곡절의 시간을 지나며 내 안에 생긴 역동들이 나를 부추겼다.

호기롭게 기간제 교사로 지내겠다고 했지만, 기간제 교사로 초등학교에서 일을 하는 것이 정말로 내가 원했던 교사의 노동을 할 수 있는 방식이었나? 나는 결국 정교사가 되고 싶어졌다. 뚝심 없이, 기존의 체제에 편입되고 싶어서 발버둥 치게 되는 결말을 맞다니, 그것도 기간제 교사로 살겠다고 여기저기 선언한 뒤 그리 오랜 시간이 지나지도 않은 시점에서. 이렇게 빨리 울면서 포기하고 타협하게 되다니. 그렇지만 비겁함 속에서도 끝끝내 놓치지 않고 싶었던 끈이 있다. 지금부터는 그 끈을 더욱 두껍게 꼬아 가는 시간을 보내 보고 싶다. 제도 안에 영영 머무르게 될지라도 다른 모양들을 상상하고 그 이야기를 꼭 유별나게 밖으로 드러내고 싶다.

그래서 지금은 재수 끝에 시험에 어찌저찌 턱걸이로 합격을 한 상태이다. 아직 발령 대기 중이라 잠시 쉼의 시간을 보내고 있다. 쉬면서도 마음이 마냥 편하지는 않은데, 어쨌거나 피하고 싶었던 제도 안으로 결국 깊숙이 들어가게 되었기 때문이다. 교사는 누구보다도 제도에 속해 있는 사람이며 학생들이 제도에 무사히 속할 수 있도록 가르치고 이끌어야 하는 사람이다. 하지만 나는 그렇지 못한 사람이다.

교대생일 때 학교생활에 늘 적응하지 못했다. 적응하고 싶지도 않았다. 교사가 되어 학교에 일을 하러 나와서도 늘 마찬가지의 마음이 있었다. 곧 정교사가 되더라도 갑자기 아무 일 없었던 것처럼 학교 시스템에 스며들지는 못할 것이다. 어쩌면 영영 겉돌지도 모른다. 내가 교대에 가고 학교에서 일하고 싶었던 이유는 학창 시절 학생이었던 우리를 괴롭혔던 교사들에게 이제는 더 이상 참지 않고 맞서 싸우고 싶었기 때문이다. 못난 행동을 계속해서 만들어 내는 학교에 지속적으로 더 잘 항의하고 싶어서 정교사 됨이라는 타협점을 찾은 것이지만, 그것이 이렇게 생겨 먹은 나를 학교에 융화시켜 주지는 못할 것이다.

학교에 점점 익숙해지고 무뎌지더라도 끝끝내 적응하기를 거부하는 사람으로 지내고 싶다. 비록 정교사가 되었지만, 정교사의 자리에서 할 수 있는 학교를 향한 거부를 계속해서 만들어 내고 드러내고 싶다. 발령을 받고 나면, 성폭력 2차 가해를 당당히 해 대던 교대 남학생들과 함께 일하게 될 것이다. 스쿨 미투 지지 서명 요청을 못 들은 척 지나가던 교대생들과 함께 일하게 될 것이다. 학교는 갑자기 바뀌지 않을 것이다. 하지만 내가 좋아하는 모임에서 동료가 해 주었던 말처럼, 가랑이가 찢어질 것 같은 상황에서도 균형을 찾아 가는 하루들을 보내다 보면 나처럼 학교 부적응 교사들과 학생들이 기록해 온 이야기들이 어딘가 구석구석에 돌탑처럼 쌓여 있을 것이다. 작은 돌멩이를 쥐어 들고 중심을 찾아 가며 돌탑을 쌓는 마음으로, 반투명의 보자기를 등 뒤에 둘러멘 채, 자신을 지우고 적응하기를 강요당해 온 학생들과 연대하고 싶다.

학교에 나 같은 사람이 없을 리가

페미니스트 '강성 노조' 여교사·활동가의 학교 생존기

손지은

K-장녀의 교대 입학

나는 강원도에서 나고 자란 1990년생으로 2녀 1남 집안의 장녀로 태어났다. 1990년은 백말띠의 해로 그해 태어난 아이가 여자아이면 성질이 드세다는 이유로 남아 116 대 여아 100이라는 전대미문의 출생 성비를 찍은 해였다. 그러거나 말거나 백말의 기개와 결기를 타고난 나는 그 뒤로 네 살이 되던 해 여동생을, 일곱 살이 되던 해 남동생을 보았다. 한국의 장녀라는 뜻의 'K-장녀'인 것이다.

어릴 적 모부님이 외출하면 동생 두 명을 데리고 집을 보곤 했다. 동생들이 내 말을 잘 듣지 않을 때면 마구 화를 내며 고래고래 소리치고 윽박지르곤 했다. 하루는 여동생이 공포에 질려 눈물을 뚝뚝 떨구어 울며 말했다.

"언니 너무 무서워. 아빠 같아."

순간 뒤통수를 얻어맞은 기분이 들었다. 눈물이 따라 흘렀다. 그리고 동생을 얼싸안고 엉엉 울었다.

"미안해, 언니가 미안해…… 이제 안 그럴게. 언니가 미안해."

그 뒤로 다짐했다. 내 동생들에게 절대로 소리 지르지 않겠다고. 두려움에 떨며 울도록 내버려두지 않겠다고. 어린 소녀는 그날 이후 진정한 K-장녀가 되었다.

요즘 K-장녀의 특징이 밈처럼 돌아다니던데 주요 특징은 이렇다.

'대부분 양보를 잘한다.'

'어딘가 돌아 있지만 수습할 수 있을 만큼만 돌아 있다'.

자기 욕구보다 타인의 필요에 더욱 민감하게 반응한다는 점, 마음껏 돌아 있지(?) 못하고 주변 환경을 고려하며 뒷정리를 늘 염두에 두고 있다는 점에서 꽤나 짠하다. 내가 초등 교사 양성을 위한 특수목적대학교인 교육대학교에 진학한 것도 상당 부분 K-장녀의 특성에서 기인했으리라.

학교에 입학한 이후로 나는 반장을 줄곧 하고 공부도 곧잘 하는 모범적인 학생이었다. 모부님은 모두 가난한 어린 시절을 보냈는데 그분들이 못다 이룬 학업의 꿈을 투영할 만큼 성실하고 우수한 성적을 받아 왔다. 나는 집안에서 서울에 있는 '명문대' 진학의 기대를 한 몸에 받았다.

전교 1~2등을 다투던 중학교 시절 어느 중간고사에서 전교 6등이라는 성적표를 받았다. 모부님은 크게 상심했고 다시 한번 기회를 줄 테니 앞으로 결코 그런 등수를 받으면 안 된다고 당부했다. 그때 내 나이 열다섯 살이었다. 무엇이든 잘해야 한다는 강박이 그 무렵부터 생긴 것 같다. 이후 기숙사가 있는 지역의 '명문고'에 유학을 하면서 성적이 떨어질 때마다 가장 먼저 한 일은 성적표를 숨기는 것이었다. 이 성적표를 들고 모부님의 얼굴을 볼 면목이 없었기 때문이다. 유일하게 성적표를 보여 드렸을 때는 전교 2등을 했을 때였고 그제서야 나의 존재를 마음 편히 드러내도 괜찮다는 안도감이 들었다. 성과와 성취를 통해서만 내가 쓸모 있는 사람이라 생각했다. 모부님의 사회적·경제적 지위를 향상하는 데 도움이 되어야만 한다는 큰딸의 책임감은 내가 미처 인지하기도 전에 내 마음과 무의식에 자랐났다.

남동생은 늦둥이였는데 우리 집은 가부장 1인 생계 부양자 모델의 전형적 예시로서 아빠가 벌어 온 월급이 가계의 주요 수입원이었다. 아빠가 퇴직했을 때 남동생은 아직 청소년이었다. 즉 아빠가 퇴직하면 수백, 수천만 원에 이르는 대학 등록금을 마련할 방법이 여의치 않다는 것이었다. 나는 이 사실을 일찌감치 위험 요소로 인지하고 있었다. 정확히 말하자면 나에게 위험 요소라기보다 우리 집의 위험 요소. 그래서 어릴 때부터 국립 대학에 들어가야겠다는 마음을 먹었다. 대학 등록금이 상대적으로 저렴한 국립 대학에 들어가야만 자식 셋 키우는 집안의 부담을 덜 수 있고 무엇보다 남동생의 대학 진학을 걱정하지 않아도 되었기 때문이다. 나는 거의 예비 생계 부양자로 스스로를 정체화하고 있었다.

그래서였을까. 일반 국립대보다 대학 등록금이 훨씬 싸고 졸업 후 매달 꼬박꼬박 월급이 보장될 교육대학교에 진학하기로 마음먹었다. 사실 나는 어렸을 때부터 장래 희망이 역동적이었다. 헤어디자이너, 성악가, 외교관 등등. 희망차게 부풀었던 비눗방울 같은 어릴 적 꿈들은 현실과 닿아 터져 버렸다. 실제로 초등 교사 일은 나의 적성에 꽤 잘 맞는다. 어린 영혼들을 만나 기쁨을 북돋고 상처를 보듬으며 서로 성장하는 일은 임용 시험을 보기 전까지도 몰랐던 충만하고 감사한 일이다. 그러나 한편으로는 궁금하다. K-장녀로 살지 않았다면 나는 어떤 인생을 걸고 있을까?

살아남고 싶은 신규 여교사의 고군분투기

초등학교에 신규 발령을 받아 교사로 사는 것은 꿈만 같은 일이었다. 나에게도 직업이 있다니! 내가 돈을 벌다니! 직장인으로서 사회에 한층 더 가까워진 것 같은 기분이 들었고 교사라는 지위를 처음으로 실감하는 날들이 이어졌다. 교실에서 학생들과 살아가는 일은 즐겁지만은 않았다. 교실도 하나의 사회라 그 안에서 벌어지는 권력 다툼과 치열한 인정 투쟁은 매일 긴장의 끈을 바짝 조이게 만들었다.

한번은 이런 일이 있었다. 청소 시간이었다. 학생들은 빗자루로 하키 놀이를 하고 먼지를 사방팔방으로 보내며 즐거이 놀고 있었다. 목이 터져라 청소하라고 말했지만 역부족이었다. 나는 이때야말로 교사의 권위를 세워야 한다고 결심했다. 그리고 내 책상에 놓여 있던 노란색 바구니를 집어서

"그만하고 청소하라고 했죠!"

라고 외치며 온 힘을 다해 바닥을 향해 던졌다. 바구니는 정확

하게 내 발등에 찍혔고 너무 아파서 눈물이 날 뻔했다. 이런 내 속을 아는지 모르는지 학생들은 저 사람 왜 저럴까 하는 표정으로 나를 보았다. 고압적인 태도로 고성과 집어 던짐을 시전한 나는 권위도 교육적 효과도 얻지 못하고 우스운 꼴이 되었다. 가장 어려운 것은 '버럭' 직후에 이어진 무거운 침묵이었다. 교실은 분노와 고통으로 일그러진 내 표정과 함께 찬물을 끼얹은 듯 조용해졌다. 이 분위기를 어떻게 감당해야 하나 머릿속이 캄캄했다. 어릴 적 동생이 울면서 그만하라고 무섭다고 애원하던 장면이 스쳤다. 또다시 소리를 지를 것인가, 소리를 질러 담임 교사의 권위를 보여 주면 학생들이 앞으로도 청소 시간에 청소를 할 것인가, 그렇지 않다면 나는 더욱더 소리를 지르고 물건에 분풀이를 할 것인가, 애초에 그렇게 해도 괜찮은 것인가, 내 동생처럼 쿵쿵대는 가슴을 부여잡고 선생님 그만하라는 말을 차마 입술에서 꺼내지 못할 학생들이 과연 없을 것인가.

학생들이 '무서운 선생님'이라 부르는 교사들이 종종 있다. '무서운 선생님'의 뜻은 높은 확률로 학생들을 강압적으로 통제하는 교사일 것이다. 3월 개학을 앞두고 동료 교사들로부터 꼭 한 번씩은 듣는 말이 '초장에 애들 잡아야지', '기어오르지 않게 하려면 처음부터 제대로 밟아 줘야지' 따위였다. 그런 교사를 얼마나 경멸해 왔던가. 타인에게 공포와 두려움을 가득 심어 순종하게끔 조종하는 자를 얼마나 증오해 왔던가. 그런 내가 학생들을 '휘어잡겠다는' 일념으로 너무도 쉽게 괴물이 되어 버린 것 같았다.

사실 학생들을 '잡는' 건 실제로 학급을 평화롭게 하는 데 도움이 안 된다. 최고 권력자인 교사가 꼭대기에서 학생들을 통솔하고 지배하는 구조는 힘의 논리를 정당화할 뿐이다. 교사 다음으로 힘센 학생, 그다음 힘센 학생, …… 가장 약한 학생. 결국 학급 구성원 전부를 권력 순위로 서열화하여 아래에 대한 혐오와 폭력을 허용한다. 또한 같은 논리로 최고 권력자 교사보다 취약한 교사 — 나이 어린 교사, 여교사, 기간제 교사 등 — 를 멸시하고 조롱해도 괜찮다고 여기게 된다. 학생이든 누구든 사람을 '휘어잡는' 건 그들 집단의 우위에 서서 특정 개인의 지배 권력을 공고히 하는 것 말고는 공동체 모두를 위한 현명한, 최소한 합리적인 선택지는 아니다. 근엄하고 권위 있는 담임 교사가 되려면 어떻게 해야 할까 질문을 품었던 신규 여교사는 이내 깨달았다. 폭력은 결코 가능한 답안지가 아니라는 것을. 그 선택지로는 학교 공동체 안에서 교사도 학생도 그 누구도 안전하기 어렵다는 것을.

어떤 남학생이 있었다. 그는 나의 뱃살에 대해 자주 지적했다. 그 남학생은 물리적으로도 위계에서도 학급에서 가장 센 학생이었다. 그는 수업 시간에 내 몸매를 가지고 조롱했고 학급 친구들의 웃음을 이끌어 냈다. 종종 그는 학급 구성원 모두에게 적용되는 지시를 따르지 않을 때가 많았고 더 이상 수업 진행이 어려울 지경에 이르면 나는 교실 밖에서 '반성의 시간'을 보내고 오라고 내보냈다. 그건 한겨울에도 적용되었다.

어느 날 같은 학년 동료 교사가 수업 시간인데도 복도에서 오들

오들 떨고 있는 그 학생을 보았는지 나에게 따로 말을 건네 왔다.

"선생님, 아까 ○○이 복도에 있던데 왜 그런 거예요?"

"아, 제가 내보냈어요. 워낙 말을 안 듣고 수업 방해를 해서요."

"그렇군요. 그런데 선생님 그거 체벌일 수 있어요."

"네? 체벌이요? 아니에요. 반성하라고 잠깐 시간을 준 것뿐인데요."

"의도야 어떻든 수업 시간에 그것도 추운 겨울에 교실 밖에 내보내는 건 체벌이에요."

'그런가?'

조심스러우면서도 단호한 그 선생님의 말에 나는 떨떠름한 표정으로 대답을 얼버무리고 말았다. 불쾌하고 찝찝했다. 그 감정은 몇 번이고 다시 생각해도 체벌이 맞다는 판단이 들어서였고 내가 체벌을 했다는 사실을 인정하기 싫다는 데에서 솟아난 것이었다. 동료 교사의 조언은 따끔하고 쓰라렸다. 그러나 그 시절 나의 마음과 영혼을 되돌아보게 하고 한 꺼풀 벗겨 내어 학생과의 관계에 전환을 불러온 후더운 사랑이었다. 그가 나의 기분을 고려하여 아무 말도 해 주지 않고 지켜보기만 했다면 나는 지금까지도 추운 복도에 학생들을 내쫓는 것만 해결책이라 여겼을 것 같다.

그 학생에게 신체적 고통을 줘서 문제를 해결하려던 마음을 고쳐먹고 선택한 것은 대화였다. 그와의 대화 그리고 그를 둘러싼 친구들과의 대화, 보호자들과의 대화, 기꺼이 수업 시간을 활용한 학급 토의까지……. 나 혼자 이 교실의 해답을 제시해야 한다는 부담감을 내려놓고 나의 고민을 나누는 자리가 되었다. 모두 각자의 위치에서 힘들고 곤란한 삶을 살아가고 있다는 사실을 알게 되었고 나는 그들의 연결 고리가 되어 각각의 어려움을 듣고 말하고 또 부탁했다. 그 일은 꽤 효능감을 가져다주었고 비로소 내가 교실에서 잘 살아 있으며 꼭 필요한 존재라는 감각을 일깨워 주었다. 비록 ○○이의 행동을 단숨에 변화시키진 못했지만 ○○이를 비롯한 우리 반은 조금씩 서로를 들여다보기 시작했다. 1년은 너무도 빨리 지나갔다.

  사실 나에게 체벌은 체벌이라고 이야기해 준 그 선생님처럼 동료의 모습을 지켜보며 적절한 조언을 해 주거나 고민을 들어 주는 동료 교사는 정말 드물다. 교직 문화는 서로의 학급 상황에 관여하는 것 자체를 권유하지 않고 특히나 동료 교사의 문제를 지적하는 것을 부담스러워하기 때문이다. 더 궁극적으로는 교사들이 서로 단절되기 쉬운 구조 속에서 일하기 때문이다. 대다수 교사들은 교육과정 운영에서 학급 운영, 학생/보호자와의 관계 맺기에 이르기까지 모든 일을 오롯이 홀로 감당한다. 내가 맡은 학급의 모습이 곧 나의 능력을 측정하는 기준이라 여기는 학교 문화는 괜히 나온 것이 아니다. 일하는 과정에서 어려움이나 문제가 생겨도 공교육 시스템은 작동하지 않는다. 학교마저 교사의 업무를 지원하지 못하는 경우가 허다하다. 학교장을 중심으로 모든 권한과 권력이 쏠린 수직적 구조 속에서 학교 공동체가 함께 문제에 대응하기란 어렵다. 해결보다는 문제를 발생시킨 개인을 추궁하고 모든 책임을 씌우는 방식이 더욱 익숙하다.

  20대 때 한 학생과의 상담으로 그의 하교 시간이 늦어지자 보호자로부터 전화가 왔다. 왜 함부로 상담을 해서 늦게 보내냐는 내용이 골자였다. 이유를 설명하려 할수록 돌아오는 건 고성과 폭언이었다. 그날 밤 또다시 전화가 왔고 여성 보호자의 수화기를 낚아챈 남성 보호자는 욕설과 함께 나의 거주지를 물었다. 마침 학기 말 업무를 하느라 교실에 남아 있었는데 그 사실을 말하자 당장 찾아가겠다며 소리를 지르더니 전화를 끊었다. 교실 문을 잠그고 벌벌 떨며 정말 올까 걱정하던 내가 할 수 있는 조치라고는 남성 교장에게 한밤중에 연락해 학교로 와 달라고 호소하는 것뿐이었다. 다음 날 교감에게 그 보호자와 교장이 면담을 해서 다시는 그러한 협박을 하지 못하도록 조치를 취해 달라고 요청했다. 그러자 교감은 이렇게 말했다.

  "선생님 무서웠을 건 알겠는데 그렇게까지 하는 건 긁어 부스럼 아닐까요?"

  업무 수행 중 신변의 위협을 느끼는 교사를 보호하고 지원하는 시스템은 학교에 없다는 것을 깨달았다. 특히 여교사라서 경험하는 폭력에 대한 대책은 더더욱 없다. 젠더 기반 여성 폭력은 여교사가 80%에 육박하는 교직 사회에서 자주 일어나지만 공문에도 지침에도 매뉴얼에도 그러한 개념조차 없기에 있어도 없는 일 취급되고 있다. 불평등한 젠더 관계에 기반한 여성에 대한 폭력은 일어나도 일어났다고 말해선 안 된다는 걸 나중에서야 깨달았다.

다시 만난 노조

임용 시험이 끝나고 강원도 초등 교사 신규 발령 전 연수에서 교원 단체와 교원 노동조합 소개 시간이 있었다. 노동자라면 누구나 노조를 조직해서 사용자를 상대로 부당한 행태에 대항할 수 있다는 간명한 명제가 내 마음에 쏙 들어왔다. 연수장을 나오자마자 홍보하고 있던 전국교직원노동조합 선생님들에게 가입서를 달라고 했다. 노조 활동은 재미있었다. 지역에 있던 다양한 교사들과 교류할 수 있었고 교실 안에서 이루어지는 수업을 넘어 교육 노동자라는 나의 사회적 위치를 인식하는 계기가 되었다. 뿐만 아니라 학교 안팎에서 작동하는 권력의 역동을 구조적으로 파악할 수 있는 관점을 기를 수 있었다. 학교나 교육청이 하는 일 중에는 최고 책임자가 최고 권력을 가지고 쓸데없이 학교 구성원을 동원하거나 부당하게 통제하는 게 많았다. 나는 노조 선생님들과 함께 교육지원청 교섭에 참여하고, 지역에서 학생들과 함께하는 행사를 기획하고, 때로는 노조 내부에서 발생하는 부당한 사건에 힘주어 의사 표현을 하기도 했다. 노조는 더 좋은 노동 환경과 더 평등하고 안전한 학교를 만들기 위해 끊임없이 일렁이는 살아 있는 조직이었다. 그 점에서 내가 교사 생활을 하는 데 활력을 주는 몇 안 되는 소중한 공간이었다.

그러던 2018년 어느 날 노조 본부에서 당시 위원장-수석부위원장 선거를 앞두고 '페미니스트 선거 운동 본부'가 출범해 페미니스트 후보가 출마했다는 소식을 들었다. 선거 공보를 받아 들고 기분 좋은 충격을 받았다. 두 여성 후보가 숏컷을 하고 정장을 입고 팔짱을 끼고 당당한 눈빛으로 단단한 다리로 서 있는 게 아닌가! 우리 노조는 조합원의 68%가 여성이다. 그럼에도 불구하고 여성은 언제나 '2인자' 후보로 제안을 받았고 창립 이래로 이제껏 대표자 대부분이 남성이었다. 이렇게 되면 남성의 목소리가 보편적인 경험으로 등치되어 여성 교사와 여성 학생의 경험이 배제될 수밖에 없고 그렇게 되어 온 게 사실이다. 가부장적이고 남성중심적인 구조를 깨는 조직 운영이 필요하기에 '페미 선본'이 등장했다는데 박수를 안 칠 수가 있나. 소통방을 통해 알게 된 링크를 타고 들어가 그 선본에 합류했다. 나는 태어나서 처음으로 선거 운동을 했다. 직접 지지 피켓을 만들었고 동료 선생님들에게 지지를 호소했고 SNS에 홍보 글을 올렸다.

하지만 돌아온 반응은 싸늘했다.

"진짜로 당선될 거라고 생각하는 건 아니지?"

"너네는 페미니즘 말고는 내용이 없어. 득표는 어려울 거야."

페미 후보는 8.8%의 득표를 했고 낙선했다. 당연한 것을 주장하고 외치는 후보가 생각했던 것보다 낮은 지지를 받자 나는 크게 낙심했다. 그리고 동시에 화가 났고 강원 지역에 여성위원회를 꾸려야겠다고 다짐했다. 약 10년 전부터 명맥이 끊긴 여성위원회를 재건한다고 하니 조직의 반응은 뜨거웠다. 반기는 사람들도 있었지만 페미 선본의 등장 이후 페미니즘이나 여성주의를 지지하는 세력을 하나의 정파로 보고 견제하는 사람들도 있었다. 또 대놓고 거부감을 드러내는 사람들도 있었다.

그 모든 반응 가운데 강원지부 여성위원회가 세워졌다. 우리는 보랏빛 깃발을 만들고 소모임을 꾸리고 행사를 기획하고 매달 만나서 토론했다. 그때 나에게 노조는 예전의 노조가 아니었다. 완벽하다고 믿었던 노조는 내가 여성이라고 말하지 않을 때만 나를 반겼다. 누군가가 여성으로서 목소리를 내거나 권력을 잡으려 할 때 몹시 불편해한다는 사실을 예전에는 미처 몰랐다. 비로소 노조의 맨얼굴을 들여다보게 된 나는 노동운동이라는 세계를 다시 새롭게 만났다.

교원 노조 페미니스트 활동가로 산다는 것

노조 활동을, 그것도 여성위원회에서 활동하는 교사로 사는 것은 편안하지만은 않았다. 나는 2017년 무렵 페미니즘이라는 개념과 학문, 실천을 처음 접하고는 SNS를 통해 먼저 페미니즘을 접한 사람들과 소통하는 동시에 반페미니즘적 댓글에 비판 댓글을 다는 소위 '키보드 워리어'로 살아가고 있었다. 운동적 실천이나 조직적 대응과 같은 구조적 전략에 무지했고 왜 사람들은 여성을 차별하는 말을 아무렇지 않게 할까 하루하루 좌절하고 분노하던 시절이었다. 그러기도 한 것이 내가 살고 있는 강원 지역은 2016년 강남역 여성 혐오 살인 사건 전후에 일어난 '페미니즘 리부트'의 영향력이 미미한 지역이었다. 학교에서는 '페미니즘'이라는 용어를 아는 사람조차 드물었고 내가 속한 노조 지부는 지역에서도 진보 조직을 자처하는 조직이었지만 그 안에서 페미니즘적 조직 운영과 운동은 찾아볼 수 없었다. 심지어 지부에 여성위원회를 설치하겠다고 밝혔을 때 돌아오는 대답은 "남성위원회도 만들어야겠네"였다. 나는 즉시 대답했다.

"그렇게 말씀하시는 분들이 있어서 여성위원회가 있어야 해요."

학교 교원학습공동체에서 모든 교원들에게 책을 한 권씩 지원해 준 적이 있었다. 그때나 지금이나 내 삶의 주요 관심 분야는 여성/성평등이었기 때문에 별다른 고민을 하지 않고 책을 골랐다. 원하는 책 제목을 제출하라고 해서 시몬 드 보부아르의 《제2의 성》을 써냈다. 다음 날 나보다 경력이 몇 년 더 긴 남성 교사가 말을 걸어 왔다.

"《제2의 성》 신청했던데 그 책 어떻게 알았어? 내가 좀 아는데 잘 걸러서 읽어야 되는 책이야."

그렇잖아도 나는 노조 '강성 활동가'로 소문이 났던 터였다. 학교에 부임한 첫날부터 "사람들이 선생님 그 노조 강성이라고 그러던데 맞아요?"라는 말을 들었다. 노조 강성 활동가에 더해 이젠 '페미'라는 '빨갱이'급 딱지까지 붙은 것 같았다. 읽고 싶은 책만으로도 말이다. 이후 그 남성 교사는 나에게 이러쿵저러쿵 훈계를 두었다. 내가 속한 노조가 너무 정치적이고 넘어서는 안 될 선을 자꾸 넘는다는 둥, 교장에게 너무 대들지 말라는 둥……. 그러다 어느 날에는 교육과정에 따라 교문 앞에서 환경 보호 캠페인을 하고 있는 우리 반 학생들에게 내가 보는 앞에서 큰 소리로 핀잔을 주기도 했다.

"너희들 지금 사람 지나다니는 교문 앞에서 뭐 하는 거야?"

그리고 뒤따르는 말은 어제 나와 주고받았던 메신저 대화가 자존심 상하고 불쾌하다는 것이었다. 나는 즉각 '지금 수업 중인데 왜 다짜고짜 학생들한테 소리를 지르면서 방해하냐'고 맞받아 쳤다. 그는 예상하지 못한 듯 당황한 표정으로 나를 살살 달래기 시작했다. 그런 뜻이 아니었다면서.

무례한 남성 동료 교사의 맨스플레인과 도 넘은 간섭은 결국 수업 방해와 고성으로까지 이어졌으나 그때마다 나는 기죽지 않고 매번 대차게 대응을 했다. 상처를 받거나 수치스럽기보다는 불쾌하고 끊임없이 신경쓰였다. 무엇보다도 너무 귀찮았다. 그는 도대체 왜 나를 지속적으로 괴롭히는 건지, 내가 또래의 동료 여교사들처럼 고분고분하게 자기의 말에 맞장구를 쳐 주지 않아서인 건지, 자기도 가만히 있는데 어린 여교사가 교장에게 이러쿵저러쿵 문제 제기를 하는 노조 활동가라서 그런 건지, 그것도 아니면 불온한 페미니즘 고전을 읽는 어린 여교사라 그런 건지 그럴싸한 이유를 찾아 보려 애썼다. 하지만 어떤 것이 되었든 결코 그가 나를 괴롭힐 이유가 되지는 못한다. 순종적이지 않고 설치고 나대고 공부하는 여성을 견디지 못하는 그의 행동이 잘못된 것일 뿐이다.

30세 페미니스트 여성의 선거 도전기

2020년, 다시 노조 선거의 계절이 왔다. 그리고 제안이 왔다.

"이번 선거에 같이 출마해 보지 않으실래요? 30세 여성 페미니스트가 대표하는 노조를 함께 만들어 봐요. 선거 운동 같이 해 봅시다."

가장 먼저 떠올린 생각은 이랬다.

'안 돼, 내가 어떻게 해? 나이도 서른밖에 안 됐는데. 이 조직을 얼마나 경험했다고.'

그런데 문득 안개가 걷힌 듯 마법처럼 생각이 바뀌었다

'왜 못 해? 어리면 어린 대로 잘하는 게 있겠지. 이 노조에는 나처럼 여성 조합원, 30대 조합원이 많이 있는데 왜 나 같은 사람은 대표를 하면 안 돼?'

나는 출마하겠다고 말했다. 그리고 이내 머리를 굴렸다.

'공보 사진은 어떻게 찍을까?'

마침 얼마 전 구입해 놓은 하늘색 바지 정장 세트를 입기로 했다. 당시 나는 옆머리와 아랫머리를 바짝 깎아 낸 짧은 머리를 하고 있었는데 이 머리에 단정하게 차려 입은 자켓과 정장 바지 차림은 영락없는 '청년'의 모습이었다. 다른 점이 있다면 여성이라는 것뿐. 선거 포스터 사진은 인물의 성향과 지향점을 함축적이고 상징적으로 드러내는 매우 정치적인 발화 방식이다. 이제껏 내가 속한 노조에서 20대를 갓 넘긴 젊은 여성이 대표로 출마한 적은 없었다. 페미니즘을 노조 기조와 운영, 정책 방향의 핵심으로 삼은 선거 운동 본부는 이전 선거에 이어 두 번째였다. 우리 선본의 역사적 의의와 시대적 필요성을 공보 포스터 사진에 고스란히 담아내고 싶었다. 내가 가장 중요하게 생각한 부분은 전형적인 '여성성' 규범에서 벗어난 이미지였다. 실제로 나는 연약하고 취약한 면이 많은 사람이지만, 적당히 화장하고 안경을 벗고 부드러운 미소와 고운 몸매 선을 드러낸 위협적이지 않은 젊은 여성의 모습을 이 선거 공보물에서만큼은 접어 두고 싶었다. 대신 팔짱을 끼고 두 발을 땅에 단단하게 붙이고 곧게 섰다. 그리고 미소 짓지 않은 채 카메라 렌즈, 즉 사진을 바라보는 사람을 안경 쓴 눈으로 집요하게 응시했다. 그 사진은 말 그대로 나의 인생 사진이 되었다. 내 인생에서 이렇게 전복적이고 성역할 경계를 허무는 진취적인 사진을 찍은 적은 처음이었다.

반응은 뜨거웠다.

후보로서 선거 운동을 하고 선거를 치르는 과정은 곧 조직을 알아가는 과정이었다. 선거에 뛰어들고 나서야 내 주변의 많은 활동가들이 자신이 소속된 의견 그룹의 지침에 따라 움직인다는 사실을 알았다. 그리고 외로웠다. 출마를 밝힌 이후 친하다고 생각했던 활동가들의 싸늘한 시선, 선거에 출마한 나에게 '꼭 너만이 그 일을 해야 한다는 생각을 버리'라는 말, '누구나 할 수 있어도 아무나 하면 안 된다'는 말……. 애초에 나 아니라도 누구나 다 평등에 기초한 노조 운영을 했다면 굳이 출마하지 않았을 것이다. 아니, 정말 그랬다면 이미 나와 같은 또래의 여성들이 갖가지 선거에 당연하게 출마했을 것이다. 아무나 중요하고 영향력 있는 일을 해서는 안 되겠지만 정말 노조에서 누구나 그런 일을 할 수 있도록 포용적이고 충분한 양성 기회가 있었는지는 냉철히 평가해야 한다.

나를 주저앉히는 말들에 움츠러드는 시간보다 나서길 잘했다고 생각한 순간이 훨씬 많고 강력했다. 내가 나와서 뽑고 싶은 후보가 생겼다고, 페미 후보가 나오고 난 뒤부터 노조 선거가 나의 선거처럼 느껴진다는 말은 우리 노조가 얼마나 다양한 요구와 의제를 품지 못하고 누군가를 소외시켜 왔는지를 방증했다. 후보에 출마하며 펼쳤던 선거 운동을 통해 깨달은 것이 있다면, 선거는 정책과 비전의 축제가 되어야 한다는 것이다. 선거는 누구나 자기의 위치에서 말하고 자기의 권리를 요구하는 과정을 통해 모두가 평등하고 안전할 수 있는 조직의 상을 구성원이 함께 그릴 수 있는 기회이다. 또한 우리 조직에 어떤 사람들의 경험과 의견이 주로 반영되고 배제되는지, 배제된 목소리는 왜, 어떻게 배제되어 왔는지를 살피고 이를 고발하는 공론장이다. 다양한 구성원들이 공존하며 지속할 수 있는 조직 환경을 어떻게 만들 수 있을지를 제안하고 또 겨루는 과정이 선거여야 한다고 믿는다.

노조에서 20~30대 여성은 중요한 존재로 여겨지지 않는다. 머릿수 채울 때는 중요하지만 영향력 있는 자리에 어울리는 인물로 기대되지는 않는다. 정책, 조직, 연구, 총괄 등 방향과 내용을 결정하는 업무보다는 교육, 홍보, 총무 등 후차적인 업무를 제안받는다. 내가 노조에 가입한 이래 선거에 출마하기 전까지 줄곧 맡아 온 업무도 교육과 홍보, 사무실 꾸미기였다. 그러나 못 할 건 없다. 젊은 여자가 잘하는 일 못하는 일이 따로 있으랴? 노조에 뿌리내린 유리 벽과 유리 천장을 와장창 깨뜨릴 때까지 더욱 설치고 나대고 말하고 싶다.

결혼은 선택지

어릴 적부터 나는 거의 모든 시기마다 누군가를 마음에 품고 살아온 슈퍼 짝사랑러(?)였다. 그러나 아이러니하게도 결혼을 하고 싶다는 마음을 품은 적은 없었다. 결혼을 하고 아들을 낳기 위해 마흔에 가까운 나이에 늦둥이를 낳고 아이 셋을 기르며 가사를 독박으로 책임지는 엄마를 보고 자라서일까? 항상 남편과 아이와 가정에 온 신경을 곤두세우고 살아야 하는 주부의 삶은 내가 원하는 삶이 아니었다.

학교에서 만난 사람들은 결혼하지 않고 20대 시절을 지내는 나를 성인이 '되어 가는' 존재로 생각했다. 세상 물정 모르고 호기심 많고 그저 풋풋하고 발랄한, '진정한' 성인은 아닌 젊은 여교사. 학교에서 양육자 상담을 하다가 이런 유의 말을 들은 적이 종종 있었다.

"선생님도 결혼해서 애를 낳아 보시면 더 잘 이해하실 거예요. 아직 애를 안 낳아 봐서 모르시는 것 같아요."

결혼도 안 하고 애도 안 낳아 본 여교사는 교육에 결격 사유가 있다는 뜻인데 꽤 여러 사람으로부터 들은 걸로 보아 결혼과 출산과 양육은 이 땅에 태어난 여성의 숙명이자 지상 과제인 것 같다. 그 논리에 따르면 아이를 낳는 것 자체가 불가능한 남성 교사는 교사 자격 미달인 셈인데 그런 말은 들어 보지 못했다.

어떤 동료 교사들은 나도 모르는 나의 생애 주기를 이미 기획해 놓고 있었다.

"쌤은 여행을 참 잘 다니네. 이제 곧 있으면 좋은 시절 끝나니까 다닐 수 있을 때 많이 다녀 둬."

앞으로 남자 만나서 결혼하고 가정을 꾸려 아이 낳고 양육하는 게 당연하다는 전제가 잔뜩 묻어난다. 더 나아가 기혼 여성의 삶이란 여행하거나 돌아다니며 나를 위해 돈 쓰는 등 자기만을 위한 행위를 할 수 없다는 발상이 내재되어 있다. 실제로 가까운 어른 한 분은 내가 "결혼을 꼭 해야 하는지 잘 모르겠어요"라고 하자 붉으락푸르락하며 이렇게 말했다.

"너 너무 이기적인 거 아니니? 결혼해서 애도 낳고 키우고 해 봐야지 혼자만 잘났다고 사는 게 말이 되니? 결혼을 해야 진짜 어른이 되는 거야."

미숙한 여자는 이제 이기적인 여자가 되었다.

'좀 이기적이면 안 되나요?'

기한을 알 수 없는 '예비 신부'로 간주되어 온 나는 이미 결혼을 안 하고 있지만 더 격렬하고 더 적극적으로 결혼을 안 하고 싶다. 이쯤에서 밝혀야겠다. 나는 비혼을 추구한다. 혼인을 해야 하지만 아직 하지 않은 미혼이 아니라 스스로 혼인을 하지 않는 비혼. 왜냐하면 결혼은 어떤 면에서 족발이기 때문이다. 어느 유튜브 영상에서 누군가가 그렇게 말했다. 결혼은 그냥 족발일 뿐이라고 말이다. 다양한 음식 메뉴 중에 하나인 족발처럼 결혼도 인생에서 만날 수 있는 하나의 선택지이다. 어떤 사람들은 족발을 무척 좋아해서 어떻게 족발을 안 먹을 수 있냐고 말한다. 하지만 다른 누군가는 족발을 굳이 먹고 싶지 않고 먹지 않을 수 있다. 맛이 없어서일 수도 있고 먹었을 때 몸과 마음이 편하지 않아서일 수도 있고 어떤 존재가 겪어야 할 고통을 막아 내고 싶어서일 수도 있다. 족발을 먹지 않는다고 해서 아무도 그 사람을 비난할 수 없고 비난해서도 안 된다. 족발을 먹지 않는다고 해서 미성숙한 것도 이기적인 것도 아니다.

결혼도 이와 별반 다르지 않아야 한다. 저마다 아름답고 충만하게 살기 위해 자기 인생을 기획하는 데 결혼은 하나의 선택지가 되어야 한다. 결혼하기 위해 태어난 게 아니라 살기 위해 태어났기에. 하지만 안타깝게도 우리는 가부장 이성애 규범적 가족 중심 모델이 공고한 사회에서 살아가고 있다. 온 사회가 여자와 남자에게 서로 결혼하도록 권하고 있고 그 기대를 저버리는 사람들을 비정상 취급한다. 여자와 여자 혹은 남자와 남자는 결혼하지 못하도록 법으로 금지하고 결혼하지 않고 오순도순 함께 사는 사람들을 가족으로 인정하지 않는다. 결혼하지 않고 혼자 사는 사람들도 마찬가지다. 공무원 특별 휴가 사유에 결혼은 있지만 비혼은 없다. 주택 청약 가산점, 공공 주택 지원, 금융 지원 등 신혼부부에 대한 사회적·경제적 혜택은 많지만 결혼하지 않고 홀로 또는 누군가와 함께 살아가길 선언한 사람에 대한 혜택은 전무하다. 오히려 조롱과 비난, 그에 따른 불이익에 시달린다. 사회의 지배 규범을 총집합하고 재생산하는 학교는 이 모델이 가장 강력하게 작동하는 조직 중 하나다.

일터(학교)에서는 지금도 나에게 왜 비혼을 택했냐고 묻는다. 마치 결혼을 하는 게 당연한 수순인데 무슨 특별한 이유와 신념이 있길래 결혼하지 않는 인생을 사는 거냐고 그 이유를 설명하길 원한다. 그럴 때면 나는 어떤 대답을 해야 질문자의 마음에 가닿아 그로부터 설득, 훈계, 질타를 받지 않을지 고심한다. 굉장히 피곤하다. 한국은 여성의 가사 노동 시간 대비 남성의 가사 노동 시간이 세계 최하위이고 노동 시장에서 여성의 결혼이 아주 나쁜 경력이 되는 국가다. 이 사실은 아직 결혼하지 않은 상태인 내가 결혼을 고려하는 데 있어 너무나 치명적인 사회적 요인이다. 더욱이 결혼하지 않는 삶이 예외 취급 받는 것 때문이라도 비혼의 길을 가고 싶다. 항상 이유를 설명하고 내 삶도 괜찮다고 증명해야 하는 이 사회에 대한 근본적인 저항이랄까. 좀 반항적으로 보일 수도 있지만 비혼 선언은 나에겐 매우 중요한 정치적 이슈이다. 비혼은 나의 정치적 선택이자 운동이다. 나의 몸과 삶으로 표현하는 정치적 권리이다. 이 세상에는 결혼을 원하지 않는 나와 같은 사람들이 꽤 많다는 것, 가부장 이성애 규범적 가족 중심 이데올로기는 균열을 넘어 산산이 깨지고 있다는 것. 다양한 친밀 공동체가 우리 이웃에 있다는 것, 학교에서는 이러한 현상과 흐름을 적극적으로 받아들이고 정책과 운영과 교육에서 다루어야 한다는 것을 뒷받침하는 데 나의 삶이 하나의 사례로 존재하길 원한다.

결혼과 가족의 울타리 밖에서 부유하는 수많은 사람들 그 어딘가에 비혼을 선택한 내가 있다. 울타리 밖에서 뿌리내리고 사는 고유한 존재가 여기 있다. 이렇게도 살아가고 있다. 비혼을 선언하면 결혼을 선언할 때처럼 특별 휴가를 받을 수 있는 그 순간이 내가 교직에서 일하는 동안 꼭 오리라 믿는다. 나는 이렇게 살아 숨 쉬고 있으니까.

나는 나만의 빛

세상엔 별별 사람들이 있다. 교직 사회에도 별별 교사들이 있다. 나는 '별별 교사'인가? 고백하자면 살면서 내가 별나고 특별하다고 생각한 적이 있긴 했나 싶다. 나는 딱히 사람들한테 내세울 것 없는 평범한 삶을 살고 있다고 믿었다. 한편 내 주변에는 특별한 사람들이 많았다. 세상을 바꾸기 위해 가시밭길을 헤치며 나아가는 친구들. 성소수자 혐오에 맞서 고군분투하는 수많은 당사자 친구들. 그들은 소중하고 특별하다고 생각했다. 때때로 퀴어 당사자성이 희박한(언제나 가능성은 열어 두는) 시스젠더 이성애자인 내가 그들과 함께 성소수자 인권운동을 하는 게 수치스럽고 죄책감이 들기도 했다. 내가 여기에 끼어서 함께해도 되는 것일까?

그건 오만이었다. 나는 소수자가 아니라는 생각에서 비롯된 수치심과 죄책감은 달리 말하면 보편성을 점유하는 지독한 특권의식이다. 내 삶과 내 존재는 일반적이고 평범한 반면 그들은 예외적인 존재라는 분리적 사고는 필연적으로 위계화를 수반한다. 누구나 고유하고 나도 고유하다. 사람들은 다양한 위치에서 각각의 시공간을 통과하며 독특한 경험을 하고 그것들이 총체적으로 만들어 낸 구성물로서 존재한다. 소수자라서 그 자체로 미안함 혹은 연민을 받아서는 안 된다. 그건 함께 잘 사는 세상을 만드는 데 그다지 도움이 안 된다. 대신 어떻게 하면 모두가 함께 잘 살 수 있을까를 고민하고 하나라도 실천하는 게 낫다.

모두가 특별하고 그렇기에 우리가 사는 세상은 다채롭다. 나도 별별 사람이고 '별별 교사'이다. 처음 이 글을 쓸 무렵 '나같이 평범한 교사가 글을 실어도 될까?'라고 생각하며 느꼈던 부담감과 부끄러움은 일정 부분 우월 의식의 일환이었음을 성찰해 본다. 나는 덜 힘들고 더 형편이 낫다고 비교하며 내 안에 그었던 경계선을 이제 지워 버리려 한다. 고유함이 제거된 보편성 뒤에 숨어 내 삶은 괜찮다고 안주하는 대신 종종 취약하고 자주 불완전하고 흔들리는 결코 완벽하지 않은 내 삶의 단면을 담담하게 끌어안고 갈 것이다. 무지개 빛깔 속에 하나의 빛을 내는 결혼 안 한 '페미'로 사는 여성 교사도 학교에서 살아가고 있다고, 내 목을 밟고 있는 그 발을 치워 달라고, 남성에게 양보만 하지 않고 내 몸과 내 삶을 아끼며 보란 듯 잘 사는 '이기적인' 여교사가 바로 나라고, 나 같은 사람 꽤 많다고 외치며.

기억의 공유, 새로운 지경을 위해

―――

다양한 장애 유형의 교원과 함께 '낯섦'을 넘어

―――

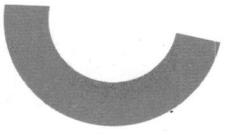

배성규

홀로 감당해야 했던 시간

1980년 4월 대구에서 태어났다. 치솟는 고열 탓인지 첫 울음이 들린 지 얼마 되지 않은 조그마한 신생아의 뇌를 열어 염증 부분을 제거해야 한다는 의사의 말에 그 당시 부모님은 어떤 심정이었는지 알 도리는 없었다. 아이가 곧 죽을 테니 출생 신고를 하지 말라는 주변의 얘기 때문인지, 내 생의 증명은 서류상에 존재하지 않았고, 존재하지 않았기에 증명할 수 없는 존재는 친지들 입가에 증명하듯 옮겨졌다. 인큐베이터에 갇혀 지내던 나에게 3개월 후 뒤이어 태어난 사촌 동생으로 인해, 나의 생이 흔적 없이 소멸되더라도 '형'으로서 죽어야 한다는 숙명으로 만들어진 서류상 나의 생일은 그래서 의미가 생겼고, 그래서 의미가 없었다.

'청각장애'라는 진단명은 부모님이 홀로 감당해야 하였고, '외로움'이라는 숨겨진 증상은 내가 홀로 감당해야 하였다. 청각장애 학생에게 불합리한 국어 듣기 평가, 영어 듣기 평가, 음악 가창 실기 시험이라는 부조리함을 어느 누구도 관심을 가져 주지 않았다. 학창 시절은 늘 삭막했고, 무미건조했다. 체화되지 않은 분노를 어린 마음 심연에 차곡차곡 화석처럼 쌓아 두는 법도 그때 터득했다. 초등학교, 중학교, 고등학교 내내 수업 시간 40분을 바보처럼 앉아 있다가, 쉬는 시간 10분간 친구의 필기 노트를 베껴 쓰기 바빠 화장실도 쉽사리 가지 못해 마음이 서늘했던 날들이 이어져야만 했다.

의사소통 편의 지원이 전무했던 대학 시절도 여전히 절망스러웠다. 들리지 않는 교수님의 강의를 그저 학점 이수를 위해 멍하니 긴 시간을 허비해야 했던 이 길의 끝에 내가 감히 교단에 설 수 있을 거라고 믿지 않았다. 강의 시간 내내 외로움이라는 물웅덩이에 내던져진 낡은 시간이 흘러갈수록, 내 마음속의 갈망하는 것들로 채워지지 않는 빈곤함을 채웠다.

아마도 나와 더불어 전국 모든 사범대학에 다녔거나 다니고 있는 모든 장애인 예비 교원들도 비슷한 절망의 늪에 빠져 허우적거리면서 자퇴의 기로에 수시로 오르내렸을 것이다. 숨 막히는 절망 속에서도 간혹 수많은 난관을 넘어 교단에 서게 된 장애인 선배 교사의 신화와 같은 얘기를 들으면서 그 판타지와 본인을 잠시나마 동일시하며 짧은 행복에 겨워하다가도, 환상이 신기루처럼 사그라지고 차가운 현실을 자각하며 기진한 한숨을 몰아 내쉬었을 것이다.

소란스러운 동작들과 고요한 침묵들로 둘러싸인 생경스런 긴 시간의 강의가 끝날 때까지 머릿속을 멍하니 체념이란 우울한 빛으로 채색된 온갖 상념들로 채워 넣었다 지우기를 몇 번이나 했을까. 매번 강의가 끝날 때마다 들리지 않는 나의 운명의 반사 작용처럼 동기들의 필기 노트를 사막의 낙타가 한 방울의 물을 갈급해하듯 구걸하며 빌리러 다녔다. 선뜻 웃으며 선선히 빌려주는 동기와, 자기 필체가 엉망이라며 완곡하게 거절하는 동기의 체온 차이가 나에게 극심한 고통을 안겨 주었다. 청각장애를 가진 삶이란 마치 삭막하고 황량한 사막의 밤하늘 외로이 반짝이는 별을 바라보며 먼지처럼 부유하듯이 고독하게 건너는 시간이었다.

겨우 빌린 동기의 노트를 들고 복사를 위해 복사기 앞 긴 대기줄에 서면서 나의 몸 깊은 곳에서 울어지지 않는 깊은 울음이 소리 죽여 흘러나와 늘 땀처럼 온몸에 젖어 있었다. 이 반복되는 행위에는 늘 몸이 울음에 실려 출렁거렸고, 떨림이 슬픔보다 더 깊어 몸속에서 분노로 끓어올랐다. 칙칙하고 어두운 공간에서 한 줄기 새어 나오는 복사기의 불빛에 차갑게 투영된 나의 등 뒤에는 정오의 찬란한 햇살과 청춘의 향기로 둘러싼 동기들의 재잘거리는 행복한 모습이 아스라이 멀어지고 있었다.

개별적 고통에 맞서 싸우다

청각장애 학생에 대한 통역 편의 미제공 현실을 더 이상 받아들일 수 없었던 나는 대학 3학년 때 결국 학생복지처장을 찾아갔다. 무미건조하게 '몰이해'로 일관하는 학생복지처장의 무거움과 묘하게 닮아 있는 처장의 책상을 뒤엎을 듯이 부들거리며 움켜쥔 나의 손은 수시로 하얗게 변했었다. 처장을 향해 분노로 이글거리는 나의 모습이 비굴해 보였을까. 처참해 보였을까. 부박해 보였을까. 해독할 수 없는 분노로 뒤엉킨 내 마음속의 울음은 도무지 그 근원을 이루 짚을 수가 없었다.

'거부'와 '멸시'와 '냉대'가 온전히 듣는 자의 전유물이고, 그것이 나의 거부할 수 없는 운명임을 체념한 순응으로 '지나온 과거'를 감당할 수 있었으나, '다가올 미래'에서조차 가늠되지 않는 것들을 이해되는 언어로 그려야 한다는 '숨 막히는 현실'을 더 이상 받아들이고 싶지는 않았다. '편의 지원이 없어서 공부를 못 한다면 네가 장애 극복 의지가 없는 것'이라며 비웃듯이 내뱉는, 사회복지를 전공했다는 학생복지처장의 그날 발언은 지금도 생생하다. 학생복지처장과 기나긴 싸움은 당연한 수순이었다.

결국 1년여의 시간이 흘러 2002년 대학 4학년 때 전국 최초로 청각장애 대학생을 위한 노트북 대필 사업이 시작되었다. 대학 측은 노트북 40여 대를 구비했고, 청각장애 학생들은 필요시 노트북을 대여하여 강의 시 타이핑 대필을 지원받을 수 있게 되었다. 이전까지는 오로지 비장애 학우의 '시혜적인 호의'에 기대어 읍소하듯이 부탁해야 했던 노트북 대필 활동에 대해 봉사 학점 이수가 가능하게 함으로써 비장애 학우의 적극적인 참여를 끌어냈다.*

대필한 파일은 인터넷 사이트에 올려 청각장애 학생만이 아닌

---

* 이 시스템이 모태가 되어 나의 대학 후배가 2014년 에이유디(AUD) 사회적 협동조합을 설립하여 청각장애인 통역 지원 사업을 시작했다. 그럼으로써 전문 속기사와 전용 통역 플랫폼을 통해 실시간 통역 지원이 가능해졌다.

필기가 어려운 지체·시각장애 학생들도 함께 공유하게 하면서 노트북 대필 사업의 필요성과 당위성에 대한 공감대가 넓어졌다. 또한, 토익에서 일정 점수 이상을 얻어야 졸업 이수가 가능하다는 규정은 듣기 시험이 어려운 청각장애 학생은 '영작문' 등으로 대체 이수할 수 있도록 개정되었다. 청각장애 학생들은 더 이상 토익 강사에게 점수를 달라며 비굴한 웃음과 커피 한잔의 뇌물을 바치거나, '청각장애'라는 주홍 글씨를 내보이지 않아도 되었다.

2000년에는 청각장애 대학생의 교육권 제고와 개선을 위해 전국의 청각장애 대학생들을 규합하여 '한국농아대학생연합회(농대연)'의 창립 멤버로서 깃발을 들었다. 전국의 각 대학별로 상이한 통역 편의 지원 실태 조사와 현안들을 해결하기 위한 실질적인 대책을 모색하기 위해 농대연 간부로서 전국을 수시로 넘나들었다. 덕분에 '통역 편의 지원'이라는 개념과 방법에 대해 각 대학별로 공유하게 되었다. 대학 입시를 앞둔 고3 청각장애 학생들을 위해 대입 장애인 전형과 모집 요강 등을 수합 및 정리하여 전국 권역별로 돌아다니며 입시 설명회도 개최했었다. 그 당시 청각장애 학생을 위한 대입 전형 정보 제공과 청각장애인으로서 대학 생활에 대한 궁금증을 해소할 수 있는 곳은 거의 전무했던 상황이라, 고3 청각장애 학생들과 학부모들의 반응은 무척이나 뜨거웠다.

대학 졸업 후 나는 청각장애인의 부조리한 현실을 탐구하고 분석하고 재구조화하는 공부를 하고 싶어 대학원으로 발길을 돌렸다. 무엇보다도 내 생애의 신음과 고통에 응답하고 싶었다. 체념으로 점철된 과거와 분노로 일그러진 현재를 거쳐 온 나의 기억들을 글로 기록하고, 정리하는 것이 나의 사명이라 스스로 되뇌었다. 다가오는 낯설고 새로운 시간에 대한 희망으로 개별적 고통을 온전히 감당하고자 했다. 단순하게 남의 고통을 이완시키기 위한 약으로서 내 청각장애의 고통을 다루고 싶지는 않았다. 그것은 도저히 받아들일 수 없는 '불명예'였다. 교사의 길은 나에게 그렇게 멀어져 갔다.

'청각장애 학생들을 가르치는 청각장애 교사'가 되다

대학원 공부에 매진하려던 어느 날, 내가 4학년 때 교생 실습을 갔던 사립 청각장애 특수학교의 관리자로부터 전화가 왔다. 열의에 넘쳐 있던 나의 교생 실습 과정을 좋게 평가해 주신 관리자께서는 교단에 서서 나의 경험을 청각장애 학생들에게 뿌려 주기를 간곡히 부탁하셨다. 긴 고민 끝에 1년 기간제 교사의 경험이 앞으로 내가 할 대학원 공부에 더 큰 도움이 될 것이라는 대학 지도교수님의 조언으로 교직 생활을 시작하게 되었다. 2003년이었다. 대학원 공부에 대한 염원이 더 컸던 그 당시의 나는 1년만 교직을 할 것이라고 스스로 약속했지만, 그와는 달리 어느덧 교직에서 21년이란 세월이 흘렀다.

청각장애 학생들을 가르치는 청각장애 교사라는 기묘한 그림은 매번 나에게 생경하게 느껴졌다. 허다한 말들로 청각장애 학생들에게 다가가지만 늘 실패하며 고생하던 비장애인 교사에 비해, 나를 바라보는 청각장애 학생들의 얼굴에는 미소가 어려 있었다. 장애인에 대한 인식과 편의 지원이 부족했던 1980~1990년대를 일반 학교에서 보내며 진저리 나는 외로움으로 어두웠던 학창 시절의 나와는 달리, 같은 장애가 있는 친구들과 함께 생활하며 자라는 이곳 특수학교의 청각장애 학생들은 표정부터가 자못 밝았다.

이 학교에서 첫 근무를 하던 날, 학부모회에서 나에게 강연 요청을 했다. 으레 그렇듯 '청각장애'가 있음에도 불구하고 일반 학교에서 우수한 성적을 유지할 수 있었던 나의 비결과 세상과 맞서 싸우기를 두려워하지 않는 신화 같은 영웅의 서사(이를 언론에서는 '장애 극복'이라고 한다)가 궁금했을 것이라 넘겨짚었다. 그리고 그것을 미루어 본인 자녀의 '청각장애'라는 무게와 자녀의 앞날을 짐작하고, 앞으로 그들이 겪어야 할 슬픔의 농도와 희망의 가벼움을 가늠하고 싶었을 것이라 넘겨짚었다.

그래서 나는 그런 그들에게 괜히 나의 메말라 푸석해진 마음 갈피를 차마 드러내고 싶지 않았다. 청각장애인으로 살아온 지난한 투쟁의 시간을 나열하거나, 점철된 상처들을 허공에 흩어질 가벼운 언어로 개념화되는 그 어떠한 서사도 얘기하고 싶지 않았다. 예견되는 그들의 막막한 신음에 헛된 응원을 던지고 싶지가 않았다. 그러나, 초임 교사의 처지에 쉽사리 거절하기 어려워 마지못해 응한 그 자리에서 학부모의 첫 질문이 의외였고, 머리를 강타

했고, 나의 엉켜진 마음의 실타래를 하나씩 풀어내게 했다.

"선생님, 행복하십니까?"

'자족할 수 있는 하루의 기쁨'으로 첫 질문을 꺼내는 학부모들 앞에 말문이 턱 막혔다. '말하고 싶지 않았던 마음'이 갑자기 말하고 싶어졌으나, '말하고 싶은 것'을 무슨 말로 해야 할지 멍했다. 학부모의 첫 질문이 주는 '따뜻한 위로'에 이해할 수 없는 세상과 이해할 수 없는 내 마음 사이의 불분명한 경계 위를 자유롭게 넘나들고 싶어졌다. 이런 학부모들과 이런 학생들이 있는 이 학교에서는 더 이상 온몸을 악다구니로 채우지 않아도 되겠구나. 눈물이 왈칵 났다.

그렇게 행복한 청각장애 아이들과 함께 지내는 교직 5년의 세월이었다. 아이들의 산뜻한 웃는 모습이 학창 시절, 소리가 들리지 않는 공간에서 존재를 늘 증명해야 했던 인간의 절박함에 시달렸던 나를 치유하기에 충분했었다. 나의 얼굴에도 조금씩 미소가 피어나기 시작했다. 행복했다. 대학원 공부에 대한 열망보다 가르침과 나눔에 대한 소박한 희망이 내 마음속을 점점 차지하기 시작했다.

그러던 어느 날 한 학생이 일반 학교에서 특수학교로 전학을 왔다. 일반 학교 재학 시 말 한마디조차 제대로 나눌 수 없는 자신에 대한 차디찬 친구의 냉대와 비장애인 교사의 청각장애 학생에 대한 몰이해, 무엇보다도 '다름'과 '차이'에 대한 편협한 시선들이 그 학생의 몸을 지치게 했다. 마음의 문을 닫게 했다. 특수학교로의 전학이 그 학생에게는 인생의 실패로 여겨졌다. 그리고, 그 아이는 말라 버린 마지막 눈물을 끝으로 세상과 소통하기를 거부했다.

그 학생의 영혼이 거의 멈추어져 있었다. 흐르지 않는 물은 죽어 버리듯 움직이지 않는 영혼은 죽어 버린 것과 마찬가지이다. 자기 삶에서 제일 무거운 '장애'라는 짐을 떨쳐 버려야만 인생 여정을 쉽게 걸어갈 수 있을 텐데. 아니, 아주 경쾌한 발걸음으로 즐기면서 걸어갈 수도 있을 텐데. 불행히도 '장애'라는 짐은 그 학생을 너무나도 꽉꽉 묶어 놔서 아무리 잘라 내도 떨어지지 않는다는 것이었다. 그 학생을 보노라니 나와 똑같은 상처를 가진, 또 하나의 다른 분신을 보는 것 같았다. 잊어버렸던, 아니 잊어버렸다고 생각했던 그 고통이 또다시 가슴 한쪽에 밀려오는 듯했다.

그 학생은 3박 4일 일정의 야외 공동체 생활 체험 참가를 두려워하며 완강히 거부했다. 참가를 설득하려 노력했던 교사들도 깨질 듯한 유리 벽에 갇혀 있는 그 학생 마음속에 들어갈 수가 없었다. 다른 반 학생이었던 그 학생을 나중에 따로 조용히 불렀다. 그리고 그 학생에게 내 삶을 베어 주었다. 내가 이곳 교사로 있으면서 찍었던 행복하게 웃고 있는 다른 학생들의 사진을. 그 아이와 내가 전에는 가지지 못했던 '환한 웃음'과 '행복'을 가득 담고 있는 그 사진을. 그리고 너와 같은 지독한 아픔을 지녔지만, 지금은 행복한 내 삶을.

'사진은 찍는 사람의 능동적인 관찰이 요구되는 예술이다. 자신이 피사체에 대해 느끼는 감정을 타인이 결코 대신 찍을 수 없다. 자기 자신 스스로가 찍어야 한다. 욕심을 버리는 가운데서 그런 행동의 주체가 바로 능동적인 '나'일 때에야 비로소 삶의 행복을 느낄 수 있지 않을까. 너와 선생님의 삶도 그러한 것이 아닐까. 너와 나의 생애는 완결형도 아닌 진행형이기에, 아직도 더 다듬어야 할 부분이 많지만, 지금도 부단히 자아를 찾아 가는 그런 과정에 있음을 겸허히 인정하며 살아가면 어떨까. '행복'은 자신의 '주체성'에 있음을 자각하며 말이다.'

4일 후 그 아이는 긴 고민 끝에 자발적으로 나에게 찾아와 공동체 생활 체험에 참가하겠다고 말했다. 체험 활동 동안 그 학생은 묵묵히, 그러나 어느 누구보다도 적극적으로 임했다. 끝나고 학교에 돌아온 후에, 고3 진학반이었던 그 학생과 교무 학사 일정으로 바빴던 나는 서로 만나 이야기를 나누지 못했다.

차가운 바람이 가슴속을 파고들 즈음 졸업식이 다가왔다. 장애아를 가르치느라, 키우느라 저마다 깊은 사연이 있는 교사와 학생, 학부모는 졸업식 날 웃기도 하고 눈물을 흘리기도 했다. 식이 끝나고 뿔뿔이 흩어지는 학생들을 뒤로하고 텅 빈 교무실에 돌아와 피곤한 몸을 뉘었다. 문득 나의 책상을 보니 누군가가 편지를 두고 갔다. 그 학생이었다. 선생님 덕분에 앞으로 살아갈 힘을 낼 수 있었다는 그런 내용이었다.

눈을 들어 하얀 김이 어려 있는 창문 너머로 사라지는 학생들을 바라보았다. 하얀 김이 마치 학생들 어깨에 돋아난 하얀 날개처럼 보였다. 학창 시절 아픔뿐이었던 나의 삶조차도 아이들에게 생명을 불어넣을 수 있음을 느끼며, 가르친다는 것의 즐거움과 배우다는 것의 기쁨으로 가득 찬 '나의 초창기 교직 생활'이었다.

차별과 혐오의 시선이 만연하고

어느덧 시간이 흘러, 부득이한 상황 때문에 자리를 옮겨야 해서 치른 공립 시험에 합격하여 2008년에 공립 지체장애 특수학교에 근무하게 되면서 이때 처음으로 다양한 장애 유형의 교사들을 현장에서 만나게 되었다. 대학 시절과 전혀 다를 바 없는 장애인 교원에 대한 냉혹한 현실을 다시 마주하게 되면서 정신이 번쩍 들었다. 또다시 절망스러웠다. 닫힌 교직 사회에서의 차별과 역차별을 겪을 때마다 실망은 거대해졌고, 닫힌 교직 사회에 안주하려는 가여운 장애인 교원들을 볼 때마다 슬펐다. 그렇게 '좌절'이 다시 가슴 한편에 스멀스멀 스며들었다. 아무런 편의 지원 없이 학교 수업과 연이어진 부장으로서의 업무, 각종 교직원 회의를 수행하며 마음속 할퀴어진 상처의 쓰라림을 살살 달래어야 했다.

우리나라는 1990년 「장애인고용촉진등에관한법률」이 제정되면서 장애인 의무 고용 제도가 처음 도입되었고, 2000년 법 개정으로 국가와 지방자치단체에도 장애인 고용 의무가 부과되었다. 그리고 2005년 적용 제외율 폐지를 골자로 법이 개정되면서 공안직, 군공무원, 검사, 경찰, 군인, 소방, 경호공무원을 제외하고 정부 부문에 '장애인 고용 의무 적용 제외'가 폐지되었다. 이러한 법·제도의 변화에 따라 2007년도부터 교원 임용 시험에서 장애인 구분 모집이 시작되었고 각 시도교육청마다 매년 일정 수의 장애인이 구분 모집을 통해 교사로 임용되고 있다.

교단에 서기를 바라는 장애인 교사들의 연유는 자신의 장애를 능동적으로 수용하면서 거기서 얻은 삶의 지혜와 깨달음을 학생에게 기쁜 마음으로 나눠 주고자 하는 순수한 열망의 발로였다. 그러나 장애인 교사들은 교단에 서는 순간이 이르기까지 수많은 난관들 앞에서 자신의 의지와 마음을 수시로 검열해야만 했다. 교원 양성 과정부터 교단에 서기까지 교육부와 17개 각 시도교육청은 이러한 장애인 교사의 뜨거운 열정을 차디찬 차별의 벽을 세워 그 고통을 묵인했다.

내가 만나면서 전해 들은 장애인 교원들의 고충은 이루 말할 수가 없었다. 시각장애 교사는 점자로 된 지도서도 제공되지 않는 암울한 현실과 공간에서 오로지 시각으로만 전달되는 모든 정보를 손으로 일일이 더듬어야 했다. 청각장애 교사는 아무런 통역 지원도 없이 각종 회의와 연수 등 무의미한 소통의 현장에서 침묵을 지키고 있어야만 했다. 지체·뇌병변장애 교사는 둥근 손잡이로 된 교실 문을 열 수가 없어서 차별적인 공간 구조의 위계를 온몸으로 견디어 내야 했다.

2022년도에는 강원도 어느 한 중학교에서 학생들이 수업 시간에 청각장애가 있는 교사를 비하하고 욕설하는 등 심각한 교권 침해 사건이 발생했다. 수업 중 들리지 않는 청각장애 교사가 칠판 판서를 위해 등 돌리고 있을 때, 학생들이 몰래 교실 뒷문을 터치하고 재빨리 돌아와 자리에 착석하는 놀이까지 했다고 한다. 이 소식을 들었을 때 너무나 참담해서 가슴이 텅 빈 것 같았다. 청각장애 교사를 위한 통역 지원을 하고 있을 때, 본인의 이야기가 통역되는 것이 싫다며 통역사를 배제해 달라는 비장애인 교사의 항의를 접했을 때 말문이 턱 막혔다.

대구의 어느 한 학교에서는 안내견의 도움으로 이동해야 하는 시각장애 교사에게 학교장이 현관으로 들어오지 말고 운동장을 에둘러서 뒷문으로 들어오라는 지시를 했다고 한다. 강원도의 어느 한 학교에서는 장애인 교사를 자기 자녀의 수업에서 배제해 달라는 학부모의 민원으로, 학교장이 당사자의 동의를 구하지도 않은 채 해당 장애인 교사의 수업 시수를 절반이나 감축시킨 일이 있었다. 또 편의 지원 등에 소요되는 지출을 장애인 교사에게 고스란히 전가하는 대다수 교육청 때문에 어떤 교사들은 매년 수백만 원의 사비를 털어 자신의 서러움을 감당해야 했다.

성희롱 발언에 대한 문제의식이 보편화된 데 비해, 비장애인 교사들의 장애 차별 발언은 늘 가벼운 농담처럼 취급되었다. 시각장애 교사에게 '눈이 보이지 않으니 못 볼 꼴을 보지 않아도 되어서 참 좋겠네요'라는 발언과, '우리 얘기를 당신이 들을 필요가 없어요'라며 대화 내용을 궁금해하는 청각장애 교사에게 무안을 주는 발언에 대해 격렬한 항의를 하면 '가벼운 농담'이었다며 화를 내는 장애인 교사를 되레 이상하게 쳐다보는 일이 비일비재했다. 참을 수 없는 가벼운 농담의 끝은 늘 무거웠다.

이런 부조리함을 수없이 질타했으나 이를 개선하고자 하는 교육 당국의 노력은 일절 보이지 않았다. 「장애인차별금지 및 권리구제 등에 관한 법률」 제11조는 "사용자는 장애인이 해당 직무를 수행함에 있어서 장애인이 아닌 사람과 동등한 근로조건에서 일할 수 있도록 다음 각 호에 정당한 편의를 제공하여야 한다"라고 명시하고 있다. 그러나, 교육부와 각 시도교육청 등 교육 당국은 예산 미편성 및 장애인 교원 지원 전담 부서가 없다는 불합리한 이유를 내세우며, 장애인 교원들의 정당한 편의 제공 요구를 묵살해 왔다.

장애인 교원 고용 정책과 편의 지원 방안의 미비로 인한 이 모든 고통은 결국 장애인 교사뿐만 아니라, 교육 현장에서 모든 구성원을 향한 차별과 혐오라는 왜곡된 시선으로 만연하게 되었다. 학생들은 친구가 친구를, 교사는 동료가 동료를, 학교는 교사와 학부모를 서로 혐오하는 풍토가 차곡차곡 쌓이게 되었다. 장애인 교사에 대한 비장애인 교사들의 반응은 으레 '짐짝' 취급이었다.

우리 안의 '낯섦'을 자각하고

내가 서 있는 교단에 스쳐 지나가는 시간의 바람이 실어 나르는 소리에는 아무런 의미도 담겨 있지 않았다. 들리지 않아서 더욱 무의미한 소리들은 나의 몸속을 가득 채웠고, 나는 여전히 그 소리를 해독할 수가 없었다. 나는 해독할 수 없는 그 소리에 떠밀려 하루를 맴돌면서 하루의 심연을 가늠했다. 슬픔은 나의 밑바닥에 차츰 쌓였고, 나는 매일 다시 교단에 서서 새로운 슬픔을 오래된 슬픔 위에 덮었다.

그러던 어느 날, 뜻있는 장애인 동료 교사들이 알음알음 나에게로 다가왔고, 나 또한 그들에게 다가갔다. 그 만남의 접점이 '함께하는장애인교원노동조합(장교조)' 창립 총회였다. 점과 점이 선으로 이어지고, 선과 선이 면으로 이어지면서 그 면은 나에게서 꿈속의 일처럼 아득하게 느껴졌다. 당면한 교단에서의 고단한 현실과 새로운 세상 사이가 멀고 아득할수록 우리들의 이야기는 더욱 절박했다. 세계 최초의 장애인 교원 노동조합은 꿈속이 아니라 눈앞의 강물이 되었다. 그간 나의 몸 안에서 힘이 다하여 잦아들었던 소리는 그들의 몸에서 힘을 가진 소리로 뿜어 나왔다.

2019년 7월 6일 창립 총회의 뜨거웠던 그날의 밤은 시간이 흘러 오늘에 이르기까지 수많은 밤을 지새웠던 고민들과 행동으로 이어졌다. 함께하는 모든 이들의 표정에는 우리의 방향에 대해 하나의 멈칫거림도 없는 단호한 결의가 어른거렸다. 이제 더 이상 울음 같은 말들이, 말에 미달한 채로 나의 가슴속에서 치밀어 오를 일은 없겠구나. 창립 총회 이후 오늘날까지 이어진 기쁨이 저절로 나의 마음에 스며들었다.

물론 서로 다른 장애 영역 간의 만남에서 '낯섦'이라는 배경 탓에, 우리의 편견으로 빚어진 섣부른 판단과 뒤늦은 미안함이 늘 뒤따랐다. 논의의 자리에서 의사소통 편의를 제공하지 않은 채 쏟아 내놓는 말들로 청각장애 조합원들에게 장벽을 쌓았던 일이 있었다. 식사 메뉴를 정할 때 뇌병변·지체장애 조합원의 흔들리는 숟가락의 불편함과 쉽사리 삼키기 어려운 음식물에 대한 분노를 외면했던 적이 있었다. 그 모든 것이 '익숙하지 않은 낯설음' 때문이었다. 비장애인들이 장애인을 어떻게 지원해야 할지 잘 모르는 것처럼 우리도 타 장애 영역에 대해서는 마찬가지로 문외한이었다.

어느 날, 서울역 인근 회의실에서 국회의원과 '장애교원의 현안과 지원 방안'에 대해 간담회를 가진 후, 마무리 짓지 못한 안건을 논의하고 곧 있을 교육부와의 실무 교섭을 준비하기 위해 근처 햄버거 가게에서 장교조 중앙 집행위원들이 모여서 가볍게 얘기를 나누게 되었다. 시끄러운 공간에서 시각장애 임원과 지체장애 임원은 원활하게 얘기를 주고받는데, 청각장애를 가진 나는 그 대화에서 소외되었다.

슬그머니 피어나는 분노와 '이를 어떻게 대처해야 하나'라는 고민이 뒤섞였다. 여태까지 나의 분노는 비장애인들과 사회를 향해서는 쉽사리 내뿜었지만, 다른 장애 유형을 가진 동료들의 잘못된 배려 앞에서는 어떻게 표현해야 할지 난감했다. 내가 지금 이 순간 그들에게서 차별받고 있는 것인가, 아닌 것인가라는 찰나의 고민은 선의를 가장한 그들의 차별과, 호의로 겉을 치장한 그들의 말들 사이에 파묻혔다.

들리지 않는 자에게 가해지는 '외로움'은 아주 심각한 차별이며 배제이자 격리이다. 그러나 내 평생 '들리지 않는 자'에 대한 자신의 무례와 무지에 대해 사과를 하는 사람은 무척 드물었다. 부조리한 논리로 부조리한 현상을 짚어야 하는 우리들의 허술한 맥락이 서글펐다. 노력하지 않아도 들을 수 있는 사람들이 '노력'이라는 수고를 스스로 감수하지 않는 이상, 노력해도 들을 수 없는 사람의 '수고스러움'이 참혹할 정도로 괴롭고, 엄혹할 정도로 외로운지가 얼마만큼이나 고스란히 전해질까?

긴 시간 얘기 중인 다른 장애 유형의 임원들을 조용히 지켜보다가 적막으로 둘러싸인 시끄러운 공간에서 나는 아무 말을 하지 않고 차갑게 굳은 얼굴과 무겁게 내려앉은 욱신거리고 쓰라린 마음, 그리고 지독한 회의감을 안고 조용히 그 자리를 떴다. 집에 돌아와 이틀 동안 연락을 다 끊은 채 우리 장교조가 나아가야 할 방향에 대해 긴 고민을 했다. 진저리 나는 외로움과 차별의 상처에서 오는 분노로 분별할 수 없는 감정이 휘몰아치듯 일어나 소스라치게 놀라게 될 때, 격렬한 목소리로 우리 안의 '낯섦'을 허물어야 할 필요성을 느꼈다.

'소통'과 '함께'는 장애인 교원의 권리를 주장하기 앞서서 우리 안에서 먼저 이루어져야 할 소중한 가치였다. 우리는 출발점에서 이 부분을 명확히 하여야 했다. '목적'을 달성하기 위한 '목표'가 뒤섞이고 흐릿해져서, 어느 순간에 '목표 달성'에 급급해하며 우리들의 단체 설립의 '목적'이 사라지는 일을 경계해야 했다. 어느 노조와는 달리 우리 노조의 이름 앞에 항상 붙는 '함께하는'이라는 수식어의 무게는 그래서 가볍지 않았고, 그것을 어떻게 이룰 수 있을지 긴 고민 후에도 내 안에서 만족스러운 결론을 내릴 수가 없었다.

익숙하다는 착각을 경계하기

약 1개월 후 교육부와 단체 교섭(1차 실무 교섭)을 마치고 뒤늦은 저녁 식사를 할 때였다. 치열했던 첫 실무 교섭이 나름 선전했다는 자평과 함께 가벼운 흥분감으로 들뜬 시각장애 임원과 지체장애 임원 사이 대화가 이어졌다. 체념하면서 묵묵히 밥만 먹고 있었던 나에게 갑자기 카카오톡 메시지가 수백 개 쏟아졌다. 시각장애가 있는 위원장이 대화 내용을 실시간으로 모두 타이핑해서 나를 비롯하여 교섭에 참여했던 청각장애 교사들에게 알려 주며 '함께하는' 자리를 만들려고 노력한 것이었다. 시각장애인 위원장이 더듬거리며 스마트폰으로 열심히 타이핑한 그날의 대화는 '감동'으로 내 마음에 스며들었다.

그날 이후, 우리 노조는 '일상의 익숙함'으로 인해 마치 잘 알고 있다는 착각으로 형식적인 이해에만 머무르는 행태를 바꾸기 위해, 다시 '낯섦'부터 새롭게 출발하려 무던히 노력하게 되었다. 타 장애에 대한 이해는 최우선으로 챙겨야 하는 가치가 되었다. 우리 안에서조차 다른 장애에 대한 서로의 '이해'가 어렵다면, 비장애인 사회와 교육 당국을 더더욱 설득할 수 없다는 데 모두 동의했다. 나중에 시간이 흘러, '서울역 에피소드'는 시각장애 임원들은 보행 안내를 해 줄 유일한 내가 사라지는 바람에 집으로 갈 수가 없어 곤혹스러웠던 '서울역 시각장애인 유기 사건'으로, 청각장애 임원들은 내가 긴 시간 외롭게 우두커니 있어야만 했던 '서울역 청각장애인 왕따 사건'으로 각각 명명하며 저마다 웃으며 그 일을 회상하게 되었다. 그 사건은 향후 우리 노조가 나아가야 할 방향의 바로미터가 되었다.

창립 후 5년여의 시간이 지난 지금까지 장교조에서, 들리지 않는 자는 들리는 자의 귀를 빌려 이야기를 나누었고, 보이지 않는 자는 보이는 자의 눈을 빌려 어깨를 짚으며 걸었고, 몸이 불편한 자는 몸이 괜찮은 자의 손을 빌려 글을 썼다. 내 평생에 이렇게 수많은 다른 장애 유형의 교사들과의 만남은 매우 드물었으나, 이들과의 만남은 매우 오래된 친구처럼 시끌벅적했다. 다들 살아온 경험의 무늬가 비슷했었던지 서로를 이해하는 데 논리는 전혀 필요가 없었다.

목 아래를 전혀 움직일 수 없는 근육위축증 지체장애 임원은 가벼운 만남조차도 이틀 전부터 험난하고도 힘든 사전 준비(신체 스트레칭, 목욕, 절식 및 관장, 장애인 콜택시 예약 등)를 해야 한다는 고백을 들었을 때, '가벼운 만남'에 상응하는 '무거운 절차'를 전혀 생각지도 못했던 나는 상대와 함께 있는 그 시간에 그의 수고만큼 진심으로 그를 대했었는지 자문하며 부끄러움이 들었다. 그 이후로는 타인과의 만남 자체를 신중하게, 그리고 매분 매초 최선을 다하게 되었다.

시각장애가 있는 위원장이 네덜란드 반 고흐 미술관에서 가이드와 있었던 에피소드를 들려주었을 때도 나는 부끄러움이 들었다. 반 고흐 미술관의 그 가이드는 시각장애인에게 자신을 소개하며 이렇게 얘기했다고 한다. '나는 ○○이에요. 백인이고 곱슬거리는 머리카락에 통통한 체구예요. 지금, 청바지에 보들보들한 스웨터를 입고 있어요.' 위원장과 수석부위원장으로서의 나는 함께한 지 거의 5년이 되었으면서도, 나는 단 한 번도 시각장애가 있는 위원장에게 나의 모습을 가이드처럼 소개한 적이 없지 않았던가. 그 얘기를 들은 후 다음에 만나는 시각장애인에게 나를 소개할 때는 보이지 않는 나의 모습에 대해서도 반드시 언급하게 되었다.

흔히들 사람들은 '상대의 마음을 읽는 능력'에 비해 '상대의 마음을 더 잘 읽는다'라고 착각한다. 능력보다 착각이 크면, 즉 상대를 잘 안다고 착각하면 배려 없이 행동하게 된다. 그래서 서로를 환히 알고 있다는 착각을 경계하면 서로를 더 잘 이해하려 할 것이고 좋은 관계가 지속될 가능성이 커지지 않을까. 우리는 늘 어제 해석한 언어와 경험에 의지해서 오늘의 언어와 행위를 해석하는 오류를 범한다. '장애'를 가지고 살아가는 타인의 삶은 그래서 '한낱의 언어'와 '찰나의 판단'으로 재단하지 말아야 한다. 상대의 얘기를 늘 새로운 것처럼 귀를 기울여야 한다. 이것이 '장교조'에서 다양한 장애 유형의 교사들과 부대끼고 대화하며 얻은 자그마한 깨달음이었다.

거대한 서사를 위한 우리들의 작은 시작들

그러나 현실은 녹록지 않았다. 부조리한 세상의 파도가 밀려오면 커다란 바위 같은 무거운 모래가 우리들 심연에 까끌까끌하게 쌓였다. 우리 안의 '단결'만으로는 힘겹던 때가 많았다. 2020년부터 2023년 7월까지 이어진 교육부와의 지난한 단체 교섭 과정에서 교육부 측 교섭위원이 내뱉은 '장애인 교원을 위한 지원은 곧 비장애인 교원에게 역차별' 운운의 망발에 나의 손은 늘 하얗게 부들거렸다.

지금까지의 장애인 교원에 대한 차별로 가득한 사회적 무지의 책임과, 보이지 않는 미래의 개선 가능성을 약속할 책무가 국가 및 교육 당국에 엄연히 있음에도 불구하고 관련 법령이 없으므로 지금 당장의 장애인 교원에 대한 구체적인 지원 규모와 범위를 말해 줄 수 없다는 '근거의 부재'가 장애인 교원의 고충과 피해가 존재하지 않는다는 '부재의 근거'일 수는 없었다.

대다수 교육청이 장애인 교원과 사전 협의도 없이 시각장애 교원을 위한 업무 지원 인력을 일몰 사업제로 축소하겠다며 이후 지원 대책은 나 몰라라 수수방관만 하겠다는 태도로 일관했던 2022년 추운 겨울에, 나와 장애인 교원들은 차디찬 바람이 몰아치던 서울시교육청 앞에 모여 장교조 깃발을 앞세워 긴 시간 동안 교육청의 무책임을 성토했었다. 서러워서 목소리는 드높았고, 드높은 목소리는 앞뒤를 다투며 우리들의 분노를 끌어냈다.

장교조 임원으로서 교육부 및 교육청의 고위 담당자와 만나 얘기를 나누다 보면, 언어로 세워진 수많은 장벽들을 만나게 된다. 그중에 하나로 '장애인 교원의 편의를 지원하기 위해 많은 예산을 쏟을 바에 차라리 그 돈으로 더 많은 비장애인 교원을 채용하는 게 낫다'는 뉘앙스의 발언을 듣게 된다. (물론 대놓고 우리 면전에서 지껄이는 간 큰 사람은 없었다.) '장애인 교원에 대한 지원은 비장애인 교원에 대한 역차별' 운운은 그들의 옹졸한 논리가 차라리 귀여워서 그나마 나았다.

2023년도 국회의 국정감사 자리에서 암울한 장애 교원의 현실을 차분히 전달하던 위원장의 목소리에는 어느덧 물기가 젖어 있었다. 국감 현장에서 그를 지켜보는 나에게 위원장의 아득한 안개와 같던 슬픔이 들리지는 않았으나, 위원장의 흔들리는 어깨로 다만 그 안개의 짙음을 짐작했다. 나도 울컥하는 마음에 눈가에 눈물이 괴었다.

장교조의 끈질긴 요구 끝에 2022년도부터 교육부의 정책 연구 사업(장애인 교원 교육 전념 여건 지원 방안)이 시작되었으나, 나태한 현실에 안주하고 싶었던 각 교육청 인사 담당자들의 거친 요구와 난도질 끝에 1,000페이지가 넘는 연구 보고서에 담긴 우리들의 요구와 안건을 모두 잘라 내고 허울로 남게 된 고작 10여 페이지의 너덜너덜한 결과물 앞에서 정책실장의 울분은 고요했었다. 정책실장의 그 침묵의 무게로 미루어 분노와 절망으로 뒤섞인 우리들의 감정을 헤아렸다. 긴 싸움 끝에 겨우 100페이지로 되살려 2024년 3월에 전국 모든 시도교육청에 〈장애인교원 인사관리 안내서〉가 배포되기 시작했다.

나 또한 내세울 만한 가시적인 성과나 자랑할 만한 일들로 꾸미고 싶은데, 여태껏 지나온 길을 살펴보니 그것은 얄팍한 욕심이었다. 살펴보니 조합원 앞에서 떳떳하게 고개를 드는 일보다는 조합원에게 고개를 숙여야 할 일이 명멸했고, 길이 기억하고 싶은 일보다는 뇌리에 지워 버리고 싶은 부끄러운 일들이 자박자박하게 떠오르다가 사라졌다. 학교와 가정에서의 일도 많아서 다른 집행부 임원을 도와주기보다는 내가 짜증을 내는 일이 더 많아서 부끄러웠다.

매년마다 가지는 중앙 집행위원들의 뒤늦은 송년회 자리에서 나눴던 곡진한 이야기 속에서 앞으로 헤쳐 나가야 할 칠흑 같은 신산한 전인미답의 길을 막연히 짐작하며 헤아려 보았다. 되새겨 보니 우리들 인생에서 쌓인 장애의 무게에 나는 숨이 막혔다. 순간순간 뒤따른 짧은 적막은 그래서 더욱 어려웠다.

되돌아보니 나의 말과 행동은 번다했는지도 모르겠다. 부끄럽다. 어쩌면 우리들의 가장 큰 고민인 '일상적 교사 생활'은 우리 장애인 교원들에게 곧 실존의 문제였을 텐데, 너무 소소하게 여겼다. 너무 경시했었다. 노조의 정책안을 마련하면서 수많은 지원 방안을 논의하고 요구했지만 매일의 점심 식사가 마냥 편하지 않은 뇌병변장애 교사의 어려움을, 시끄러운 회식 자리에서의 청각장애 교사의 소외를 살피지 못했다. 삶과 주체는 분리될 수 없고, 인지와 자각은 함께 파악해야 하는데, 거창한 정책 얘기에 나 스스로가 너무 매몰되었던 걸까.

비장애인의 사회에 끼어들기 위해 자신의 장애를 숨겨야 했던 주체성 상실 역시 어찌 보면 정말 중요한 문제였는데, 이 또한 너무 가볍게 지나쳤던 것 같다. 자신의 장애를 내면으로 받아들이지 못하고 방황하는 장애인 교원 또는 경증 장애인의 처지를 깊이 헤아리지 못한 것이다. 고충 상담이 들어올 때마다 발만 동동 구르며 큰 도움을 주지 못해 너무 죄송했다. 그저 이제는 돌이킬 수 없는 길을 돌이키지 않게끔 힘차게 밀고 나갈 수 있게 밀어주는 것만이 오로지 내가 감당할 부분이다.

수많은 정책 연구와 법률 쪽 일을 거의 혼자서 감내하고 있는 정책실장, 노조 전임자가 없어 엄청난 양으로 처리해야 하는 노조 사무 관련 일을 미친 듯이 해내고 있는 사무총장, 1만 원의 회비마저 소중하게 쓰이길 원하는 조합원의 바람에 부응하기 위해 한

푼이라도 아끼려는 재정국장, 각 장애별로 쏟아지는 요구에 대응하고 의견을 수합해야 하는 장애별 부위원장들, 본인의 심적 에너지 소모가 심한 조합원 상담을 맡은 상담소장, 우리들의 목소리를 효과적이고 예쁘게 전하기 위해 각종 소프트웨어를 직접 배워 가며 영상물 및 이미지 홍보물을 밤새워 만들고 있는 홍보실장. 이들은 대체 무엇을 위해 헌신하는 것일까?

어느덧 나는 수많은 후배 청각장애 교사들에게 '선배님'이라는 호칭으로 불리울 때가 많아졌다. 후배 청각장애 교사들이 자신의 꿈과 희망을 마음껏 드러냄으로써 얻은 그 자신감으로, 차별로 견고한 비장애중심의 교직 사회를 균열 낼 수 있기를 나는 간절히 희망했다. 그래서 후배 청각장애 교사들이 자신의 권리를 주장하는 목소리를 제대로 내지 못할 때마다 답답한 마음에서 좀 더 온몸을 던져 부딪치라고 불같이 독려했었다. 이제 몇몇 후배 청각장애 교사들이 자신의 권리를 적극적으로 주장하며 교단에서 자신의 기량을 맘껏 펼치는 모습을 보면 자랑스럽다가도 미안함이 앞선다.

중앙집행위 동료들을 보면 나 자신이 부끄러웠다. 회의 장소를 찾아 이동할 때마다 휠체어에 온전히 육신을 맡겨야 하는 지체장애 임원을 배려하지 못했다. 시각장애 임원들마다 서로 다른 성격처럼, 팔꿈치 잡는 강도에 맞춰서 나의 발걸음도 조절해야 하는 세심함의 필요를 처음에는 미처 몰랐었다. 식사의 곤혹스러움이 식기와 음식 메뉴에 따라 달라지는 뇌병변장애 조합원의 고충도 그의 긴 침묵 뒤에 뒤늦게서야 눈치채었다. 서로에 대한 앎의 과정은 그래서, 너무나 감동스러웠고, 우리 장교조가 내세울 자랑할 만한 소중한 가치라 자부하게 되었다.

수업 도중에 2023년 1월에 시작된 각 시도교육청의 청각장애 교원 편의 미제공에 대하여 국가인권위원회 직권 조사 중인 조사관으로부터 조사 진척 과정과 함께 조사 인터뷰 대상자의 연락처를 알려 달라는 내용의 연락이 오면 조사 과정이 한시라도 늦어지면 안 된다는 초조감에 부리나케 챙겨야 했다. 조사관이 그 외 수시로 청각장애인 교원들의 고충을 항목별로 정리해 줄 수 없는지 요청해 오면, 나는 밤새워 작성해서 보내 드렸었다.

기억을 더듬어 보니, 2022년 10월에 나는 청각장애 교원을 위한 편의 미제공의 부당함을 국가인권위에 진정하고 언론에 알려야 한다고 말하며 주변 청각장애 교사들에게 함께할 것을 요청했지만 험난한 가시밭이 예상되는 그 길에 선뜻 나서는 이가 없었다. 나 혼자 아흐레 밤을 미친 듯이 밤 지새워 가며 60여 페이지의 진정서를 작성했다. 더불어 흩어져 있던 증빙 자료를 퍼즐 조각 맞추듯이 하나하나 모았다. 그러자 점차 뜻을 함께하는 이가 모여들어 2023년 1월에 결국 국가인권위 앞에서 우리나라 사상 최초로 청각장애인 교원의 단체 진정을 접수하며 기자회견까지 하게 되었다.

거대한 서사는 우리들의 자그마한 이야기에서 시작되었던 셈이다. 결국 이 사안은 국가인권위의 직권 조사 대상으로 전환되었다. 국가인권위는 전국 17개 시도교육청을 모두 샅샅이 들추었고 2024년 3월 13일 '각 시도교육청에 청각장애가 있는 교원 대상 문자 통역 등 편의 제공 권고'라는 결정문을 발표했다. 이로써 내가 소속된 서울시교육청 또한 2023년 10월부터 청각장애 교원을 위한 통역 편의 지원 사업을 실시하여 모든 교육 현장에서 소통의 어려움 없이 업무와 수업, 연수 등에 참여할 수 있게 되었다. 일부 시도교육청은 국가인권위의 직권 조사에 놀랐던 건지 서둘러 예산 편성과 편의 제공을 시작했다. 무척 기뻐하던 동료 청각장애 교사들의 모습이 아직도 잊히지 않는다.

이 글을 쓰고 있는 지금, 나는 퇴근하고 지친 몸을 더 이상 채찍질할 수 없어 가여운 몸뚱어리를 잠시 내버려 두었다가 깜빡 잠이 들어 저녁 식사마저 건너뛰었다. 물 한잔으로 허기진 배를 채워 넣었더니 또다시 카톡이 울린다. 저녁 9시에 '(가칭)장애인교원 편의 증진 및 교육활동 보장에 관한 특별법' 안을 만들기 위한 '법률 TF팀'의 온라인 회의가 있으니 빨리 들어오란다. 2주마다 모이는 법률 TF팀 회의는 방대한 장애인 관련 법률들에서 각각의 조항과 조항 사이 쉽사리 이어지지 않는 어려움의 한숨으로 가득 차 있다.

피곤하지만 각자의 열정을 조금씩 십시일반 하여 순수한 우리를 위한 '(가칭)장애인교원 편의 증진 및 교육활동 보장에 관한 특별법' 제정을 위해 하나씩 탑을 쌓아 간다. 어느덧 자정을 넘어 새벽의 어스름이 옅어진다. 고단한 작업 끝에 나오게 될 특별법이 제정된다면 이 또한 '장애인 교원'을 위한 세계 최초의 법안이라는 상징적인 의미를 가질 터이다.

여전히 우리는

첫 교직 출발지였던 청각장애 특수학교를 떠나 작년까지 발달장애 특수학교와 중도 중복 지체장애 특수학교를 전전하다가 2024년 올해는 다시 발달장애 특수학교로 전보 발령을 받았다. 나와는 다른 장애 유형의 학생들을 가르칠 때, 서로 다른 장애라는 상대성과 장애 학생의 학부모와 장애 교사라는 상대성은 미묘하게도 '배제'라는 당위성으로 귀결되었다. 청각장애 학생 학부모들의 열띤 반응과는 달랐던 다른 장애 학생 학부모들의 차가운 반응은 비논리적이어서 논리적이었다. 마음이 굳어지는 일들이 많았다.

나는 말하지 못했다. 나는 다른 장애 유형의 자녀를 둔 학부모들이 청각장애 교사에 대해 느끼는 불안감(중증 지체장애를 가진 우리 아이가 가래로 숨이 넘어가는 소리를 청각장애 교사가 어떻게 듣고 대비할 것인지 등)을 어느 만큼 납득을 하고 받아들여야 하는지 알 수가 없었다. 지체장애 학생의 점심 식사를 지도할 때 그 학생의 목메이는 소리를 못 듣는다고 쑥덕거리는 학부모의 뒷담화를 동료 교사로부터 전해 듣고는 암담했다. 그들이 그런 연유로 청각장애 교사의 담임 배제를 학교장에게 요구했을 때 나는 내 고통이 통증 지수의 어느 눈금에 해당하는지 계량할 수가 없었다.

어쩔 수 없는 그들이 처한 절박한 상황을 공감하다 보면 나의 고통이 사라지다가도, 교무실의 내 책상에 앉아 눈을 감으면 사라진 고통이 선명하게 다시 살아났다. 닥쳐올 고통과 사라질 고통이 모두 동일한 것인데 동일한 시간에 오지 않았다. 고통은 그들에게서나 나에게서도 합리적이어서 객관화할 수 있을 것 같은데, 개념화된 고통은 서로에게 전달되거나 공유될 수 없었고 오로지 연민과 씁쓸함에 의해서만 서로의 경계를 넘어갈 뿐이었다.

청각장애 교사로서의 나의 교권과 타 장애 학생 학부모의 자녀 생존과 직결되는 요구가 상충될 때 이를 지혜롭게 해결할 묘안은 나에게 마땅치 않았다. '장애인 권리'란 단어가 가지는 개념도 희미해졌다. 사위어 가는 개념의 끄트머리를 겨우 모아 놓고 보면 현실과 아득한 거리가 느껴져서 심신이 흐려지고 피폐해졌다. 개념으로 개념을 피력하려니 허상뿐이었다. 나는 타 장애 학생 학부모들에게 설득할 필요가 없는 것을 더 이상 설득하려 하지 않았다.

그저 지체장애 학생들의 몸짓 하나에 나의 눈길을 좀 더 오래 두었다. 나는 그 학생의 몸짓에 얹어 놓은 내 시선들로 말미암아 흘러간 시간의 질감을 자각했다. 보행 훈련(지체장애 학생에게 걷는 자세와 방법의 훈련을 통해 장애를 치료, 예방하는 교육) 때 그 학생의 내딛는 발걸음을 살피며 육신의 관능과 경이로움을 함께 기뻐했다. 수시로 사진을 찍으며 학생과 교감하고자 했다. 남에게는 보이지 않고 오직 내게만 보이는 것을 사진으로 남기려 했다. 한 해가 끝나고 종업식 날에는 항상 그 사진을 커다랗게 인화하여 그 학생에게 선물로 주었다. 선물을 받은 학생의 환한 미소와 그 사진을 보며 연신 감탄하는 학부모를 보면서 흘러간 시간이 자못한 희열로 다가왔다.

지체장애 아동 교육으로 박사 학위를 받은 동료 선배 교사에게 물리치료 방법 등에 관해 수시로 자문을 구했다. 어느 날 무슨 생각이 들었던 건지 그 선배 교사는 '정년 퇴임할 때까지 자기에게 질문을 하며 배우려고 애쓰는 후배 교사는 배 선생밖에 없었다'고 했다. 나는 뭉글거리고 시큰한 느낌을 말로 포획할 수가 없어 멋쩍게 듣기만 했다.

작년 부임 마지막 해에 어느 학부모가 나에게 와서 '감사하다'라고 했다. 무엇이 감사하다는 건지 알 수 없었으나, 그 말에 시야가 가려지면서 이 세상의 부조리가 아늑하고 친숙하게 느껴졌다.

여전히 우리는 세상을 더듬거리며 살아간다. 여전히 우리는 '차별적'이고 '편견'으로 세상을 살피지만, 이해는 함께 멈춘 자리에서 시작되고, 경험되기 이전의 제한된 이해가 경험된 이후의 새로운 이해와 합쳐지는 비밀에 관하여 나는 알 수 없는 것들을 자꾸만 말하고 싶은 충동을 느낀다.

모두에게 평범한 일상을

문득 이런 상상을 해 본다. 지체장애 교사가 이동에 불편함이 없이 아침이면 학교에 출근하고 저녁이면 퇴근해 집에 돌아오는 하루가 평범한 일상이 되는 학교, 시각장애 교사가 수업에 필요한 내용을 확인하기 위해 점자 및 음성 출력이 지원되는 대체 교과서와 지도서를 스스럼없이 펼칠 수 있는 학교, 청각장애 교사가 통역 지원을 통해 각종 협의회 및 연수에 자유롭게 참여할 수 있는 학교, 그런 학교로 이루어진 사회라면 장애인이 가지 못할 곳이 없고, 하지 못할 일이 없지 않을까. 차별이 종식되지 않을까.

그 상상을 다른 관점에서 살펴보자면, 단순히 신체 의학적 정의에서 벗어나 '장애를 가진 교원'의 정의가 무엇이냐는 것부터, '장애가 없는 교원'은 또 무엇을 의미하는 것인지를 우리는 자문해 보아야 한다. 장애는 종종 규정하기 어렵고 계속해서 변화하는 개념이다. (「장애인복지법」상의 장애인 정의 및 유형은 고정되지 않고 지금까지 여러 차례 개정을 통해 변화되었고 최근에는 장애등급제마저 폐지되었다.)

향후 디지털 미래 사회 도입 후 그 변화의 속도에 따라가지 못해 탈락한 어떤 신체 건강한 사람이 사회 부적응 단계까지 이르고, 그 부적응 때문에 차별까지 받는다면 그 사람은 여전히 '비장애인'일까? 스와힐리어를 유창하게 하는 시각장애인과 한국어밖에 하지 못하는 비장애인이 아프리카 시장에서 흥정해야 할 때,

과연 누가 '장애인'일까?

　때문에, '장애'는 단순히 신체적 범주가 아니라 계속해서 변화하는 사회적 요인들에 의해 결정되는 사회적 범주에서 다뤄야 한다. 즉, '신체적 손상이 얼마나 있는 사람이냐'가 중요한 것이 아니라 '그 손상들로 인해 얼마나 사회적 참여로부터 배제되거나 차별받는 대상인가?'라는 질문으로부터 출발하여서 '어떠한 배제 또는 차별이 장애를 어떻게 구성하는가?' 하는 논의를 거쳐 '차별을 해소할 수 있는 방법은 무엇인가?'로 귀결되어야 한다. 같은 조건에 있지 않은 사람에게 같은 기준을 달성할 것을 요구하는 것보다 더한 차별적인 일이 무엇이 있을까.

　그렇다고 모든 사람이 '예비 장애인'이라는 케케묵은 주장을 하려는 것은 아니다. 그것은 장애로 인한 차별과 함께 육체적 고통과 어려움이 올올히 새겨진 실제 현실을 가볍게 여기거나 무시하는 것이 될 테니까. 다만 지면을 빌려 제기하고 싶은 것은 사회적 약자가 '언어의 부재'로 인해 자신의 고통을 증명하지 못하는 사태는 더 이상 이어져서는 안 된다는 것이다.

　늦은 시간 적막함으로 가득한 서재에서 나의 걸어온 길을 글이라는 묵자 위에 서걱거리는 소리로 채워 본다. '청각장애'로 인해 이 세상의 소리는 절반도 내 몸 안으로 들어오지 않는데, '청각장애'로 인해 이 세상의 고통은 곧이곧대로 내 몸 안에 스며들었다. 들리는 소리만큼만 통증이 드나드는 것이 아니었다. 견딜 수 없는 이 부조리한 세상에서 견딜 수 있을 만큼만 내 몸 안으로 받아들이고 싶었음이 나의 자그마한 소망이었다.

   나이가 들수록 건조해야 할 텐데, 습기 많은 나는 아직도 내 몸의 습기를 말리지 못하고 있다. 습기에 질퍽거리는 내 몸속의 물소리를 고요히 응시하며 꿈결과 같은 인생 전반을 지나 몽환과 같을 인생 후반을 걸어간다. 20년 전 나에게 던져진 학부모의 질문이 20년 후 오늘의 나에게 다시 떠오른다.

"선생님, 행복하십니까?"

학교를 나온 교사, 학교로 돌아간 이방인

―――

가르치는 것보다 배우는 것이 더 좋다

―――

구윤숙

나는 초등 교사다. 교사 경력 약 19년, 근무했던 학교가 19곳. 근무했던 학교 중 14곳이 공립이고 5곳은 사립이었다. 그중 가장 길게 일한 곳은 4년, 가장 짧게 있었던 곳은 5시간을 일했다. 공립 특수학교에서 중등 담임으로 1년, 초등 담임으로 1년을 근무한 경력이 있으며 시간 선택제 교사도 2개월 쯤 해 보았다. 1학년 수업 지원 교사로 5일, 특수교육 실무사로 6일을 일한 것도 매우 특별한 경험이었다. 초등 교사가 이렇게 복잡한 이력을 갖게 된 이유는 내가 가르치는 일보다 배우는 걸 좋아하는 바람에 기간제 교사가 되었기 때문이다.

어쩌다 이중 자격증

한때 나도 정규직 교사였다. 교육대학교에 다닐 때 'IMF 사태'가 났고, 졸업할 무렵에 "나이 든 교사 1명 월급이면 젊은 교사 2명을 뽑는다"는 말이 떠돌았다. 고경력 교사들의 명예퇴직이 줄을 이었다. 전국 모든 시도에서 채용 인원을 증원했고 임용 시험은 미달 사태가 났다. 시험 전 동기들은 연필 들 힘만 있으면 붙는다고 서로를 격려했다. 덕분에 난 무사히 학교에 입성했다. 교사가 되는 게 제일 쉬웠고 교사 말고 다른 일을 할 수 있을 거란 생각은 하지 못했다.

사실 교대에 간 것도 교육에 큰 뜻이 있어 그런 것은 아니었다. 미술을 좋아했지만 미대에 갈 정도의 열정이 없었고, 과학을 좋아했지만 위인전에서 본 과학자들 말고는 과학 전공자들이 뭘 하고 사는지 몰랐다. 문학도 좋아했지만 소설가나 시인이 될 재능은 없었다. 한때 꽃집 주인이 하고 싶었으나 꽃다발을 포장해 주던 예쁜 꽃집 사장님의 거친 손을 본 뒤에 빠르게 포기했다. 이렇게 다양한 어릴 적 장래 희망 목록 중에 교사가 있었다. "나 때는" 여학생에게 추천하는 가장 안정적인 일자리가 교사였고, 여자아이들이 장래 희망란에 선생님과 간호사를 많이 적곤 했다. 학교에서 만난 여자 선생님들은 내가 성장하면서 가까이 지냈던 몇 안 되는 전문직 여성이었다. 초등 교사를 하는 사촌 언니의 영향도 컸다. 나와는 나이 차이가 꽤 많이 나는 사촌 언니는 명절에 만날 때면 방학 때 여행한 유럽이나 아프리카, 몽골 등의 이야기를 들려주며 그곳에서 가져온 엽서나 기념품 등을 보여 주곤 했다. 나는 그때나 지금이나 호기심이 많았고, 교사가 되면 TV에서나 보던 곳을 실제로 여행할 수 있다는 사실이 매력적으로 느껴졌다. 요컨대 교사가 여러 장래 희망 중 하나였으나 좋은 선생님이 되겠다는 소명 같은 건 없었다.

초등 교사 자격증을 이렇게 별생각 없이 땄는데 어쩌다 보니 특수교사 자격증도 갖게 되었다. 교대 졸업 즈음에 교육학과 여자 교수님 한 분께서 수업 중에 대학원 입학을 권하셨다. 특히 여학생들을 향해 발령받아 일하고 결혼하고 애 낳고 기르다 보면 10년, 20년 있다가 대학원에 오는 경우가 많은데, 그때 온 여학생들이 학교 일과 공부와 집안일을 병행하느라 힘들어하는 경우를 종종 본다고 하셨다. 이번에 시험이라도 보면 떨어지더라도 내년에 다시 도전하기 쉬우니 어느 과든 도전해 보라는 말씀이셨다. 그 말을 듣고 덜컥 대학원 특수교육과에 가게 되었다.

사실 나는 학부 때 심화 과정이 미술교육이어서 대학원도 같은 과에 가려고 했다. 그래서 슬쩍 지도 교수님께 여쭤 보았다. 채용되신 지 얼마 되지 않은 우리 교수님은 당시 화단의 떠오르는 서양화가셨는데 우리 동기들이 첫 제자였다. 교수님은 신중하게 내 문제를 학과장님께 문의하셨다. 학과장님은 솔직히 대학원 과정이 학부와 많이 다르지 않으니 교직 경험 좀 쌓고 공부하고 싶은 게 생기면 그때 와도 늦지 않다고 조언해 주셨다.

오지 말라는데 갈 수는 없었다. 하지만 시험은 쳐 보고 싶었다. 그래서 어영부영 결정한 과가 특수교육과다. 특수교육과를 졸업하면 특수교사 자격증을 준다는 것도 원서를 쓰면서 알았다. 아마 고등학교 선배 중에 가장 멋있었던 언니가 특수교육과에 다녔던 것이 결정에 조금 영향을 주었을 것이다. 하지만 결정적 이유는 가장 배우고 싶은 교수님이 특수교육과에 계셨기 때문이었다. 특수교육 수업은 4학년 때 들었던 수업 중에 가장 인상적이었다. 당시 특수교육과 교수님은 미국에서 한국으로 오신 지 얼마 안 된 젊은 분이었는데 유일하게 우리에게 영어로 된 원서를 나눠 주셨다.

나는 영어를 정말 못했지만 뭔가 도전적인 과제를 내 주는 수업이 참 좋았었다. 그분에게 배우러 가자! 교수님이 뭐든 새로운 걸 가르쳐 줄 거라 기대했다.

그런데 내가 입학하던 해에 그 교수님은 서울대로 떠나셨다. 그렇게 교수님이 공석이 된 특수교육과에 입학하여 여러 사람들의 도움을 받아 간신히 졸업을 하고 교사 자격증을 2개나 지닌 교사가 되었다.

잘해 봐야 교장

학교는 너무 익숙했다. 처음부터 설렘이 별로 없었다. 다만 특수교육과를 다닌다는 이유로 나에게 특수교육대상 학생이 있는 반을 맡으라고 주었는데, 감당할 수 있을지 걱정되었다. 게다가 특수학교에서 자폐스펙트럼장애가 있는 학생이 한 명 더 전학을 오면서 그해 우리 반은 그야말로 특수한 학급이 되었다. 이상한 건, 3년 뒤 대학원을 졸업하고 내게 특수교사 자격증이 생겼을 땐 정작 나에게 통합학급을 맡기지 않았다는 것이다. 지금은 없어졌지만, 그 무렵에 특수 학생을 맡으면 승진 가산점을 주는 제도가 생겨서 승진을 바라는 부장 교사들이 통합학급을 선점했기 때문이다.

"선생 똥은 개도 안 먹는다." 처음엔 신규인 내게 통합학급을 맡기셨던 초임 시절 부장 교사는 이런 말을 했다. 학생들 때문에 하도 속을 끓여서 그렇다는 말이었다. 하지만 내가 보기에 그분은 학생들이 아니라 승진 때문에 속앓이하고 있었다. 꽤 큰 학교였고, 서너 명의 부장 교사들이 승진 경쟁을 하고 있었다. 온갖 회식, 직원 여행, 수학여행 등은 학교장 손에 결정되었다. 부장 교사는 친목회장과 학교운영위원회 교사 위원을 맡아 교장의 수족이 되어 주었다. 그는 수학여행 숙소를 교장이 추천한 형편없는 곳으로 정했고, 교사들의 친목회비로 지불한 회식비 영수증으로 교장의 판공비 처리를 했다. 회식 때면 관리자 옆에서 '술상무'를 자처했다. 젊은 교사들은 자주 모여 관리자와 부장들을 안주 삼아 술을 마셨다.

결국 그 부장 교사는 몇 년 뒤 승진이 결정되어 교감 연수에 갔다. 그런데 그 연수에서 뇌졸중으로 쓰러졌다. 그분과 승진 경쟁을 하던 다른 부장 교사 두 분도 이런저런 이유로 오래 병원 신세를 지셨다. 그분들을 비난했던 동료들은 연이은 비보에 씁쓸해했다. 그렇게 자신을 갉아먹으면서 올라가 봐야 교장인데, 그 자리 하나 얻겠다고 애를 쓴 결과가 그런 것이라니. 젊은 교사들은 이전과는 다른 분위기로 그분들에 관해 이야기하며 술을 마셨다. 학교엔 그렇게 서로를 위로할 동료는 있었으나 기대할 게 없었다.

참교육 실망 대회

3년 차가 되던 해에 난 전교조에 가입했다. 그나마 학교에서 교사들의 목소리를 모아 학교에 전달했던 선배 교사와 마음 맞는 젊은 선생님들이 전교조에 있었다. 목소리를 낸다고 학교가 크게 바뀌진 않았지만 문제를 제기하는 것만으로도 시원해지는 게 있었다. 전국적으로 이루어지는 전교조의 교육운동도 의미 있어 보였다. 난 나름 열심인 조합원이었다. 교육의 미래를 바꿀 힘이 전교조에 있을 것 같았다.

풍물을 통해 옛 마을 공동체와 같은 공동체를 학교에서 구현해 보겠다는 전교조 소모임도 만났다. 그들의 열정에 공감했고 그걸 따라가지 못하는 내가 작게 느껴졌다. 그러다 소모임 선생님들과 지역 '참교육실천대회'에 참여하게 되었다. 1년 동안 해 왔던 참교육 실천 사례를 발표하고 공유하기 위해 평일 저녁에 교사들이 모인다니, 뭔가 좋은 경험이 될 것 같았다.

기대는 한순간 무너졌다. 한 중학교를 빌려 열린 행사는 강당에 모두 모여 개회식을 하는 것으로 시작되었다. 시작 시간이 되었지만 강당에는 빈 자리가 더 많았다. 개회식은 지부장이 아직 도착하지 않았다는 이유로 계속 지연되었다. 40~50분이 지났을 즈음 무대 위에서 이전과는 다른 움직임이 있었다. 사회자가 말했다. "지부장님 도착하셨습니다. 모두 자리에서 일어나 주시기 바랍니다." 양복을 입은 한 사람이 정치인처럼 손을 흔들면서 무대 중

앞으로 나왔다. 또 사회자가 말했다. "민중 의례가 있겠습니다." 이게 뭘까? 당황스러웠다. 민중 의례가 끝나고 지부장의 인사말이 있었다. 준비된 원고가 아니었다. 중언부언 학교장 훈화같이 입에 발린 소리였다. 어떤 철학자의 말마따나 괴물과 싸울 때는 괴물을 닮지 않도록 조심해야 한다. 그런데 전교조는 권위적인 국가와 오래 싸우면서 국가를 닮아 갔다. 국민 의례를 민중 의례로 바꾸었을 뿐 전교조 행사는 학교 행사와 묘하게 닮아 있었다. 지부장의 행동은 학생들이 사열을 마칠 때까지 교장실에서 있다가 느릿느릿 나오는 교장과 유사했다. 우리가 하는 것이 추모 행사나 투쟁 선포식이라면 민중 의례를 할 수도 있다. 그러나 이건 교육 사례 발표 대회다. 현장을 연구하는 교사들의 축제였다. 이름과 실제가 맞지 않았다. 실망을 가라앉히고 들어간 분과별 사례 발표 시간은 교육청 연수보다 더 들을 것이 없었다.

그럼에도 전교조에 대한 기대를 완전히 버리지 않았다. 적어도 내 곁에 있는 전교조 선생님들은 학교의 문제에 민감했고 열정적이었고 학생들을 사랑했다. 학교를 옮겨도 마찬가지였다. 나의 세 번째 학교인 특수학교에서는 더욱 그랬다. 앞서 말했듯 나에겐 특수교사 자격증이 있었다. 서른 살 즈음에 그 자격증을 이용해 특수학교에 갔다. 초등학교가 조금 지겨워진 8년 차가 되던 해였다. 사명감보다는 호기심이 있었다. 특수학교가 집에서 가깝다는 이유도 내 결정을 거들었다.

특수학교엔 전교조 선생님들이 정말 많았고 결속도 좋았다. 우리는 학교에서 참교육실천대회를 열었다. 나중에 얘기하겠지만 그 무렵 나는 한 인문학 공동체에서 철학, 예술, 고전 등을 정말 뜨겁게 공부하고 있었다. 그래서 당시에 공부하고 있던 스피노자와 니체의 철학으로 특수학교에서의 경험을 분석해서 발표했다. 어렴풋한 기억으로는 스피노자의 '공통감각' 같은 개념으로 '장애 학생과 어떻게 공통감각을 형성할 수 있을까'에 대해 논하고, 니체의 《도덕의 계보》에서 본 내용을 이것저것 인용했던 것 같다. 지금 보면 분명 부끄러운 내용일 테지만 밤을 새워 가며 열심히 글을 썼다.

그때 전교조 지회에서 오신 한 선생님께서 그 원고를 지회 참교육실천대회에서 발표해 달라고 요청했다. 발표 시간은 20분이었다. 당연히 하겠다고 했다. 특수학교와 장애 학생들의 이야기를 다른 교사들에게 잘 들려주는 것이 나를 특수학교로 보낸 신의 뜻인지도 모른다고 생각했다. 착각이었다.

지회 행사도 지부 행사처럼 사람들이 모일 때까지 1시간 가까이 걸렸다. 겨우 시작된 발표는 시작부터 이상했다. 사회자는 이렇게 말했다.

"실은 저희가 행사 후에 가기로 한 식당 예약 시간이 얼마 남지 않았어요. 죄송하지만 발표자분들은 발표를 5분만 해 주세요. 괜찮으시죠?"

본말전도는 이럴 때 쓰는 말이었다. 회식을 위해 발표 시간을 줄인다고? 그것도 20분 발표를 5분으로 줄이라니. 이건 좀 심하다. 더 이상한 건 참석자들 모두 괜찮다고 하는 것이었다. 다들 이것이 요식 행사라는 걸 알았던 것이다. "참교육실천대회" 그 이름에 속아 이런 데 또 오다니! 부아가 치밀었다. 난 그들에게 장단 맞춰 줄 수 없었다. 내 차례가 되었을 때 주최 측이 곤란해하든 말든 꾸역꾸역 내 원고를 다 읽었다. 아무도 귀담아 듣지 않아도 상관없었다. 그 발표는 일종의 시위였다. 주최 측에 대한 항의였고, 그런 행사인 줄 알고도 들러리를 서 준 참석자들을 향한 질책이었다. 그리고 그동안 고민하고 애썼던 나 자신에 대한 예의였다. 그 뒤로 다시는 전교조 행사에 가지 않았다. 실망은 충분했다. "참~ 교육 실망 대회"는 더 보고 싶지 않았다.

어린이들이 가득한 교실에 어른으로 홀로 서 있으면 자연히 가지게 되는 책임감이 있다. 초임 때는 그저 젊다는 이유로 아무 이유 없이 날 좋아해 주는 학생들도 많다. 그들에게 멋진 선생님이 되고 싶다는 욕심이 자연스레 생긴다. "배운다는 건 꿈을 꾸는 것"이고 "가르친다는 건 희망을 노래하는 것"이라는 어느 대안학교의 교가 가사가 마음을 치는 순간도 만났다. 그런데 교사들과 공교육 안에서 어떤 희망을 노래할 수 있을까? 가까워진 선후배는 있지만 그들과 할 수 있는 건 학습 자료를 나누고 학교에 대한 푸념을 나누는 정도였다.

이반 일리치는 희망과 기대를 구별했다. 예를 들어 승진 점수를 착실히 모아 교장이 되는 것을 바라는 것이 기대라면, 멋진 교사들과 교육에 대한 새로운 비전을 이루길 바라는 것이 희망이다.

희망은 기대보다 무모하지만 훨씬 매력적이고 추진력이 강하다. 불행히도 학교에서 승진을 기대하는 건 위험해 보였고 희망을 품는 건 어리석어 보였다. 당시 가장 진보적이고 활동적이었던 교사 조직인 전교조에 대한 실망은 공교육에 대한 절망으로 이어졌다. 이런 사람이 나만은 아니었는지 대안학교 운동이 활발히 일어나고 있었고 새로운 담론은 공교육 밖에서 만들어지는 것 같았다. 나는 어디로 가야 할까? 자연스레 고민하게 되었다.

무모하고 대담한 연구자 공동체

학교에서 실망이 쌓여 가면서 친했던 선생님들과 여기저기 시민 강좌들을 찾아 듣기 시작했다. 마침 인문학 붐이 일고 있을 때여서 들을 만한 강좌가 종종 있었다. 그러다 '연구실'을 만났다. 쉽게 말해 제도권 밖에 있는 연구자 공동체였다. 주로 박사 실업자들 혹은 석박사 과정 중에 있는 사람들이 함께 밥을 해 먹으며 공부하는 곳이었다. 몇몇은 결혼을 해서 아이를 키우고 있었다. 우리는 그곳을 그냥 연구실이라 불렀다.

연구실의 좋은 점은 함께 밥을 먹을 수 있다는 것이었다. 주방이 있었고 매일 점심, 저녁 두 끼가 제공되었는데 서로 돌아가며 밥 당번을 하고 여기저기서 식재료 선물이 많이 들어와서 1,800원이면 밥을 먹을 수 있었다. 무엇보다 좋은 점은 따끈따끈한 인문학 책을 출판한 저자들의 재미난 강의를 들을 수 있는 것이었다. 에피쿠로스, 니체, 스피노자, 마르크스 등 이름만 알던 철학자들의 책과 푸코, 들뢰즈 등 이름도 모르던 철학자들의 책을 연구실 사람들 덕에 읽었다. 한문 강의도 들었다. 《논어》,《맹자》,《중용》,《유마경》,《도덕경》,《장자》 등 유불선을 안 가리고 한문 원전을 강독하는 멋진 선생님 덕에 새로운 고전의 세계에 빠져들었다. 사람들은 유쾌했고 문학과 예술, 고전과 현대 사상을 넘나드는 인문학은 흥미로웠다. 공자와 마르크스 같은 철학자들의 말을 인용하며 농담을 하는 선생님들과의 산책도 즐거웠다.

연구실을 더욱 매력적으로 보이게 한 건 매우 무모하고 대담한 이야기를 하고 그것을 실천으로 옮긴다는 것이었다. 부안 새만금 방조제 건설과 평택 대추리 미군 부대 이전 등이 사회 이슈로 떠오를 때였다. 연구실 사람들은 새만금에서 출발해 대추리를 지나 서울로 걸어오는 대장정을 했다. 곳곳에서 사람들을 만나고 그들의 이야기를 듣고 전했다. 젊은 연구자들은 책을 들고 세상과 소통했고, 세상을 통해 책을 만났다. 그런 사람들이 모인 연구실과 사랑에 빠지지 않을 수 없었다. 공부 모임이 서서히 늘어 갔고 주말이나 방학 때면 거의 상주하다시피 연구실에 머물렀다. 학교에서는 찾을 수 없었던 배우고 성장한다는 느낌을 그곳에서는 받을 수 있었다. 나는 학교에서는 계속 실망하는 교사였지만 그곳에서는 신나는 학습자였다.

연구실에 간 지 1년쯤 지났을 때는 사람들을 모아 '학교 세미나'를 했다. 루소, 로크, 프레이리, 라이머 등 이름만 들었던 사람들의 책을 읽었다. 대학원 때도 하지 않았던 교육 관련 공부를 정말 신나게 했다. 그런데 문제가 생겼다. 학교를 둘러싼 역사, 사회학, 철학 등을 공부할수록 학교에 대한 희망이 더 사그라들었다. 푸코가 감옥, 군대, 학교의 공통점을 지적하는 것을 보며 교사인 내가 '스승'이 아니라 '간수'라는 느낌을 지울 수 없었다. 들뢰즈에 따르면 학교는 국가, 병원, 정치 조직과 맞물려 사람들의 '욕망을 코드화'한다. 예를 들어 다양한 욕망이 있었던 부모와 아이들이 학교의 문턱을 넘으면 성적을 욕망하게 된다는 것이다. 너무나 정확한 분석이었다. 학교는 그 탄생부터 문제가 있어 보였다.

　이반 일리치의 《학교 없는 사회》는 더 날카롭게 학교의 문제를 파고들었다. 학교는 현재 상태 그대로의 사회가 필요하다고 믿게 하기 위한 선전 기관이며, 학교가 없었으면 생기지 않았을 낙오자를 만들고, 학교 졸업장이 개인의 능력을 보증해 준다는 잘못된 통념을 만든다. 요컨대 학교의 주된 기능은 기득권을 유지시키고 서열을 만들고 낙오자를 생산하는 것이다. 일리치의 통찰은 놀라웠다. 그런데 글자 그대로의 '학교 없는 사회'가 실현된다면 인간은 그 속에서 어떻게 성장할 수 있을까? 일리치는 '교육의 관점'이 아닌 '학습의 관점'을 취했다. '학교 없는 사회에서 어떻게 학습이 일어나게 할 수 있을까?' 이것이 일리치의 고민이었고, 학교(schole, 그리스어로 '여가')의 어원 그대로 여유 있는 성찰이 이루어지는 학습 네트워크를 형성하는 것이 그의 지향점이었다. 내가 있던 연구실이 꿈꾸는 것이 바로 그것이었다. 난 더욱 깊게 연구실 활동에 참여하고 싶었다.

힘겹게 백수가 되다

한참 공동체에 빠져들었을 때 연구실에 큰 충돌이 생겼다. 많은 사람들이 공부뿐만 아니라 밥 먹고, 애 키우고, 다양한 동아리까지 함께 하는 공동체다 보니 크고 작은 분란은 늘 있어 왔다. 그런데 이번엔 사태가 커졌다. 갈등이 고조되었고 우리가 나누었던 철학과 우정이 무색하게 연구실은 조각났다. 절반 정도는 아예 공동체와 멀어졌고, 절반 정도의 사람들은 연구하는 분야가 비슷하거나 친분이 더 깊은 선생님들과 함께 새로운 공동체를 꾸렸다. 나도 그중 한 곳에 자리를 잡았다.

이전보다 확 작아진 공동체에서 나는 더 이상 행복한 학습자가 아니었다. 연구실 일은 야금야금 늘어났다. 공부의 양도 많아졌고 성인들을 대상으로 하는 인문학 프로그램도 했다. 그럴수록 학교 일이 거추장스럽게 느껴졌다. 여전히 수업은 열심히 했고 학생들은 좋았지만 학교 업무, 회의, 연수 등이 예전보다 더 쓸모없게 느껴졌다. 동시에 학교에 미안했다. 학교에 적을 두고 월급을 받으면서 다른 활동을 하는 것이 신경 쓰였다. 사직서를 쓸 때가 된 것이다.

부모님과 친구들은 나의 퇴직을 응원하지 않았다. 심지어 연구실 사람들도 만류했다. 그래도 나는 사직서를 냈다. 사직할 무렵 연구실 홈페이지의 회원 자기소개란에 "예술가처럼 세상을 민감하게 느끼면서, 철학자처럼 세파에 흔들리지 않고, 노동자처럼 당당히 먹고살고 싶다"라고 적었다. 공부와 공동체 활동으로 그 꿈을 이룰 수 있을 거라 믿었다.

연구실은 내가 매우 사랑했던 공간이었지만 완벽한 건 아니었다. 공동체는 몇 년에 한 번씩 큰 파고를 겪었다. 제도권을 벗어난 단체는 자유로운 만큼 작은 일에도 크게 출렁였다. 학교에서는 동료와 서로 관계가 좀 안 좋아져도 출근하고 다음 해가 되면 자리를 옮겨 계속 일할 수 있다. 하지만 공동체 안에서 사람들 간의 관계가 틀어지면 공동체 자체가 부서졌다. 연구실도 그런 일을 겪었고 그럴 때마다 학교도 그만뒀으니 더 잘해야 한다고 자신을 다그쳤다. 즐거웠지만 공허했고, 뿌듯했지만 힘겨웠다. 몸과 마음이 버티질 못했다. 그러다 한 달 가까이 병원 신세를 졌다. 퇴직하고 불과 2년쯤 지났을 때였다. 그 후 다시 연구실로 돌아갈 수 없었다. 그렇게 나는 진짜 백수가 되었다.

단 하루의 출근

늘 빡빡하던 일정표가 텅 비어 버렸다. 매일 책을 봤었는데 책도 잘 읽히지 않았다. 잠이 오지 않는 날이 많았다. 쉬는 법을 몰랐다. 어떻게 일상을 다시 회복할 수 있을지 알지 못했다. 그러다 인터넷을 통해 한 스님께서 사람들의 고민을 상담하시는 영상을 보게 되었다. 잠을 잘 못 자고 뭘 해야 할지도 모르겠다는 청년이 고민을 토로하고 있었다. 스님은 이렇게 답했다. "뭐든 할 수 있는 걸 하세요. 법을 어기는 일이 아니라면 아무것도 안 하는 것보다 뭐든 하는 게 좋습니다." 그 말을 믿고 나도 일단 뭐든 해 보기로 했다.

교육청 홈페이지에 들어갔다. 13년간 학교에 있었는데 교육청 홈페이지를 열어 본 것은 그때가 처음이었다. 구인 공고들을 훑어보는데 적당한 거리에 있는 A학교에 5일간 일하는 시간 강사 자리가 있었다. 일단 거기서부터 시작해 보기로 했다.

시간 강사로 A학교에 들어선 순간 나는 내가 이전과 완전히 다른 위치에 있다는 걸 실감했다. 나는 학교라는 제국의 입국 허가를 기다리는 이방인이었다. 교문을 들어설 때 내가 누구인지 설명하고 학교 보안관이 교무실과 통화를 마치고 들어가라고 할 때까지 기다렸다.

교감 선생님을 만났다. 수업 시간이 얼마 남지 않아 계약서는 방과 후에 쓰자고 하며 교실을 안내해 주셨다. 정해진 수업을 하고 교무실로 갔다. 교감 선생님께 계약서와 시간 강사 수업 일지를 받았다. 정규직으로 있을 때는 수업 일지를 쓰지 않았다. 수업 일지를 쓰면서 내가 비정규직이라는 걸 다시 절감했다. 앞으로 제출해야 할 서류가 무엇인지 안내도 받았다. 5일짜리 일자리인데 채용 신체검사서가 필요했다. 원래 채용 전에 만들어 두었어야 하는 서류인데 급한 경우 사후에 받아도 된다고 했다. 그날 바로 병원에 갔다. 피 뽑고 엑스레이 찍고 이런저런 검사를 하는 것은 번거로웠다. 5일짜리 일 때문이 아니라 앞으로 다른 학교에 갈 때도 필요한 서류라고 스스로를 설득했다.

집으로 돌아오는 길에 매우 배가 고팠다. 오랜만에 활동량이 많은 하루를 보냈고 신체검사 때문에 점심을 걸렀기 때문이었다. 그때 전화가 왔다. 교감 선생님이었다. 교감 선생님은 매우 미안해하며 내일 학교에 나오지 않아도 된다고 하셨다. 사정은 이러했다. 교사 한 명이 메르스 의심 환자와 동선이 겹쳐서 격리되는 바람에 5일간 연가를 냈고 내가 고용되었다. 그런데 검사 결과 메르스 의심 환자가 메르스가 아닌 것으로 판명되었고 해당 교사의 격리도 풀렸다. 그렇게 나는 첫 번째 계약 해지를 경험했다.

취업 반나절 만에 짤렸어도 채용 신체검사서는 학교에 제출해야 했다. 규정이 그랬다. 뭔가 억울했지만 탓할 사람이 없었다. 연가를 냈던 교사도, 구인 공고를 올린 교감 선생님도 잘못이 없었다. 그렇다면 갑작스러운 해고는 그저 나의 불운일까? 왜 취업 공고와 달라진 채용에 대한 보상은 없는 것일까? 잠 좀 잘 자 보려고 일자리를 구했는데 번뇌만 늘었다.

달콤한 구인 공고엔 비밀이 있다

갑작스러운 해고는 한 번으로 끝나지 않았다. 코로나 변이 바이러스 오미크론이 한창 기승을 부리던 봄이 지날 무렵이었다. 부지런한 학교는 2학기 기간제 공고를 6월부터 구하기 때문에 일할 생각이 있으면 수시로 공지를 확인해야 한다. 구인 공고 중에 6월 말에 시작해서 다음 해 2월까지 일할 사람을 찾는 B학교의 기간제 자리가 눈에 들어왔다. 구미가 당기는 자리였다.

방학을 낀 기간제 자리는 흔치 않다. 계약 기간이 방학 직전에 끝나거나 명절 휴가 직전에 끝나는 경우도 많다. 일할 때 함께 일했는데, 쉴 때 나만 무보수 백수가 되고 나만 명절 휴가비가 나오지 않는 건 몇 번 겪어도 달갑지 않다. 기간제 일자리 사정이 이렇다 보니 두 번의 방학이 포함된 B학교의 기간제 자리는 매우 흥미로웠다. 그러나 아름다운 장미에는 가시가 있고 유혹적인 버섯에는 독이 있는 법이다. B학교의 이번 공지에서도 그런 냄새가 났다. 1차 공지로 교사를 구하지 못해서 낸 2차 공지였고 도시 외곽에 있는 작은 학교의 6학년 담임 자리였다. 학생들이 힘들어서 교사가 병 휴직을 냈을 가능성이 있다. 그래도 면접을 보러 갔다. 마음에 안 들면 계약을 안 하면 그만이다. 기간제의 유일한 장점이 그것이다.

휴직계를 낸 담임 교사는 50대 중반의 남자였는데 아이들과 매우 격의 없이 지냈다. 아이들은 그런 분위기에 적응한 상태였다.

전염병이 한창일 때 6학년 담임 자리를 지원하는 사람은 나타나지 않았고 관리자들은 인맥을 동원해 정년이 지난 한 퇴직 교사에게 부탁해서 간신히 그 자리를 메꿨다. 그런데 그분이 한 달 만에 "수십 년 교직에 있었지만 이렇게 이상한 아이들은 처음이다"라는 말을 남기고 떠나셨다.

관리자들은 또 간신히 시간 강사를 구해 2주 메웠다. 내가 갔을 때에는 학교 선생님들이 1시간씩 돌아가며 보결 수업*을 하고 있었다. 관리자들은 아이들을 직접 만나 훈육했고, 학부모들까지 불러서 이러다 담임 없이 졸업을 하게 될지도 모르니 아이들에게 규칙과 예의를 지켜야 한다는 것을 가정에서 교육해 달라고 당부한 상황이었다. 괴담으로만 듣던 교실 붕괴 현장이었다. 걱정이 되었다. 그럼에도 자신감인지 무모함인지 모를 마음이 발동하여 하겠다고 했다. 아마 호기심이 가장 컸을 것이다. 진짜 그런 교실이 있는지, 그 교실의 아이들은 어떤지, 내가 거기서 뭘 할 수 있을지 궁금했다.

그런데 문제는 또 있었다. 교감님은 계약서를 쓰기 전에 나를 교장실로 데려가셨다. 기간제 계약은 보통 교감과 하고 교장과는 정식으로 출근하는 날 인사만 나눈다. 그런데 계약서를 쓰기 전에 교장님을 만난다니 좀 이상했다. 자리를 잡고 앉자 교감님은 교장님과 눈빛을 주고 받더니 비밀을 털어놓았다. 사실인 즉, 공지

---

* 교사가 결근을 했을 때 다른 교사들이 대신하는 수업.

에 올린 계약 기간과 담임 교사의 휴직 기간이 다르다는 것이다. 심지어 담임 교사가 휴직을 한 것도 아니었다. 담임 교사는 본인의 지병과 아내의 병간호를 이유로 봄부터 여름 방학 직전까지 병가와 연가를 신청한 상태였다. 관리자들은 담임 교사의 아내분이 병이 깊어서 2학기에 병간호 휴직을 쓸 거라 예상하고 2월까지 공고를 낸 것이었다. 일할 사람을 구하고 싶은 마음은 이해하나 그 공고문은 사기였다. 교감님도 그게 못내 마음에 걸렸는지 교장 선생님과 동석하여 내게 진실을 말씀하신 것이다. 마음이 복잡했다. 그 계약을 하면 2학기 일자리가 불안해진다. 그래서 하지 않겠다고 했다. 학교 측은 8월 말 개학식 전까지라도 계약을 하자고 했다. 한 달 방학까지 보장해 주는 계약이라면 나쁘지 않았다. 그렇게 나는 문제 학급의 네 번째 담임 교사가 되었다.

학급은 기대 이상이었다. 늘 늦잠을 자는 친구를 기다리다 함께 매일 지각을 하는 여학생들이 4명, 급식을 거부하는 학생이 2명 있었다. 여학생들의 관계는 복잡하게 꼬여 있었고 남학생들 사이엔 서열이 보였다. 학생 대부분이 종이 울려도 계속 놀고 있었고 교과서나 필통이 없는 건 당연시했으며 특별실로 이동 수업을 할 때면 각자 가고 싶을 때 복도를 걷거나 뛰어서 갔다. 그런 학생들과 대화하고 맞춰 가며 2주를 보냈다. 교실은 서서히 안정을 찾아갔다. 만나는 교사들마다 고맙다고 했다. 내가 언제 끝날지 모르는 보결 사태의 종결자였기 때문이다. 감사 인사를 받을 때면 이 일을 맡길 잘했다는 생각이 들었다.

그러던 어느 금요일, 아이들이 교과 수업에 가고 비어 있는 교실로 교감님이 찾아왔다. 표정이 무척 어두웠다. 안절부절못하며 몇 번의 한숨과 미안하다는 말을 번갈아 하시더니 본론을 말씀하셨다. "학급 담임 선생님이 연가를 취소하셨어요. 다음 주부터 출근을 하신대요." 오늘이 내가 이 학교에 출근하는 마지막 날이라는 얘기였다. 당일 해고 통보! 2주간 공들였던 시간이 무색해졌다. 그래도 학급 아이들과 잘해 보겠다고 몸과 마음을 다해 정성을 쏟았던 시간은 아까워하지 않기로 했다. 이별을 고했을 때 아쉬워하던 학생들의 표정과 떠나기 전에 학생들이 그동안 고맙고 좋았다고 말해 준 것으로 보상은 충분했다. 고사로서 그냥 할 일을 한 것이다. 그 정성을 아까워하진 말자. 노동자로서 당한 당일 해고와 날아간 방학 월급만으로도 충분히 속은 쓰리다.

이상한 표준

문제는 중도 해고가 나만 겪은 특별한 일이 아니라는 것이다. 기사를 찾아보면 학교와 1년 계약을 하고 일을 시작했는데 휴직했던 교사가 2월 18일에 복직하는 바람에 계약이 해지되었다는 사연이 나온다. 근무 기간 중 봄 방학이 날아간 것이다. 게다가 기간제 교사는 1년을 채우지 않으면 퇴직금이 없다. 해당 교사는 11일 때문에 300만 원 남짓한 퇴직금을 받지 못했다.

돈 이야기가 나온 김에 좀 더 해 보자. 기간제 교사는 한 학교에서 2개월 이상 일하지 않으면 성과급도 받지 못한다. 성과급은 S, A, B로 등급을 나누어 차등 지급되는데 성과에 따라 지급되지만 엄연한 임금이다. 그런데 2개월 이상을 일하지 않으면 주지 않는다. 한 교육청에 속한 여러 학교를 오가며 1개월씩 10개월을 일해도 성과급은 없다. 교육청이 두 달을 채우지 못한 기간제 교사의 성과급을 착복하는 것과 다름없다.

기간제 교사의 성과급에 관해 알게 된 나는 일자리를 구할 때 되도록 길게 일할 수 있는 일자리를 찾았다. 그러다 어느 해에 1년 동안 고학년 담임을 맡아 무사히 보낸 적이 있었다. 이듬해 봄이 되어 성과급 등급을 알리는 문자가 왔는데 S등급이라고 적혀 있었다. 기간제 교사라고 배려해 주셔서 학교 업무를 받지 않았었기에 다른 선생님들께 조금 미안한 마음이 들었지만 높은 등급과 많은 성과급은 절로 나를 미소 짓게 했다. 친구들에게 톡을 보내 자랑을 하며 내가 맛있는 걸 사겠다고 제안했다. 그랬더니 교직에 있는 한 친구가 "기간제는 성과급이 다를걸? 찾아봐" 하는 것이었다. 찾아보니 진짜였다.

기간제 교사 S등급 성과급이 정규직 교사 B등급의 성과급보다 적었다. 비정규직은 아무리 일을 많이 해도 정규직이 받는 B등급도 받을 수 없는 것이다. 사태가 이 정도라면 비정규직을 위한 AI 번역기라도 있어야 할 판이다. "기간제 교사의 S등급은 사실 C등급입니다." 이게 성과급 등급을 알리는 문자의 진짜 의미이기 때문이다.

고용 기간의 일방적 단축, 당일 해고, 동일 노동 차별 임금. 사태가 이쯤 되면 노무사를 통해 시비를 따질 일이다. 그러나 대부분의 기간제 교사들은 따지지 않는다. 나도 그랬다. 기간제 모집 공고에는 대부분 "학교가 정한 업무"를 맡게 되어 있고, 계약서에는 '중도 해고' 조항이 있기 때문이다. "정규직 교원이 휴직, 파견, 휴가 등의 사유 소멸로 소속 학교 또는 다른 학교에 조기 복직·복귀하게 되면 계약이 해지된다." 교육청이 제공하는 표준 계약서가 그랬다. 그런 계약서에 사인을 하지 않으면 비정규직 교사가 될 수 없다. 참 이상한 표준이다.

사립 학교의 특이한 배려

기간제 교사에 입문하고 몇 개월을 보낸 나는 기간제를 하며 급여 체계를 조금 이해하게 되었다. 그래서 두 번째 해에는 1년 동안 일할 수 있는 C학교와 계약했다. 1년을 계약하면 기간제 교사도 방학 월급, 퇴직금, 성과급, 교원 복지 포인트를 받을 수 있었다. 그런 공지를 찾아낸 스스로를 칭찬했다. 그런데 문제는 그곳이 사립 초등학교였다는 것이다. 난 그때까지 사립초가 어떤 곳인지 전혀 모르고 있었다.

대부분의 사립 초등학교에서 첫 스쿨버스가 8시 10분쯤 도착한다. 자연스레 교사들의 출근 시간은 8시가 된다. 그렇다고 퇴근 시간이 빨라지는 건 아니다. 학교에 따라 다르지만 사립학교 학생들은 의무적으로 영어나 악기 수업을 받는다. 7~8교시까지 수업이 이어지는 학교도 있다. 하교 지도는 그 후에 이루어진다. 교사들은 학생들을 버스까지 데려다주고 버스들이 모두 교문을 떠날 때까지 손을 흔들며 배웅한다. 당연히 이렇게 학생들의 하교가 늦어지면 일과 중에 교사들이 일할 시간이 줄어들고 늦게까지 학교에 남는 경우가 자주 생긴다.

힘들었지만 새로운 경험을 하는 걸 좋아하기에 괜찮았다. C학교 교장은 사립 학교가 처음이라 힘들 거라며 업무는 가벼운 것을 주었다. 가을이 되었을 때 정규직 선발 공고가 났다. 선생님들은 내게 지원해 보라고 했다. 우리 학교는 일은 힘들어도 "사립 학교 수당"이 많은 편이라 보상이 된다고 했다. 사립 학교 수당이라는 걸 그때 처음 들었다. 사립 학교 교사는 월 1백만 원 내외의 사립 학교 수당을 받는다. 수당은 학교와 경력에 따라 조금씩 다르다. 그걸 기간제라고 나만 안 주고 있었다! 사립초 정규직과 같이 출근하고 같은 일을 시키면서 공립 학교 수준의 보수를 주는 것이 법적으로는 아무 문제가 없었다. 나중에 깨닫게 된 것인데, C학교 교장이 나에게 가벼운 업무를 준 것도 나를 위한 배려가 아니라 정규직을 위한 배려였다. 대부분의 사립 학교에서는 기간제 교사에게 업무를 주지 않는다. 그럼에도 C학교가 업무를 나에게 배당했던 이유는 내가 오기 전에 정규직 교사들이 '기간제 교사에게 업무를 주지 않으면 자기들 일이 많다'고 관리자에게 항의를 했기 때문이었다. 그래서 가볍지만 매우 귀찮았던 일을 나에게 주었던 것이다.

그런 보수 체계를 알고도 사립 학교에 여러 번 갔다. 일단 사립 학교에 1년씩 근무하는 일자리가 많았다. 공립에 비해 상대적으로 수업 시수가 적었고, 중도 계약 해지가 없었다. 학교마다 다른 시스템을 보는 것도 흥미로웠다. 그러다 사립 학교인 D학교에 근무하게 되었을 때 나도 드디어 사립 학교 수당을 받게 되었다. 계약서를 쓸 때 교장님은 우리 학교는 기간제 교사에게도 사립 학교 수당을 주는데 다만 금액이 적어 미안하다고 하셨다. 이렇게 공정한 마인드를 가진 학교가 있다니, 살짝 감동을 했다.

그런데 이상하게 1학기가 다 지나도록 교원 복지 포인트를 쓰라는 안내가 없었다. 내가 메신저 확인을 깜박한 건 아닌가 하여 행정실에 전화를 걸었다. 급여 담당자는 우리 학교는 사립 학교 수당을 주기 때문에 교원 복지 포인트를 주지 않는다고 말했다. 이건 또 무슨 소리인가? 내가 받고 있던 사립 학교 수당이 실은 내 교원 복지 포인트를 갈아 넣은 것이었다. 1년치를 다 합치면 사립 학교 수당이 교원 복지 포인트보다 약간 많다. 그러나 뭔가 속았다는 느낌은 변하지 않았다.

비겁하고 치사한 만찬

법적인 불평등을 겪고 나면 기사를 검색한다. 그러면 꼭 어딘가에서 싸우고 있는 사람들이 있었다. 위로가 된다. 그런데 사람들에게 실망하면 학교 자체로부터 멀어지게 된다.

D학교에서 맞이한 스승의 날이었다. 교장님은 일주일 전부터 학교 예산으로 회식을 하니 꼭 오라고 공지를 했다. 북악산에 있는 분위기 있는 바비큐집이 예약되어 있으니 예쁜 옷을 입고 스승의 날을 즐기자고 했다. 평소 정장을 싫어하지만 이제는 더 이상 아무도 축하해 주지 않는 스승의 날에 교사들끼리 분위기를 내는 것도 나쁘지 않다고 생각했다. 인테리어도 좋고 넓은 잔디밭과 예쁜 정원이 딸린 우아한 공간에 도착했을 때는 차려입고 오길 잘했다고 생각했다. 그런데 모인 곳에 영어와 예체능 강사들은 없었다.

사립 초등학교의 영어와 예체능 수업은 중등 자격증을 가진 기간제 강사들로 채워진다. 내가 봐도 흥미로울 정도로 재밌는 수업을 많이 하는 전문가들이었다. 잘 짜여진 영어교육 프로그램은 사립 학교의 학생 유인책이도 하다. 그런데도 교장은 스승의 날 회식에 그들을 부르지 않았다. 회식에 참여하며 그분들께 미안했다. 그런데 식사 중에 교장의 입에서 말도 안 되는 얘기가 나왔다. 실은 오늘 인당 식사비가 법적으로 학교에서 제공할 수 있는 비용보다 많다는 것이다. 그런데도 이런 회식이 가능한 것은 행정실에 비용을 청구할 때 영어와 예체능 강사들까지 인원으로 잡았기 때문이었다. 교장은 교무에게 사정이 그러하니 영수증을 처리할 때 주의하라고 당부를 했다. 그 순간 들고 있던 젓가락을 슬며시 놓았다. 나는 나도 모르게 그들의 식대를 가로챈 공범자가 돼 있었다.

그렇다면 담임 교사들이 우아한 레스토랑에 있을 때 예체능 선생님들은 무엇을 했을까? 교장은 그분들께 스승의 날이니 학교 옆 중국집에서 간단히 밥을 먹으라고 식사 쿠폰을 나눠 주었다. 요리 쿠폰이 아니라 식사 쿠폰이었다.

D학교의 치사함은 그것이 끝이 아니었다. 겨울 방학식 이후로 영어와 예체능 강사들이 학교에 보이지 않았다. 학교가 3월부터 12월까지만 계약을 해 주기 때문이다. 매해 10개월씩만 계약하는 건 퇴직금을 주지 않고 언제든 해고 가능한 상태를 유지하기 위한 꼼수였다.

영어 선생님 중에는 수업도 잘하시고 학생들과 관계도 좋으신 경력 많은 선생님이 한 분 계셨다. 원어민 강사와 열 명 남짓의 영어 강사들을 이끌고 조율하는 영어 부장 교사 같은 분이었다. 교장님은 그분을 두고 식사 중에 지나가듯 이런 말씀을 하셨다. "○○○ 선생님은 학교가 부담스럽지 않게 내가 정년퇴임하기 전에 정리할게." 비정규직은 그가 말하는 학교에 속하지 않은 것이다.

예민하고 담담하고 당당하게

　비정규직으로 학교에 돌아갔을 때 나는 좀 더 예민해졌다. 엘리베이터에 적힌 "아프거나 짐을 든 어린이가 아니면 탑승할 수 없습니다"라는 문구가 불편했다. 학생들은 손가락이 삐었거나 책 한두 권을 들고서도 "선생님 엘리베이터 타도 돼요?"라고 물었다. 혹은 "○○이는 멀쩡한데 엘리베이터 탔어요"라고 신고했다. 얄팍한 문구 하나가 학생들에게 약자 코스프레를 시키고, 타인이 배려받을 만한 자격이 있는지를 따지는 문화를 만들고 있다.
　학생들은 사용할 수 없는 교직원 전용 화장실과 교직원 전용 배식대, 청소 도구 창고는 있으나 청소 용역이 쉴 공간은 없는 건물도 불편해졌다. 외부인과 내부인을 가리지 않고 함께 밥 먹고 공부했던 연구실에서 경험해 본 바로는 그런 구별 없이도 스승에 대한 존중은 충분히 가능했다. 적어도 먹고 배설하고 쉬는 문제에 있어서는 어디에서나 좀 더 평등했으면 좋겠다.
　이방인의 눈을 가져서인지 교사들의 어떤 푸념들에는 공감할 수가 없었다. 교사들이 많이 이용하는 사이트에는 비교과 교사들을 향한 혐오, 교육공무직에 대한 냉소와 우월감, 스포츠 강사나 예능 강사들을 향한 비아냥을 담은 글들이 익명으로 종종 올라온다. "우리 학교 실무사들은 점심 먹고 '티타임' 하던데 왜 점심시간을 근무 시간으로 인정해 주는 건가요?" "수업도 안 하는 사서 교사, 영양 교사가 교사인가요?" "교대 나온 똑똑한 초등 교사를 뽑아야지 왜 강사를 뽑는 걸까요?" 이런 피해의식과 우월감은 어디서 오는 것일까? 이해하기 어려웠다.

다행히 현장에서는 이런 날것 그대로의 말들이 돌아다니지 않는다. 교사들은 대개 공무직이나 비교과 교사들과 사이가 좋고 조금 껄끄러울 때도 적당한 사회적 가면을 쓰고 예의를 갖춘다. 그럼에도 교사들의 무의식이 툭툭 튀어나올 때면 마음 한구석이 아팠다. 모르는 기간제 교사가 우리가 회비로 사 놓은 물을 마신다며 냉온수기가 있는 학년 협의실의 문을 잠근 동학년 교사들의 결정이 그랬다. 기간제 교사가 일하는 영어 교실이 학년 협의실 바로 옆이었고 그는 우리 학년 학생들을 가르치는 선생님이셨다. 그런데도 문을 걸어 잠그고 물 한 모금을 나누지 않았다. 난 동학년 선생님들이 좋았지만 그 행동은 이해하기 어려웠다. 그래도 싸우지 않았다.

학교에서 문득문득 보이는 차별과 혐오들이 불편하지만 한편으로는 담담하다. 옛날 같으면 교사들에게 성을 냈을 것이다. 그러나 나를 학교 밖으로 뛰쳐나오게 했던 인문학은 이해 안 되게 행동하는 집단에도 이유가 있다는 걸 가르쳐 주었다. 교사들의 치사해진 언행에도 이유가 있을 것이다. 오르지 않는 임금, 힘겨워진 생활 지도, 지나친 민원 등 교사들의 마음을 팍팍하게 하는 여러 가지 요인이 존재한다. 교육공무직과 명확히 나뉘지 않은 업무, 강사는 늘어나도 교사들의 수업 시수는 줄지 않고 오히려 강사 관리 업무가 늘어나는 역설적인 상황도 존재한다. 교사들과 학교 내 비정규직 간의 갈등을 부추기는 요소는 너무나 많다. 교사들을 쉽게 비난하기보다 연대하는 방법을 찾고 싶다.

나는 노동자로서 최선을 다한다. 좋은 수업을 위해 자비 연수도 찾아 듣고 탁월한 선생님들의 개인 방송도 보면서 연구도 한다. 기회가 되는 대로 고전 강독, 철학 수업, 예술 강좌 등 연구실에서 배웠던 것들을 교실에서 학생들과 함께한다. 그것으로 예전에 온전히 학교에 몰입하지 못했던 미안함을 조금씩 메워 간다. 그러면서 한편으로는 비정규직 교사라서 누릴 수 있는 장점을 충분히 누린다. 적은 업무 덕에 가질 수 있는 시간을 이용해 휴식을 취하고, 재미있는 수업을 기획하고, 수업 공간을 꾸미는 데도 최선을 다하며, 학습 결과물을 보기 좋게 전시해 두고 즐긴다.

학교에 대한 번민도 적다. 비정규직에게 학교는 짧게는 반나절, 길어도 1년만 머물 곳이다. 어떤 집이 이상할 때 내가 주인이라면 어떻게든 고쳐 나가야 하겠지만 손님은 최대한 장점만 보면서 즐기다 가면 된다. 그리고 정말 안 맞으면 떠나면 된다. 사표 한 번 써 본 사람이 두 번을 못 쓰겠는가? 나는 학교 운영 담당자가 아니라 수업 담당자일 뿐이다. 학교 걱정을 안 하고 내 수업만 고민한다. 국가 교육을 걱정하기보다 나의 공부를 고민한다. 예전 같으면 '이런 태도가 교육자로서 무책임한 것은 아닐까' 하며 자책했을지도 모른다. 지금은 그렇게 생각하지 않는다.

내가 좋아하는 《논어》에는 이런 구절이 나온다.

어떤 사람이 공자에게 말했다. "선생님께서는 어찌 정치를 하지 않으십니까?"

공자께서 말씀하셨다. "《서경》에서 효에 관해 이르기를, '오직 효를 행하고 형제간에 우애하여 정치를 한다' 하였으니 이것 역시 정치를 하는 것이니 어찌 (관직에 있어야만) 정치를 하는 것이겠는가?"*

왜 세상을 평안하게 만드는 정치에 참여하지 않고 제자들이나 가르치고 있냐는 질문에 공자가 "부모에게 효도하고 형제간에 우애하는 것"도 정치요, "제자들을 가르치는 일"도 정치라고 답한 것이다. 공자의 말을 빌어 나를 변호하고 싶다. 학교의 불합리한 것을 바로잡고 교육 정책을 바꾸는 것에 힘을 쏟는 것도 교육운동이겠지만 평온하게 나의 마음을 잘 다스려서 여유 있게 수업을 하고, 좋은 삶을 사는 모습을 학생들에게 보여 주는 것도 교육운동이다.

나는 나와 수업하는 초등학생들이 청소년기 혹은 성인이 되어서까지 학교나 학교 밖에서 즐겁게 공부하길 바란다. 내가 그걸 보여 줄 수 있는 교사가 되면 좋겠다. "얘들아, 공부가 세상에서 제일 재밌는 일이야. 공부하면 세상을 잘 느낄 수도 있고, 마음이 편안할 수도 있고, 당당하게 살 수도 있어. 내가 그걸 보여 줄게." 체육

---

* 或謂孔子曰 子奚不爲政. 子曰 書云孝乎 惟孝 友于兄弟 施於有政 是亦爲政 奚其 爲爲政?, 〈위정편〉 21, 《논어》.

시간에 멋진 슈팅을 보여 주고 음악 시간에 아름다운 연주를 들려줄 수는 없지만, 공부 자체가 정말 재미있고 평생 즐길 수 있는 일이라는 걸 보여 주는 선생님이 되고 싶다.

그래서 나는 여전히 공부를 한다. 장애학 세미나를 하고, 그리스 비극을 읽고, 두보의 시를 배우며 소동파의 산문을 강독하는 수업을 듣는다. 가끔 과학이나 철학 강의도 듣고 예술에 관한 책을 읽는다. 기회가 되면 학교 밖에서 시민들을 상대로 강의도 한다. 그것도 나에겐 공부다. 성인들을 대상으로 강의를 하면서 달라지는 내 태도를 느끼며 학교 수업에서 내가 보이는 나쁜 습관을 고친다. 이런 공부가 나를 또 어디로 이끌고 갈지 나도 궁금하다.

우리를 담기엔
그릇이 작은 학교

―――

휠체어를 타고
다시 돌아간 학교에서

―――

조윤주

고등학교 1학년 늦가을, 여느 때처럼 체육 시간에 혼자 교실을 지키고 있었다. 창가 쪽 제일 앞자리에 앉아 있는 나를 향해 정장을 입은 한 남자가 다가왔다. 교감 선생님이셨다. 교감 선생님께서는 나에게 짧은 인사를 건네시고, 창가로 다가와서 커튼을 닫으며 말씀하셨다.

"2학년이 되면 교실이 4층으로 올라가야 하는 거 알지? 중학교 때처럼 1층으로 교실을 배치하긴 어렵겠구나."

나는 갑자기 마주하게 된 상황에 뭐라고 말해야 할지 몰랐다. 그래도 내 상황을 말씀드렸다.

"그럼 저는 미술, 음악 등 이동 수업에도 가기 힘들어요."

나는 계단 이동이 어려워 쉬는 시간 10분 안에 이동할 수 없다고도 말씀드렸다.

"너 도와주는 친구 있으니까 그 친구보고 도와 달라고 해서 가면 되지!"

교감 선생님은 수업 시간에 늦어도 괜찮고, 그 친구에게 봉사 점수를 주면 된다고 말씀하셨다. 날 배려라도 하듯 모든 교과 선생님께 말씀드려 놓겠다고 하셨다. 교감 선생님은 그렇게 말씀하시고 교실을 나가셨다.

그 당시 나는 다른 사람이 잡아 주면 천천히 걸을 수 있었다.

하지만 계단을 오르거나 내려가는 건 매우 힘들고 위험한 일이었다. 혼자 계단을 오르내리는 건 불가능했다. 교감 선생님이 떠나고 혼자 남은 나는, 그날 속으로 '학교는 더 이상 다니기 힘들 수 있겠구나'라는 생각을 했던 것 같다. 사실 나는 마음 한편으로 올 것이 왔다고 생각했던 걸지도 모른다. 장애가 있는 나에게 중·고등학교의 벽은 높디높았기 때문이다.

다리가 불편해 누군가의 팔짱을 껴야 걸을 수 있었던 나에게 중학교 입학도 쉬운 일이 아니었다. 손이 불편해 클러치나 목발을 이용할 수도 없었다. 그 당시 어머니는 내가 열심히 재활해서 걷는 게 더 중요하다고 생각하셨다. 그래서 휠체어를 이용하게 할 생각조차 하지 않으셨다. 입학을 희망하는 중학교에는 엘리베이터가 없었다. 그래서 중학교 입학 전에 어머니가 학교를 찾아가 나의 장애를 설명하시며 1층에 있는 교실로 배치해 달라고 부탁하셨다. 그리고 자주 넘어지던 내가 다치거나 곤란해질 것을 걱정해 교복을 바지로 입을 수 있도록 허락을 구하셨다. 그렇게 나는 여자중학교에서 유일하게 교복 치마가 아니라 교복 바지를 입는 학생이 되었다.

학교 가는 길은 너무 불안해

부모님이 바쁘셔서 매일 등하교는 외할머니께서 동행해 주셨다.

나는 버스를 타기 힘들어 매일 택시를 타고 다녔다. 외할머니는 매일 아침 나를 학교에 데려다주시고, 집에 가실 때는 택시비를 아끼기 위해 걸어가셨다. 나는 택시가 잡히지 않는 날이면 초조하고 불안했다. 그래서 나에게 등교는 늘 불안한 일이기도 했다. 중학교에 입학한 3월 초, 몸이 좋지 않아 결석하고 다음 날 등교를 했다. 그때부터 이상한 일이 벌어지기 시작했다. 두 명의 친구가 나에게 와서 같이 이동 수업에 가자고 하고, 같이 하교하자고 했다. 낯선 환경에서 새로운 친구들의 호의에 나는 고마웠다. 그런데 다음 날이 되니 또 새로운 친구 두 명이 와서 오늘은 자기들이랑 가자고 했다. 그렇게 며칠을 지내면서 몇몇 친구들과 친해졌고, 그 친구들은 나에게 비밀을 말해 주었다.

"네가 결석한 날, 담임 선생님께서 너랑 같이 교실 이동하고 하교할 친구를 뽑으셨어."

나는 그제야 친구들이 돌아가면서 나에게 다가온 이유를 알게 되었다. 그런데 반 친구 모두는 아니고 3분의 2가량의 친구만 해당했다. 그 이유는 이랬다. 담임 선생님께서 처음에 아무 조건 없이 나를 도와줄 친구는 손을 들라고 하셨다. 곧이어 다시 봉사 점수를 줄 테니 손을 들라고 하셨다. 그리고 두 번째 봉사 점수를 받기 위해 손을 들었던 친구들을 제외하고 첫 번째로 자원했던 친구들만 나를 도와줄 수 있도록 하셨다. 친구들은 암묵적으로 내가 결석한 날에 있었던 일을 한동안 비밀로 했었다. 물론 나를 도운 친구들은 봉사 점수를 받았을 것이다. 하지만 선생님의 교육으로 인해 친구들은 나를 봉사의 대상으로만 바라보지 않을 수 있었던 것 같다. 봉사의 대상이 아닌, 조금의 배려를 통해 함께할 수 있는 학생이자 친구라고 여기고, 친구들도 선생님도 학기 초에 내가 잘 적응할 수 있게 모두 깊이 배려해 주었단 게 많이 느껴졌다. 실제로 나는 그때 나를 도와주겠다고 손을 들었던 친구들과 친해졌다. 시작은 선생님의 요청이었지만 시간이 지날수록 친구 관계는 자연스레 형성되었다. 선생님은 항상 내가 차별받지 않도록 뒤에서 조용히 편의를 지원해 주셨다.

중학교 1학년 때 담임 선생님이 2학년 때도 그대로 담임 선생님이 되었다. 그리고 2학년 교실도 그대로 1층에 있었다. 1학년은 1층, 2학년은 4층, 3학년은 3층으로 교실이 배치되는 구조였다. 하지만, 계단을 오르기 힘든 나를 위해 학교에서는 2학년인 내가 속한 한 반만 1층에 배치해 두었다. 하지만 학년 중에 한 반만 1층에 있으니 다른 반 친구들을 만나러 가는 게 힘들었다. 다행히 1학년 때 친해졌던 친구들이 상황을 이해하고 있어 많은 도움이 되었지만, 2학년이 되어 처음 같은 반이 된 다른 친구들의 원망도 조금 있었다. 사실 그게 참 마음 불편했다. 학교에 다닐 수 있는 것 자체는 너무 소중했지만, 나의 존재가 다른 친구들에게 피해가 되는 것 같았다. 난 미안한 마음을 안은 채 학교생활을 이어 갈 수밖에 없었다.

엘리베이터가 없는 학교에서 내가 학교에 다닐 방법은 교실이 1층으로 배치되는 것뿐이었다. 3학년 때도 내가 속한 교실만 1층에 배치되었다. 1, 2학년 때 담임 선생님께서 전출을 가시면서 내가 3학년이 되어도 1층에 교실을 배치할 수 있도록 이야기하셨다고 했다. 담임 선생님께서는 자신이 담당하는 과목인 미술 수업 시간에도 편의를 봐 주셨다. 손이 불편한 나를 위해 그림 그릴 수 있는 시간을 더 주셨다. 반드시 연필로 필기해야 하는 수업 시간이 있었는데 손힘이 약한 나는 펜으로 필기할 수 있도록 해 주셨다. 담임 선생님께서 교실 배치에 관한 의견을 내지 않으셨더라면 그 당시 난 중학교조차 다니기 힘들었을 것 같다.

지금은 장애가 있는 학생에게 평가 조정을 통해 시험 시간 연장 등의 지원을 하는 게 당연하다. 하지만 내가 중·고등학교에 다닐 땐 평가 조정을 받기 힘들었다. 그래서 난 항상 선생님 개인의 배려에 의해 편의를 지원받았다. 특히 체육은 수행평가 인정 점수를 받을 때도 있었고, 0점일 때도 있었다. 그래서였을까? 내가 특수교사가 되고, 일반 고등학교에 발령받은 뒤 가장 많이 생각난 사람은 중학교 1, 2학년 때 담임 선생님이었다. 그땐 어려서 잘 몰랐는데 교사가 되고 나서 많은 학생 중에 장애가 있는 학생을 세심히 살피고 지원하는 일이 일반 교사로서 결코 쉬운 일은 아니었을 거란 걸 알게 되니 더욱 감사한 마음이 든다. 시간이 아주 많이 흐른 지금도 내 마음속에 가장 존경하는 선생님으로 자리 잡고 있다.

'장애'를 받아들일 시간이 필요해

나의 몸이 다른 친구들과 다르다는 것을 인지한 것은 초등학교에 입학하고 나서였다. 마음처럼 빠르게 달리지 못하는 다리, 연필을 꽉 잡고 글씨를 진하게 쓸 수 없는 손. 내 신체의 반응은 친구들과 달랐다. 자연스럽게 몇몇 친구는 빨리 달리지 못하고 정자세로 서 있는 걸 힘들어하는 나를 놀렸다. 친구들과 다른 모습으로 걷고 이동하는 게 놀림거리가 된다는 것을 초등학교 1학년 때 처음 알게 되었다. 점점 근력이 빠지고, 변형이 일어나는 손으로 난 어떻게 해서든 적응하며 살았다. 불편하고 오래 걸리지만, 시간을 더 쏟아 가며 컴퓨터 키보드를 눌러 과제를 하고, 일을 했다. 젓가락을 쓸 수 없게 되었을 때는 포크로 바꿨다. 단추를 잠그거나 바느질 등 손가락의 섬세한 움직임이 필요한 일은 다른 사람의 도움을 받았다.

시간이 지나도 내 모습을 쳐다보는 시선과 직접적으로 장애가 생긴 이유를 묻는 사람들은 사라지지 않았다. 집에 와서 더 많은 시간을 투자해서 공부하고 일하는 노력이 무시되는 것만 같은 말에 상처받기도 했다. 나의 상처를 보듬어 준 건 가족의 태연한 태도였던 것 같다. 어머니는 나를 초등학교에 입학시킨 후, 학교에 자주 찾아오셨다. 학부모 위원을 하며 초등학교의 모든 행사에 빠지지 않고 참석하셨던 것 같다. 장애가 있는 자녀를 둔 모든 부모의 마음이 그러하듯, 학교에 잘 적응할지 걱정이 이만저만이 아니셨을 거다. 하루는 친구가 내 걸음걸이를 보고 놀려서 크게 울면서 집에 온 날, 어머니는 나에게 말씀해 주셨다.

"가족 모두 네 옆에 있는데, 울지 마라. 괜찮다. 괜찮다……."

어머니도 마음이 괜찮지 않으셨을 테지만, 상당히 단단한 표정으로 나에게 말해 주셨던 게 기억난다. 든든한 울타리가 되어 주시는 것 같았다. 부모님은 항상 나의 치료를 위해 시간을 쏟으셨다. 장애가 없던 오빠와 남동생에게는 보살핌이 늘 부족했다. 나뿐만 아니라 우리 가족들도 나의 장애를 받아들이는 게 힘들었을 것이다. 하지만 수많은 말과 시선을 견디며 시간을 흘려보냈고, 그 과정에서 조금씩 더 현명하게 대처하게 되었다. 여러 병원을 찾아다니며 나의 치료에만 전념하는 일도 내가 중학교에 입학하면서 어느 정도 내려놓아졌다. 그렇게 우리는 각자의 상처를 안은 채 조금씩 단단해지고, 조금씩 우리 가족의 장애를 받아들여 가는 과정을 거쳤다.

내가 다닌 초등학교는 섬마을 작은 학교라서 학생 수가 아주 적었다. 그리고 대부분 형제나 자매가 같이 학교에 다녔다. 우리 오빠의 친구들이 내 친구들의 형이나 언니였다. 하루는 우리 오빠의 친구가 교실로 찾아와 나를 놀리면 안 된다고 친구들에게 이야기해 주었던 기억이 난다. 초등학교는 나에게 어쩌면, 통합교육이 실현되었던 곳이다. 교실에서 급식실 등을 갈 때 항상 같이 손을 잡고 걸었던 친구, 친구의 다른 모습을 보고 놀리면 안 된다고 말해 주는 선배들, 함께 할 수 있는 놀이를 고민하던 친구들, 나의 속도를 이유로 차별하지 않았던 선생님들이 그 초등학교에는 있었다. 그래서였을까, 시골의 작은 초등학교는 나에게 좋은 추억으로 남아 있다.

무사히 졸업할 수 없었던 '존재'

다시 고등학교 1학년 늦가을로 돌아가면, 나는 교감 선생님과의 만남을 아무에게도 말하지 않았다. 학교에 다니지 못하는 게 현실이 될까 두려웠던 것 같다. 친구들은 당연히 다니는 학교를 왜 나만 못 다니는지…… 자존심도 상하고 속상했다.

결국 나는 혼자 무사히 졸업할 수 있는 방법을 찾아보기 시작했다. 어느 날 우연히 TV를 보는데, 다른 지역에서 지체장애 특수학교에 다니는 고등학생의 일상이 나왔다. 노란색 스쿨버스가 와서 태워 가고 학교 건물 안에는 엘리베이터가 있었다. 나도 학교에 갈 수 있겠다는 생각에, TV에 나온 학생에게 특수학교로 전학을 가고 싶은데 어떤 곳인지 묻는 메일을 보냈다. 그 학생은 답장으로 수능 공부를 할 생각이라면 특수학교로의 전학을 추천하지 않는다며 여러 측면에서 다시 생각해 보라는 이야기를 해 주었다. TV에 보인 특수학교 시설의 단편적 모습만 보고 혹했던 나는 다시 실망했다.

그렇게 3~4개월이 흘러 고등학교 2학년 진급을 앞둔 2월이 되었고, 교감 선생님의 말씀대로 교실이 모두 4층으로 배정되었다. 난 그때 마음에 커다란 멍이 들었던 것 같다. 사실상 나를 퇴학시키는 거나 다름없는 학교의 결정 같았다. 생각하고 또 고민한 후에 나는 어쩔 수 없이 자퇴라는 선택을 하게 되었다. 자퇴하고 학교를 떠나는 날, 교실에서 함께 단체 사진을 찍었던 기억이 난다. 나오는 눈물을 참고 억지로 웃으며 같은 반 친구들과 마지막 사진을 찍었다. 그리고, 새 학년 교과서가 가득 들어 있는 가방을 안고 택시 안에서 하염없이 눈물을 흘리며 집으로 왔다. 결국 나는 그토록 바라던 고등학교를 무사히 졸업할 수 없었다. 그 학교는 한 아이의 꿈을 담기엔 그릇이 너무 작은 곳이었다.

집으로 돌아와서 마음을 다잡고, 내가 유일하게 고등학교 학력을 취득할 방법인 검정고시를 자세히 알아보았다. 그리고 곧바로 서울의 한 대학교에 다니다 휴학하고 고향에 와 있던 대학생에게 과외 수업을 받았다. 생각보다 과외 수업이 재미있었다. 대학 생활 이야기를 들을 때면 나도 대학생이 되고 싶어졌다. 그렇게 과외를 받으며 공부를 시작하던 시기, 중학교 1, 2학년 때 담임 선생님이 소식을 들으시고 어머니께 '이건 학교가 잘못한 부분으로 문제를 제기해야 한다'라고 말씀하시며 속상해하셨다고 했다. 그렇게 말해 주는 어른이 있어서 다행이었다. 그래서 나는 그때부터 아주 조금은 덜 속상했던 것 같다.

자퇴하고, 나의 하루는 바빴다. 과외를 받고, 독서실에 가고, 인터넷 강의를 들었다. 약 4개월 뒤 검정고시를 보고 합격을 했다.

그리고 같은 해 수능을 봐서 한 대학의 특수교육과에 입학했다.

특수교육과에 합격하고, 한 선배에게 오리엔테이션에 오라는 전화를 받았다. 중·고등학교 시절 수학여행을 가 본 적도 없었던 내가 오티에 가는 건 너무 두려운 일이라 가지 못했다. 알고 보니 선배는 사범대 학생회에서 장애인권부장을 하고 있어서 장애가 있는 신입생이 오티에 가는 걸 어렵게 느낄 거라는 걸 알고 전화해서 오라고 했던 거였다. 그리고 그 선배는 입학 후, 힘겹게 동기들의 손을 잡고 캠퍼스를 걸어 다니던 내게 전동 휠체어를 빌려다 주었다.

그렇게 나는 태어나서 처음으로 휠체어를 만났다. 1학년 2학기부터 동기들과 듣는 수업이 달라지고, 복수 전공을 신청해서 강의실 이동 범위는 더 넓어졌다. 가파른 오르막과 내리막이 있는 기숙사는 누군가 손을 잡아 주어도 걸을 수 없을 정도로 힘들었다. 전동 휠체어 없이는 수업도 기숙사 생활도 하기 어려운 환경이었다. 시간이 지날수록 휠체어는 점점 내 몸의 일부가 되어 갔다. 내 몸은 휠체어에 갇히게 되었지만, 휠체어 덕분에 자유롭게 다닐 수 있게 되었다. 같이 기숙사에 살던 동기들과 친해져서 처음으로 엠티도 가고, 여행도 같이 갔다. 부모님의 품을 떠나 대학생이 된 여느 동기들과 같이 나 또한 좋은 추억과 인연을 만들 수 있었다.

나에게 전동 휠체어를 빌려다 준 선배의 권유로 장애인권 동아리에도 가입했다. 동아리 활동을 통해 장애를 내 개인의 탓으로만 생각했던 사고를 바꿀 수 있었던 것 같다. 동아리에서 만난 선배들은 다양한 학과에서 모였고, 매주 장애·비장애 학생들이 장애인 권에 관해 토론하고 학내 장애 차별 사례를 나누었다. 그 과정에서 신체적 장애가 있는 내 몸이 문제가 아니라 이런 내 몸을 받아주지 않는 학교 건물이, 사회 구조가 문제라는 것을 알게 되었다. 한 번도 나 외에 다른 장애인 당사자를 만나 보지 못하고 갇혀 살았던 나에게 대학은 내 장애를 바라보게 해 주는 공간이 되었다. 함께했던 동아리 선배들은 지역 사회의 장애인자립생활센터, 장애여성인권단체, 장애인 야학 등에서 활동한다. 선배들이 추구하는 길에 함께 가고 싶다는 생각을 잠시 했지만, 난 다시 학교에 돌아가기로 결정했다. 특수교사가 되어 학생들을 만나고 싶었기 때문이다.

'다시' 돌아간 학교는……

운 좋게도 임용 시험에 바로 합격하고 특수학교에 발령받았다. 합격의 기쁨도 잠시, 얼마 지나지 않아 깊은 좌절감을 느꼈다. 휠체어를 탄 나의 모습이 관리자나 동료에게 부담스러운 존재가 될 수 있다는 생각이 들었기 때문이다. 스물네 살의 휠체어를 탄 여성이 마주한 특수교육 환경은 결코 녹록지 않았다. 업무에서 느끼는 배려라는 이름의 배제를 비롯해 쉬이 넘어가는 일이 하나도 없었다.

전 직원 친목회 회식 장소는 대부분 계단이 있는 식당이었다. 나 하나 때문에 식당을 바꿔 달라고 하는 게 미안해 말하지 못하다가 한번은 용기를 냈다. 친목회 담당 선생님에게 '1층이나 엘리베이터가 있는 곳으로 장소를 찾아 주실 수 있겠느냐'고 요청했다. '교장 선생님이 원하는 장소라서 안 된다'며 되돌아온 답은 "업어 줄게요"였다. 신체적 장애가 있다고 해서 다른 사람의 등에 업히는 게 쉬운 일은 아닌데 말이다.

특수학교에 근무할 때는 이런 일도 있었다. 1박 2일 전체 현장체험학습에 학생 인솔 교사로 가게 되어 당일 아침에 짐을 챙겨 학교에 갔다. 그런데 출발 전, 교장이 '장애가 있는 교사가 왜 학생 인솔자로 가냐'고 화를 내며 못 가게 했다. 나와 다른 선생님 한 분까지 두 명의 장애가 있는 교사에게 말이다. 장애가 있는 교사가 함께 인솔하면 위험하다는 이유를 들었는데, 지체장애 학생이 많은 학교라서 현장체험학습을 가는 장소는 장애인 편의 시설이 갖추어진 곳이었고, 결정적으로 나는 그 전년도에는 인솔 교사로 함께했었음에도 이러한 황당한 일이 벌어진 것이다. 차라리 사전에 잔류 학생을 지도하라고 협의라도 했으면 어땠을까 싶다. 화도 나고 속이 상해서 나도 모르게 참았던 눈물이 흘러내렸다. 그 모습을 본 교장은 말했다. "눈물 흘리는 모습을 보면 다른 선생님들이 왜 그러냐고 물어보겠죠! 하지만 권력을 가진 사람들은 내 편일 겁니다." 나는 교사가 되어서도 학교라는 공간에서 가장 큰 권력을 쥔 교장 선생님의 차별 앞에 좌절할 수밖에 없었다.

휠체어를 타는 장애가 있는 교사가 아니었으면 겪지 않아도 될 일, 듣지 않아도 되었을 말이 너무나도 많았다. 그 모든 것은 휠체어를 탄 교사 개인의 문제로 치부되었다. 그럼에도 불구하고 초임 시절에는 나를 향한 배려라는 이름의 그것이 '차별'이라는 것을 인식하는 과정이 쉽지 않았다. 그리고 상대방의 감정을 상하지 않게 나의 감정을 설명하는 것은 더욱 어려웠다. 누구에게도 차별의 의도는 없으며, '차별'이 아니라 '당연한 것', '어쩔 수 없는 것'이라는 분위기가 팽배했기 때문이다. 두 발이 자유로운 사람들에게는 편리하고 좋기만 한 것들이 나에게는 곳곳에 도사린 장벽이 된다는 사실에 공감을 이끌어 내기는 언제나 너무 힘겨웠다.

그래서일까? 한때 나는 특수교사가 된 것을 후회했다. 오히려 장애가 있는 학생을 가르치는 전문가라고 불리는 집단의 사람들이 동료의 장애조차 '손상' 그 자체로 보고 있다고 느꼈기 때문이다. 특수학교에 근무할 때의 나 또한, 나의 장애를 온전히 인정하지 못하고 그저 인정하는 척을 하고 있었던 것 같다. 그래서 임용된 후에 특수학교에 근무하면서 마음이 아주 힘들었다. 그럼에도 옆에서 조언해 주고 힘든 걸 나눌 수 있는 좋은 동료 선생님들을 만난 덕에, 마음을 다잡으려고 노력할 수 있었다.

임용 초기, 특수학교에 근무하는 동안 나는 담임 업무에서 배려라는 이름으로 배제된 채 시간을 보냈다. '장애가 있으니, 담임은 어려울 것이다'라는 생각 때문에 "담임을 할 수 있겠느냐"는 질문조차 받지 못했다. 담임 업무를 희망하는 장애가 있는 교사에게 "힘든데 굳이 그걸 왜 하려고 하냐?"는 의문이 들 수도 있다. 하지만 힘듦의 문제를 떠나 '장애가 있는 교사는 절대 불가능'이라는 굳어진 인식, 그리고 배제가 만연하고 개인의 의사가 무시되는 업무 분장에서의 구조적 문제를 말하고 싶었다. 내가 선택해서 하지 않는 것과 남이 못 하게 하는 것은 엄연히 다른 문제이니 말이다.

그러나 초임 시절의 나는 그런 구조적 문제들을 언급하지 못했다. 지지와 공감을 얻지 못하는 소수자로서의 장애가 있는 교사가 할 수 있는 일이라고는 모든 원인을 개인의 문제로 돌리며 최선을 다해 열심히 일하는 것이었다. 학교라는 정글에서 그저 버텨야 한다고만 생각하며 '내가 더 꼼꼼하게 일하면 되지', '내가 더 열심히 하면 되지'라는 강박에 빠져들기 시작했던 것 같다. '장애인인데 할 수 있겠나?'라는 의심에 항상 스스로의 노력으로 입증하려고 부단히 애를 썼다.

물론 내가 초임 교사였던 시절과 비교하면 사회 구성원들의 인식도, 제도도 개선되면서 많은 변화가 있긴 했다. 근로지원인 제도가 도입되어 장애가 있는 교사도 적절한 지원을 받아 담임 등의 업무에 참여하는 분위기가 조성되고 있고, 앞으로 이 제도가 좀 더 장애인 당사자의 필요에 맞게 지원된다면 장애가 있는 교사가 업무에서 배제되는 일이 줄어들 것이다. 무작정 장애가 있는 교사라서 안 된다고 하기보다 일할 수 있는 방법을 같이 고민하면 좋겠다.

우리가 도움만 받는 아이예요?

나는 두 곳의 특수학교를 거쳐 일반 인문계 고등학교에 있는 특수학급으로 발령받게 되었다. 그리고 발령과 동시에 특수학급의 담임이 되었다. 특수학교에서는 담임이 되지 못했던 사람이 일반학교 특수학급에서는 너무나 쉽게 담임이 되었다. 담임을 맡으며 통합교육에 대해 고민하고 실천하겠다고 다짐했다. 하지만 곧 내가 기존에 가진 생각과 관점들이 너무 협소했다는 걸 인식하게 되었다. 특수학교에서 근무할 때는 특수학교라는 사회로부터 분리된 공간과 환경에 대한 문제의식이 부족했다. 학교 내의 모든 학생에게 장애가 있으니 특수학교 안에서의 배제나 차별에 대해 민감하게 인지하지 않았던 것 같다. 지금 생각하면 나 스스로에게도, 제자들에게도 부끄러운 모습이 많았다.

그러다가 일반 고등학교에 발령받으니 우리 반(특수학급)에 배치된 학생들이 교육 활동에서 배제되고, 차별받는 현실을 온몸으로 마주하게 되었다. '통합과 분리'라는 특수교육의 난제가 나의 숙제가 된 것이다. 통합교육을 해야 하지만, 현실은 분리 교육인 활동이 많았다. 특수교사로 일하며 우리 반 학생들이 통합학급에서 차별받거나 배제되지 않으면서도 비장애 학생들과 잘 어울려 무탈하게 지내는 것이 중요하다고 생각했다. 장애를 비하하거나 학급 활동에서 배제하는 일들이 생기면 통합학급 담임 선생님과 협의해서 해결해 나가려고 했다.

2017년, 신설 고등학교에 발령받고 특수학급 교실을 만들어야 했다. 처음 마주한 특수학급 명패에는 '도움실'이라는 글이 선명하게 적혀 있었다. 도움이 필요한 학생이 분리되어야 할 것만 같은 '도움실'이라는 명칭이 마음에 들지 않았지만, 수많은 사람이 자연스럽게 생각하는 그 명칭을 어찌해 보기에는 3월에 할 일이 너무 많았다. 명명된다는 것의 무게와 어떤 명칭에 의해 한계 지어지는 것의 부작용을 잘 알면서도 특수교사인 나에게는 수많은 업무 중 하나로 다가와서 미뤄 두고 싶었던 것 같다. 그러다 우리 반 여학생 2명이 특수학급으로 들어올 때 온몸을 움츠리면서 몰래 들어왔다 갔다 하는 것을 보게 되었다. 그리고 점심시간이 되면 밥을 먹으러 가지도 않고 특수학급에 오지도 않았다. 이유를 고민해 보니 특수학급 위치가 급식실 바로 옆이었고, 점심시간이 되면 특수학급 복도 앞으로 학생들이 길게 줄을 서는데 학생들에게 노출되는 특수학급의 모습이 싫어서 그러는 것 같다는 생각이 들어 상담했다. 그런데 한 아이에게서 예상치 못했던 말이 나왔다.

"교실 앞에 붙어 있는 도움실이라는 글자 때문에 오기 싫어요."

다른 아이도 동의했다.

"우리가 도움만 받는 아이예요? 애들이 저를 '도움실'이라고 불러요."

두 학생은 '도움실'이라고 적힌 팻말에 대한 불만을 토로하면서 명칭을 바꿔 달라고 요구했다.

그리고 며칠 뒤, 2층 통합학급 교실에서 1층 특수학급 창문으로 장애를 비하하는 표현과 욕설이 적힌 종이를 줄에 매달아 내리는 일이 생겼다. 학생 한 명이 뛰어가서 그 종이를 가져왔고, 종이에 적힌 내용을 특수학급에 배치된 모든 학생이 알게 되었다. 아이들의 표정이 일그러지면서 누가 그랬는지 밝혀야 한다고들 했다. 나는 속으로 철렁했다. '내가 고민하고 주저하는 사이 이런 불편한 일들이 생기는구나!' 싶었다. 그래서 바로 교장, 교감 선생님을 찾아가서 '도움실', '도움반 아이'로 명명되는 것에 대한 고민을 말씀드렸다. 교장, 교감 선생님 모두 공감하시며 교실 명칭을 바꾸고 명패를 바꾸는 것부터 시작하자고 하셨다. 어떤 명칭을 붙이든 특수학급이라는 건 변하지 않을 수 있지만, 학생의 마음에 공감하고 고민했다는 사실만으로도 어떤 의미가 있었을 거라고 생각한다.

그리고 교감 선생님은 전체 교직원 협의회에서 특수학급에 배치된 학생들을 부를 때, '특수', '도움실', '도움반 아이'가 아닌, 학생들의 이름을 기억하고 불러 달라고 말씀하셨다. 그러고는 나에게 마이크를 넘기며 통합학급 교과 선생님께 협조의 말을 전달할 수 있는 시간을 주셨다. 그다음으로는 위층 통합학급 학생들에게 장애인권 및 학교폭력 예방 교육을 진행했다. 해당 반의 학생들 모두를 특수학급으로 내려오게 해서 특수학급 공간을 보여 주고, 어떤 활동을 하는지 설명했다. 그리고 얼마 전 있었던 일을 말하며 범인을 특정하지는 않겠다고 했다. 다만 특수학급에 있는 친구들도 우리 학교 학생임을 잊지 말고 존중해 달라고 당부했다.

그냥 내 친구가 될 수는 없을까?

사실 특수학급에서 만나는 아이들과 이야기해 보면 친구들로부터 놀림을 받지 않았던 아이가 거의 없다. 밝게 웃고 장난치는 모습 뒤에는 각자의 상처가 있다. 그림을 아주 잘 그리는 호진*이라는 아이가 있었다. 경증의 뇌병변장애가 있어 걸을 때 조금 불편함이 있었다. 호진이는 고등학교에 입학할 때 해맑게 웃으며 본인이 그린 그림이 있는 연습장을 자랑했다. 호진이는 입학 초기 학교에서 크게 넘어져 다리에 철심을 박는 수술을 했었다. 다행히 호진이는 수술을 잘 받고 무사히 퇴원하고, 학교도 잘 다녔다. 그러던 어느 날 어머님께서 전화로 호진이 상담을 부탁해 오셨다. 치료실 선생님께 죽고 싶다고 이야기했다고 했다. 부쩍 표정이 어두워 보이고 말수도 없어 보이던 터였다. 호진이를 불러 천천히 상담하니 울면서 매일 악몽을 꾼다고 했다.

"초등학교 때 친구들한테 괴롭힘당하는 모습이 매일 꿈에 나와요. 그래서 너무 힘들고 죽고 싶어요."

호진이에게는 이미 지나간 일이라고 말할 수 없는 생생한 기억이었다. 장애가 있는 학생뿐 아니라 모든 학생에게 학교폭력은 엄청난 고통이 된다. 자신의 장애를 이유로 놀림을 당하면 자신의 장애가 원망스럽게 느껴진다. 호진이의 마음에 충분히 공감됐다.

---

* 이 글에 등장하는 학생들의 이름은 모두 가명이다.

호진이는 그림에 더욱 집중하며 악몽을 잊으려고 애를 썼다. 그런 자기의 경험을 만화로도 표현했다. 그리고, 호진이와 나눈 대화를 계기로 특수학급에 있는 모든 아이가 한 번쯤은 겪어 봤을 상처를 수업 시간에 터놓고 이야기했다. 그러자 아이들이 "저도 그런 적 있었어요"라고들 하며 자기 경험을 이야기했다. 아이들의 이야기를 다 듣고 나는 이렇게 말해 주었다.

"선생님도 너희들과 비슷한 경험이 있어. 우리 잘못이 아니니 앞으로는 위축되지 말자."

호진이에게는 통합학급(일반 학급)에서 호진이가 그린 그림을 자랑스럽게 여겨 주는 친구가 있었다. 그 친구는 호진이의 학교생활을 지원해 줄 도우미로 뽑힌 학생이었다. 사실 내가 학창 시절에 겪은 탓에 봉사 활동의 대상이 된다는 느낌에 대해 누구보다 잘 알고 있어서 도우미를 뽑는 게 조심스러웠다. 하지만 학기 초, '다른 학교에 근무하면서 보니 장애가 있는 학생들은 모두 도우미가 있더라. 도우미를 뽑아서 봉사 점수를 주었으면 좋겠다'라는 한 통합학급 담임의 조언을 들었다. 동료 특수교사에게 물어보니 장애가 있는 학생을 지원하는 일이 쉽지 않은 일이라는 인식이 만연한 통합학급에서 학생들에게 동기를 부여하기 위해 대부분의 학교에서 장애 학생 도우미에게 봉사 점수를 주고 있다고 했다. 그래서 국립특수교육원에서 개발한 통합학급 운영 매뉴얼을 참고하여, 학교생활 지원을 필요로 하는 2명의 학생을 위해 '굿프렌즈'라는 이름으로 장애 학생 도우미 제도를 운영했다. 한 학기를 운영한 결과

1명은 특별한 교류 없이 봉사 점수만 받아 갔고, 다른 1명은 마음을 나누는 친구로 지내는 모습을 보였다. 생각보다 취지에 맞게 운영하는 것이 쉽지 않았다. 그럼에도 장애, 비장애를 떠나 친구로서 우정을 나눈 호진이와 호진이의 굿프렌즈인 범수는 늘 기억에 남는다. 범수는 특수학급에 자주 놀러 와서 호진이와 함께 시간을 보냈다. 범수가 쓴 활동 보고서의 한 문장이다.

"장애 학생이라는 말도 없어졌으면 좋겠다. 호진이는 그냥 내 친구이다."

친구는 억지로 만들어 줄 수 없다. 그저 내 친구 중에 장애가 있는 친구도 있을 수 있다는 인식이 당연해졌으면 좋겠다. 호진이는 고등학교를 졸업하고 캐릭터 디자이너가 되었고, 범수는 교사가 되기 위해 교대로 진학했다. 학창 시절 들의 만남이 성인이 된 후 각자의 자리에서 선한 영향력을 끼치리라 의심하지 않는다.

꿔다 놓은 보릿자루가 되는 기분

일반 학교에는 장애가 있지만 특수학급에 가지 않고 통합학급에서만 수업을 듣는 학생들도 많이 있다. 흔히 완전통합교육을 받는 학생이라고 하는데, 청각장애가 있는 학생들을 만나게 되면서 완전통합교육에 대해 많이 고민하게 되었다.

가장 처음으로 태민이라는 학생을 만나서 통합학급에서 생활하는 중에 필요한 지원이 있는지 상담했다. 태민이는 '왜 나를 부르지?' 하는 표정으로 찾아왔다. 태민이는 인공 와우 수술을 했고, 입 모양을 보고 대화를 해야 했으며, 낯선 단어가 등장하거나 복잡한 내용을 소통하기에는 어려움이 있었다. 먼저 영어 듣기 평가 지원에 관해 이야기했다. 영어 듣기 평가를 할 때 듣기 대본을 보면서 시험을 칠 수 있으니 신청하겠느냐고 물었다. 그러자 중학교까지 대본으로 시험을 친 적도 없고 친구들이 놀릴 것 같다며 그냥 영어 듣기 평가는 찍으면 된다고 했다. 몇 번 더 설명했지만, 지원을 거부하여 첫 평가는 포기를 했었다. 그리고 희망하는 과목을 골라 원격으로 선생님이 수업하시는 내용을 타이핑해 주는 서비스가 있는데 신청하겠냐고 물으니, 그것도 친구들이 보는 게 싫고 전 과목 다 해 주는 것도 아니니 필요 없다고 했다. 그렇게 한 학기의 반을 보내고 중간고사가 끝난 후 다시 불러서 고등학교 공부는 어떤지 물어보았다.

"너무 어려운 말이 많아 놓치는 게 많고, 꿔다 놓은 보릿자루가 되는 기분이에요."

꿔다 놓은 보릿자루라는 표현에서 그 답답함과 무기력함이 고스란히 느껴지는 것 같았다. 그래서 적절한 지원의 이점을 설명하며 우선 영어 듣기만이라도 대본을 제공받아 시험을 쳐 보자고 다시 제안했다.

"선생님이랑 둘이 치는 거예요? 친구들이 안 보면 칠게요."

그래서 따로 특수학급에 불러서 다른 학생들을 의식하지 않고 대본을 보며 영어 듣기 평가를 치게 했다. 태민이의 눈이 동그래졌다. "이런 식으로 듣기 내용을 그대로 대본으로 제공해 주는 줄 몰랐어요. 이런 건 줄 알았으면 진작에 영어 공부를 할 걸 그랬어요."

창민이도 청각장애가 있는 학생으로 입 모양을 보며 대화해야 해서 선생님이 뒤돌아 설명하거나 마스크를 착용하고 수업할 때는 내용을 이해하기 어려웠다. 창민이는 상담 후 원격 교육 속기를 신청했다. 원격 교육 속기는 원격 지원으로 교실 수업(음성 또는 영상)을 문자 통역사(속기사)가 자막으로 변환하여 학생 컴퓨터로 실시간 전송하는 서비스이다. 하지만 학생 1인당 일부 교과만 지원되었고, 예체능·실습·제2외국어 등의 교과는 신청이 어려웠다. 그리고 수업 외 동아리나 방과 후 수업, 진로 상담 등의 활동도 의사소통의 어려움으로 인해 제대로 참여하지 못했다. 이런 열악한 환경에서도 태민이와 창민이는 졸업하고 대학생이 되었다. 태민이는 사범대를 갔는데 4학년 때 임용 시험을 앞두고 나에게 연락해 왔다.

"저 교사가 될 수 있을까요? 학생들이 말하는 걸 제가 못 알아들으면 어쩌죠? 실제로 학교에 근무하는 청각장애 교사도 많이 있나요?"

태민이는 마냥 배우기만 하면 되는 학생 위치에서 가르쳐야 하는 교사로서 교단에 서려고 하니, 깊은 고민에 빠졌다. 학창 시절보다 더 거대한 장벽이 기다리고 있을 것만 같아서이다. 여전히 청각장애가 있는 학생을 위한 지원이 부족해 꿔다 놓은 보릿자루 같은 기분을 느끼는 태민이와 창민이의 후배들이 존재한다. 통합학급에 있는 청각장애 학생들을 볼 때마다 겉으로 드러나지 않는 장애의 특성 때문에 항상 지원이 충분하게 이루어지지 못하고 있는 것 같다. 특수교사로서 내가 할 수 있는 건 기껏해야 영어 듣기 평가 대본 신청이나 청각장애 지원 센터에 일부 과목의 원격 교육 속기 지원을 요청하는 것뿐이라는 생각에 무력감이 들었다. 학생들은 수업 시간 외에도 선생님들께 중요한 내용을 전달받을 일도, 상담받을 일도 많은데, 그런 부분까지 자연스러워지는 완전한 지원은 언제쯤 가능해질까?

○○아, 무사히 졸업하자!

지금의 학교는 장애인 편의 시설과 지원이 전보다 늘어났으나 여전히 불편함은 존재한다. 내가 얼마 전에 근무했던 고등학교는 약 20년 전 엘리베이터가 없어서 휠체어를 타는 학생의 입학을 거부했던 곳이다. 그러나 지금은 엘리베이터, 장애인 화장실, 점자 블록 등의 장애인 편의 시설을 갖추고 있고, 특수학급도 3학급이 설치되어 있다. 물론 이러한 사례만으로 일반 학교의 문턱이 장애가 있는 학생들에게 완전히 낮아졌다고 볼 수는 없다.

자동차를 좋아해서 자동차에 들어가는 엔진의 이름까지 알고 있는 욱진이라는 학생을 만났다. 욱진이는 독일제 커다란 전동 휠체어를 이용하고 있다. 중학교 때는 체력도 약하고 친구 관계도 어려워 조퇴를 자주 했다는 이야기를 학부모 상담을 통해 알게 되었다. 욱진이는 고등학교에 입학한 3월 첫날부터 통합학급 수업에 들어가지 않으려 했고, 욕창이 있다고 하며 조퇴하겠다고 했다. 하지만 이미 어머님과의 상담을 통해 욕창이 없는 걸 알고 있었던 나는 욕창이 있는지 재차 물었다. 그러자 욱진이는 휠체어를 타고 있는 선생님은 속일 수 없다고 생각해서인지 거짓말이라고 털어놓았다. 친해진 다음에 욱진이는 나에게 이야기했다.

"비장애인 선생님은 다 속았는데, 선생님은 속일 수 없었어요."

그렇게 나는 욱진이와 더 가까워졌고, 욱진이도 나에게 더 솔직하게 다가오기 시작했다. 서로 우리의 장애에 대해 터놓고 이야기도 자주 했다. 20년 전에 내가 학창 시절일 때와 물리적인 환경은 조금 더 나아진 것 같은데, 욱진이의 마음은 내가 느낀 것과 참 비슷했다. 하지만, 나처럼 아무 말을 하지 못하는 학생이 아니라 부당함과 불편함을 표현하는 학생이었다. 학교생활을 하면서 어떤 점이 불편한지 나에게 이야기했다. 욱진이의 전동 휠체어는 큰 편이라 학교에 있는 장애인 화장실을 이용하기 어려웠다. 학교에는 규격에 맞지 않는, 무늬만 장애인 화장실이라고 표시된 곳이 있었다. 그 화장실을 이용할 수 없어 대변이 보고 싶으면 집에 계신 아버님께 호출해서 조퇴했다. 학생이 학교에 있는 화장실을 이용할 수 없어서 조퇴하는 현실 앞에 아직 갈 길이 멀다고 느꼈다.

때마침 교육청에서 학교 공간 개선을 위한 예산을 특수학급에서 신청할 수 있다고 해서 화장실, 특수학급 교실 등 학교의 불편한 환경을 개선하기로 했다. 구체적인 개선 사항을 정하기 위해 학교 관리자, 행정실 담당자, 특수교사, 학부모, 학생이 모여 회의했다. 그때 욱진이는 화장실 이용의 불편, 시청각실에 계단이 있어 무대로 올라갈 수 없는 구조, 비 오는 날 이용하기 힘든 장애인 주차장, 특수학급 교실 출입문과 세면대 이용의 불편함 등에 대해 발표했다. 불편한 학교생활을 조리 있게 알린 것이다. 그 자리에서 욱진이의 이야기를 들은 어른들의 표정에는 미안함이 묻어 있었다. 업무 담당자였던 나는 누구보다 욱진이의 마음을 잘 알기에 최대한 반영해서 공사를 하고 싶었다.

다행히 공감대가 잘 형성된 교장, 교감 선생님을 만났다. 욱진이가 말하는 불편함을 최대한 다 반영해서 개선해 주라고 하셨다. 나도 욱진이가 무사히 학교를 졸업하는 걸 보고 싶었다. 끝까지 학교를 잘 다닐 수 있게 하는 것. 그것이 내가 욱진이의 선생님으로서 해 줄 수 있는 것이었다. 그래서 화장실 공사 등도 잘 마치고 휠체어에 앉아 있는 몸을 안전하게 들어 올릴 수 있는 보조 공학 기기(리프트)도 지원받아 화장실도 편하게 가게 되었다. 특수학급에서 수업할 때는 휠체어에 오래 앉아 있어 허리 등에 통증이 오면 침대에 누워서 공부하기도 했다. 다행히 욱진이는 이런저런 시도를 하는 선생님의 노력을 알아주었고, 교육 활동에 대부분 다 참여하며 무사히 졸업했다.

우리 가족만의 고민이 아닐 수도 있어요

학교 현장에서 만나는 장애가 있는 자녀를 둔 부모님을 보면 많은 생각을 하게 된다. 병호의 어머님은 발달장애가 있는 병호가 주말에 친구들과 버스를 타고 시내에 놀러 가는 것을 '행여 무슨 사고라도 나서 다치지나 않을까?' 걱정하며 반대하셨다. 그리고 병호의 휴대전화를 주기적으로 검사하기도 했다. 걱정하는 마음은 이해하지만, 휴대전화를 보는 것은 병호가 싫어하는 일이기 때문에 안 보시는 게 좋을 것 같다고 조심스럽게 말씀드렸다. 병호는 친구들에게 자신의 이야기를 잘하고, 운동을 좋아하며, 책이나 신문을 많이 읽어서 아는 게 많았다. 병호는 무슨 일이든 스스로 하려고 하고, 친구들과 함께하고 싶어 했다. 병호가 조금씩 몸도 마음도 성인이 되고 있다는 사실을 오랜 시간 대화를 통해 어머님께 설명했다. 그리고 청소년 상담 관련 외부 전문가, 발달장애인 지원센터 직원을 초청해 학부모 교육과 상담을 진행했다. 시간이 흐르면서 병호의 부모님이 자녀를 대하는 태도가 변화하는 것이 느껴졌다. 병호와의 관계도 조금씩 좋아지는 것 같았다. 사실 병호 부모님뿐만 아니라 여러 학부모님이 그랬던 것 같다. 자녀의 장애를 받아들이기 힘들어하시고 졸업하는 순간까지 장애인 등록을 미루기도 했다. 진학이나 취업에서의 어려움을 겪으며 마지못해 등록하거나 끝내 거부하고 졸업하는 사례도 있었다.

그 마음 충분히 이해하고, 장애를 인정하는 일이 쉽지 않은 것도 알고 있다. 하지만 부모가 수용하지 않으면 당사자인 자녀는 자신의 장애를 받아들이고 온전한 주체로 자립하기까지 보다 많은 시행착오를 겪게 되는 것 같다. 그래서 내가 만나는 아이들과 부모님들이 장애를 있는 그대로 인정하고 받아들이며 적응해 나가기 위해 특수교사로서 어떻게 조력해야 하는지 고민하게 된다.

특수학급에 배치된 학생들도, 통합학급에서 더 많은 친구를 만나고 더 많은 시간을 보낸다. 그 친구들과의 관계를 통해 작은 사회를 경험하고 성인기 사회생활의 발판을 마련하는 것이다. 그래서 나는 특수학급의 담임이라고 해서 특수학급만 돌보면 안 된다는 생각이 들었다. 학기 초, 통합학급에 장애인권교육을 하러 들어가서 비장애 학생들의 얼굴을 조금 익히게 되었다. 그중 은지라는 학생이 어느 날 조용히 찾아와 말했다.

"선생님, 우리 친오빠도 뇌병변장애가 있는데 열심히 공부해서 공무원이 되었어요. 친구들은 장애인을 비하하는 말을 쉽게 하는데 그런 말을 들을 때마다 속상해요. 저는 오빠가 자랑스럽거든요."

아마 내가 휠체어를 타고 수업에 들어가서 장애인권교육을 하니 오빠 생각이 났던가 보다. 사실 나에게도 많은 용기가 필요했던 통합학급 수업이었는데 나를 찾아와서 이런 이야기를 털어놓는 은지가 고마웠다. 그 후 은지는 우리 반 학생들과도 친하게 지냈다. 그 전에는 특수학급에 배치된 학생들로만 동아리를 운영했었는데 은지를 보면서 통합 동아리에 대한 아이디어와 용기를 얻게 되었다. 이듬해, 장애의 유무와 상관없이 인권에 관심 있어 하는 학생들을 모아 동아리를 만들었다. 간호사, 교사, 바리스타 등의 꿈을 가진 20명 가까운 아이들이 모였다. 장애인의 자립과 관련된 영화도 보고, 지역 사회에 있는 장애인자립생활센터에 가서 탈시설에 관한 이야기도 나누고, 학교 축제 준비도 했다. 동아리 친구들은 은지와 은지 오빠의 이야기를 웹툰으로 만들어 축제 때 전시하기도 했다. 이런 활동을 하며, 장어가 있는 친구의 졸업 후의 삶에 대해서도 깊이 있는 이야기를 나누게 되었다. 동아리 아이들이 졸업한 지 3년이 지나 대학생이 된 은지에게서 문자가 왔다. 지금 한 복지 재단에서 인턴으로 일한다고 했다.

"선생님, 저 은지예요. 동아리 하면서 평생 우리 가족만의 문제일 것 같던 장애에 대한 고민을 공유할 수 있어서 힘이 되고 행복했어요. 그때 처음으로 오빠 이야기를 다른 사람들에게 털어놓으면서 많은 위로가 되었어요. 복지 재단에서 일하다 보니 주변에 장애인의 생활에 관심을 갖는 사람이 많네요. 저도 함께 공부하고 고민하며 현장을 배워 나갈게요."

장애가 있는 형제를 둔 비장애 학생 또한 내가 통합교육 현장에서 언제든 만나고 영향을 줄 수 있는 학생이었다. 내가 학창 시절 친구들과 지금도 연락하고 지내듯, 장애가 있는 학생과 비장애 학생이 서로 거리낌 없이 졸업 후의 행복을 기원하고, 자연스럽게 안부를 물을 수 있는 사이가 되기를 항상 바라고 있다. 나 역시 제자를 장애가 있는 학생으로 한정하지 않고 통합학급의 비장애 학생들과도 안부를 전하고 교류하는 사이가 될 수 있으면 좋겠다. 나의 근무 공간을 특수학급으로 한정 짓지 않고 나의 제자를 장애가 있는 학생으로 규정짓지 않는 것이 특수교사로서 통합교육에 한 발 더 다가가는 길이라는 생각을 가지게 된다.

변화는 조용히 그리고 천천히

마찬가지로 일반 교과 선생님들도 장애가 있는 학생을 나의 제자로 생각하고 지원하면 좋겠다. 고등학교에 근무하면서 너무 좋은 통합학급 선생님들을 많이 만났다. 소통이 잘되고 통합교육에 대한 의견이 비슷한 통합학급 담임과 특수학급 담임이 만나면 학생 지도가 훨씬 수월해진다. 하지만, 지금의 교육 환경에서는 특수교사도 일반 교과 교사도 너무 지치고 힘든 일이 많다. 선생님들과의 마음이 통하는 것만으로는 어려운 구조적인 문제들이 분명히 존재한다. 학교의 모든 선생님이 장애가 있는 학생을 부담스러워하거나 어려워하지 않는 환경이 되면 좋겠다.

특히 입시 위주의 고등학교 현장인 만큼 장애가 있는 학생들이 통합학급에서 비장애 학생들의 공부에 방해가 된다는 반응을 접할 때면 고민이 깊어진다. 어느 날은 교과 선생님이 민호가 수업에 방해되니 특수학급에 내려가 있게 하면 좋겠다고 이야기하셨다. 대학 입학이 중요한 인문계 학교에서 자폐성 장애가 있는 학생이 내는 소리가 불편하고 방해될 수 있을 것이다. 그러나 무조건적인 특수학급으로의 분리를 수용하기 어려워 교과 선생님에게 잘 설명한 후에 통합학급 학생들을 만나는 시간을 가졌다. 민호가 소리를 내는 상황은 보통 원하는 게 있거나 불안을 느끼는 이유가 있었다. 예를 들어 덥거나, 제시간에 수업이 끝나지 않는 등 특정한 이유가 있기 때문이라고 아이들에게 설명했다. 그렇게 서로 적응하고 배려하며 고3이 되었다. 3학년에서는 자율 학습 시간이 늘어나는데 민호가 속한 통합학급 아이들은 민호가 내는 소리와 또 다른 학생인 경민이의 낙서하는 소리가 방해된다고 했다. 담임 선생님은 자율 학습 시간만이라도 두 학생이 특수학급에 있을 수 있게 해 달라고 하였다.

  결국 학생, 부모님과 상의 후에 자습 시간에는 특수학급으로 이동하기로 했다. 무리하게 통합을 강행하다가 예민한 시기에 자칫 장애가 있는 학생들에게 화살이 돌아가면 안 된다고 생각해서 내린 결정이었지만, 뒤따르는 무력감을 지우기는 어려웠다. 하지만 다음에 또 고3 학생을 담당하여 같은 상황에 부닥친다면 다른 선택을 할 수 있을까? 이런 생각을 할 때마다 완전한 통합이라는 궁극의 목표가 더욱더 멀게만 느껴진다. 현실과 타협하고 고민하지 않는다면 조용하고 방해가 되지 않는 아이들만 통합학급에 남게 될 것이다. 그리고 그 아이들도 방해가 되면 언제든 내쳐지게 될 것이다. 물론 입시 위주의 교육 환경이 하루아침에 해결될 문제가 아님을 잘 알고 있다. 그러나 같은 생각을 하는 사람들이 함께 노력할 때, 변화는 조용히 그리고 천천히 찾아오리라는 걸 의심하지 않는다.

글을 마치며……

17년 동안 특수교사로 근무하면서 많은 일들이 있었다. 그 과정에서 나의 부족함도 많이 깨달았고, 조금씩 배우기 위해 노력하는 시간도 있었다. 앞으로 지금까지 일한 시간만큼 더 무사히 특수교사를 할 수 있길, 조금 더 나은 교사가 될 수 있길 바란다. 그렇게 되기 위해 내 체력이 버텨 주면 좋겠다. 사실 하루 종일 휠체어에 앉아 있으면서, 허리 등 많은 통증을 참아 가며 일을 하고 있기에 언제까지 교사를 할 수 있을지 모를 일이다. 학교로 출근하는 일이 천근만근 무겁게 느껴질 때도 있다. 하지만 문득 아이들이 했던 재밌는 말이나 행동이 떠올라 피식 웃음이 나올 때가 있다. 때때로 그런 웃음이 나올 때 교사라는 직업의 행복을 느끼게 되는 것 같다.

내가 조금씩 나의 장애를 받아들이고 살아온 것처럼, 세상으로 나아가는 나의 제자들도 자신의 장애를 조금씩 받아들이는 과정을 거치고 있는 것 같다. 사실 나는 냉정히 말해 나의 장애를 인정하고 받아들이고 장애에 적응해서 살아가지만, 장애가 내 자존감의 일부가 되는 데까지 온전히 나아가지는 못한 것 같다. 4년마다 돌아오는 근무지 만기 때는 새로운 학교의 편의 시설 등 남들보다 더 많은 조건을 고려하다 보니 얼마 없는 선택지에 고심하게 된다. 새로운 근무지에서는 나를 잘 모르는 동료들로부터 받는 '장애가 있는데 잘할 수 있을까?' 하는 의심을 해소하는 데에 많은 에너지를 썼던 것 같다. 장애는 나에게 지치고 버거울 때가 많았다. 그럼에도 이제는 현재의 내 모습으로 살아가는 일이 내 가족과 지인들에게도 공기처럼 자연스러운 일이 되었다. 그렇게, 모든 사람에게 장애가 있는 사람을 만나는 일이 공기처럼 자연스러운 일이길 바란다. 모두 변하다 보면 우리에게 장애도 자존감의 일부가 되어 가지 않을까?

마지막으로, 나의 제자들이 갈 수 있는 곳, 살기 좋은 곳이 많아져서 그렇게 각자의 자리에서 잘 지내고 있는 아이들을 만나면 좋겠다. 또 내가 무사히 중학교를 졸업할 수 있도록 해 주신 선생님 같은 분이 많아지면 좋겠다. 나도 그렇게 아이들이 '무사히' 졸업하도록 돕는 역할을 잘하고 싶다. 무사히 졸업한다는 것은 적어도 학창 시절이 환경과 사람에 대한 상처로 기억되지 않고, 새로운 출발을 할 수 있는 것이라고 생각한다. 그렇게 아이들이 모두 '무사히' 졸업하고, 사회에서 또 만나길 희망한다.

취약한 나로
되돌아가 보았습니다

아픈 가족을 돌보며 가족 너머의
돌봄을 상상하기*

보란

의존하는 몸에 대한 두려움

"이제는 빨리 돌아가셔야지, 가족들 더 많이 고생시키지 말고." 내가 초등학교 5학년일 때, 외할머니를 두고 엄마가 혼잣말한 것을 들은 적이 있었다. 인지저하증을 겪고 있는 외할머니의 상태가 급격히 악화되던 시기였다. 그때 엄마를 둘러싼 높은 벽을 본 것만 같았다. 외할머니의 일상을 지원하는 일은 가족들에게 마치 폭탄 돌리기와도 같았다. 결국은 홀로 집에서 가사 노동을 하는 중장년의 여성들이 과중한 노동을 맡게 되었고, 그들은 고립감과 부담감으로도 힘겨워하고 있었다. 바로 외할머니의 딸과 며느리들이었다.

특히 나는 일주일에 한 번씩 외할머니가 목욕할 때 많이 긴장했다. 욕실 안에서 엄마가 움직이는 소리가 날카롭게 들렸다. 그

* (앞쪽) 사회적으로 합의된 사전적 의미로서의 '돌봄'은 건강 여부를 막론하고 건강한 생활을 유지하거나 증진하고, 건강의 회복을 돕는 행위이며, '돌보다'는 관심을 가지고 보살핀다는 뜻의 동사이다. 이때, '돌봄'과 '돌보다'의 의미를 과거 나의 경험에서부터 시작하여, 나 자신이 변형되고 통합되는 재창조의 과정으로 살펴보고자 한다. 특히, 2024년 2월에 열린 '2024 체제전환운동포럼 - 우리의 대안을 조직하자' 교육 세션 준비팀 공부 모임과, 8월에 열린 '2024 교육공동체 벗 여름 연수 - '돌봄' 중심으로의 전환, 무해한 말들을 넘어 정치적인 전망으로'에서 함께 이야기와 조언을 나누어 준 이들 덕분에 돌봄 경험과 내 정체성을 다시 재정의할 수 있게 되었다.

릴 때마다 나는 작은 몸을 잔뜩 움츠렸다. 거실 한구석에 작게 펼쳐져 있는 외할머니의 이부자리와 텔레비전을 번갈아 보면서 거실이 완전히 깜깜해질 때까지 불을 켜지 않았다. 텅 빈 집 안에 남겨진 외할머니의 마음과, 욕실 안에서 홀로 애쓰고 있을 엄마의 마음이 누구에게도 도달하지 못할 것 같다고 생각하니 많이 서글퍼졌다.

한편 엄마는 외할머니의 건강이 악화되었을 때 대식구의 집안 살림을 하고 동생들을 돌봄으로써 가족 성원으로 인정받고 자기 생각을 말할 수 있었다. 그 때문이었을까. 엄마는 동생보다는 나에게 더욱 엄격했고 '책임감'과 '배려심'을 갖춰야 한다고 지적하는 일이 많았다.

또한 엄마는 오랫동안 전업주부였다. 아빠는 술을 마시고 오거나, 스트레스를 많이 받은 날에는 '집에서 대체 무슨 일을 하는 거냐'라면서 임금 노동을 하지 않는 엄마에게 분노와 원망을 쏟아내며 언어적, 물리적 폭력을 가할 때가 있었다. 엄마에게는 그를 제지하거나 폭력으로부터 보호받을 수 있는 수단이 거의 없었다. 나 또한 아빠의 임금에 의지하고 있다는 것이 왠지 모르게 수치스러웠다. 이런 경험을 거쳐 나에게 의존하는 몸은 수치심과 긴밀하게 연결되었다. 만약 내가 질병 또는 장애를 가지게 되면 자신의 몸과 삶에 대한 결정권을 스스로 내릴 수 없는 상황에 놓일 것이라는 생각이 들었다.

가족은 돌봄의 밑천이라고?

학창 시절에 아빠는 장기간 실직 상태를 겪다가 자영업에 뛰어들었으나 더 큰 어려움에 빠졌다. 그는 경제적인 압박에 무척 취약해졌고, 불안과 초조감에 시달리다가 급성 조울증을 앓게 되었다. 그는 조증 삽화 기간에는 몸이 감당하지 못할 정도로 술을 많이 마셨고 엄마와 여동생에게 폭언할 때가 많았다. 새벽에 잠을 자지 않고 주변 사람에게 전화를 걸었고, 또 가족들의 일에 간섭하고 일방적으로 이야기를 쏟아내곤 했다. 우울 삽화 기간이 되면 짧게는 수개월, 또는 1년을 씻지도 않고, 밥을 잘 먹지도 않았다. 나는 그가 하루빨리 침대에서 몸을 일으켜 일하러 나가길 간절히 바랐다. 하지만 매일 아침 그 바람이 좌절되어 슬픔으로 되돌아왔고, 당장 내가 할 수 있는 것을 찾으면서 다시 밤을 맞이했다. 나는 엄마가 힘들어할 때 꽤 오랜 시간 이야기를 들어 주었고, 침대에 누워 있는 아빠에게 같이 식사하자고 설득했다. 아빠가 지내는 방을 청소하고 식사를 준비하기를 반복하며, 세상과 단절된 아빠를 어떻게 도와야 할지 모른다는 사실이 답답했었다.

빠져나갈 길이 없어 보이는 가족의 굴레를 벗어나려면, 홀로서기를 해야 한다고 생각했다. 사회와 학교는 매 순간 시험을 잘 봐서 혜택을 받는 것이 최선이라고 말했다. 나는 노력의 결과를 확인함으로써 자신감을 얻었고, 가족들 또한 우울의 늪에 빠져들수록 나의 성적에 집착했다. 그것은 더 좋은 학교로 진학할 기회를 얻기 위해, 장학금을 받기 위해 가져야 할 자격 조건이었고, 결국은 타인보다 우월하다고 내세울 수 있는 나만의 무기이기도 했다. 나를 평가할 권한을 가진 체제로부터 호감을 얻기 위해 미소를 띠고 불안감과 걱정을 숨길 때마다 진짜 내 모습을 잃어버리는 느낌이었다.

그 당시 나는 선생님과 친구에게 이 사실을 솔직하게 말할 수 없었다. 힘든 돌봄 이야기와 나의 고민을 듣는 것이 바쁜 일상에 놓인 상대에게 껄끄럽고 괴로운 일이 되지는 않을지 한없이 조심스러웠다. 그리고 내 환경이 곧 나의 신분인 이 사회에서 타인에게 약점을 드러내는 일이 될까 봐, 게다가 나는 효녀 같은 마음이 아니었기에 부끄러울 것 같았다. 그러면서 타인에게 도움을 요청하지 못하고 홀로 해결하다가 우울감에 자주 사로잡혔다.

결국 내가 교사가 되어야겠다고 처음 생각한 시기는 대학교 재학 중 아빠의 조울증이 극심해졌을 때였다. 엄마와 아빠는 첫째 딸인 나에게만큼은 안정적인 고용이 보장되는 전문직 진출을 바라고 있었다. 두 분 다 고등학교에서 직업교육을 받았고, 각각 상업계와 기계 공업 분야에서 임금 노동을 하면서 겪었던 숱한 차별에 대해 경험적으로 잘 알고 있었다. 그들도 내심 내가 교사 일과 가족 돌봄을 함께 하길 원했었다. 당시에 나는 가족과 친척 사이에서 마치 '돌봄의 밑천' 또는 '유일한 희망'처럼 여겨지고 있음을 알고 있었다.

하지만 그것만이 이유는 아니었다. 교사를 하고 싶다고 생각하도록 큰 영향을 주었던 사람은 선생님들이었다. 그들은 학생에게 자신의 시간과 마음을 기꺼이 내어주었고, 가끔 내게 안부를 물으며 어려움이 있지 않은지, 당장 도움이 필요하지는 않은지 조심스럽게 물어봐 주었다. 또 내가 스스로 고민하고 결정할 힘을 갖도록 꾸준히 지지와 응원을 보내 주었다. 먼저 그들이 나에게 동료가 되어 주면서 내가 삶을 살아갈 의미를 갖게 되었듯이, 나도 누군가에게 좋은 동료가 되고 싶다는 생각을 막연하게 할 수 있었다. 그러면서 혈연 가족과의 경험에서 비롯된 사람과 세상에 대한 두려움과 방어 기제로부터 조금씩 거리를 둘 수 있었다. 그리고 점차 내가 낙천적인 성향을 가지고 있으며 새로운 지식과 존재에 대한 호기심이 많음을 발견할 수 있었다.

탈주를 감행하면서 구조적 모순을 만나다

대학을 졸업할 무렵 나는 임용 시험에서 탈락했고, 엄마가 아빠에게 폭력을 당하는 모습을 목격했다. 서로를 위해서라도 그와 거리를 두어야겠다고 결심했다. 서울에 원룸을 구해 엄마와 둘이 살기 시작하면서 엄마는 편의점과 마트에서 계산원으로 일하고 나는 명절 택배 배송 아르바이트, 실험실 연구 보조원 일로 생계를 이었다. 그러다 대학 시절 교수님과 중학교 때 담임 선생님께 도움을 요청하여 경제적, 정서적 조력을 받으며 임용 시험을 다시 준비했고 2009년, 화학 교사가 되었다.

    그로부터 1년 후 엄마는 암 진단을 받아 항암 치료를 시작했다. 엄마는 항암 부작용으로 힘들어하면서도 가족에게 돌봄 및 경제적 부담을 주지 않으려고 일부러 요양 병원 시설에서 지내기를 선택했다. 그러는 동안 아빠는 가족과 단절된 채 지냈고 꽤 오랜 기간 임금 노동을 하지 못했다. 매달 주택 담보 대출 이자를 감당하지 못하자 조울증은 더욱 깊어졌다. 나는 가끔 그의 집에 찾아가 식사를 챙겨 드리고 경제적으로도 조금씩 지원했다. 하지만 나는 그와 심리적으로 안전한 거리를 두기가 개우 어려웠다. 그는 나를 볼 때마다 엄마를 원망하는 말을 쏟아 냈고, 나는 지치고 힘든 마음을 분노로 표현하며 집을 뛰쳐나오곤 했다.

    2015년에 나는 내가 태어나고 자랐던 그곳으로 되돌아갔다. 딸이 아닌 동료 시민으로서 그를 외면할 수 없겠다는 생각 때문이었다. 그리고 전문계 남자 공업 고등학교에 발령을 받았다. 아빠는 남학교가 처음이었던 내가 조금은 걱정되었는지, '너무 열심히 과학(지식)을 가르치려고만 들면 (남)학생들이 많이 힘들어한다'라고 귀띔해 주었다. 실제로 수업에 들어가 보니, 모집 경쟁률이 낮았던 화공, 금형, 건축학과의 경우에는 강의식 설명에 오래 집중하기 힘든 학생들이 너무 많았다. 학습 의욕이나 호기심을 보이는 학생이 반에서 3~4명 정도였다. 처음에는 어떻게든 내가 계획하고 준비한 수업 내용을 모두 강의하려 노력했지만, 결국 마지막까지 수업을 따라올 수 있는 학생은 1~2명도 되지 않는다는 것을 알게 되었다. 주말이나 평일 밤에 늦게까지 일하느라 학교에 겨우 등교하거나, 과학 교과서의 기호와 개념 자체를 이해하기 어려워하는 학생들이 상당히 많았다.

무엇보다 나에게 가장 힘겹게 느껴진 일은 학급 운영과 생활 지도였다. 교실은 남성중심적인 군대식 문화가 지배하고 있었다. 여성성을 더 많이 가진 구성원을 비하하고 조롱함으로써 '남성성'을 확보한 이로 인정받았고, 이들은 그것을 통해 결속감을 느꼈으며 힘의 차이에 따른 위계에 자발적으로 복종했다. 동시에 학교는 학교 질서와 규율에 도전하는 구성원의 권리를 더욱 적극적으로 박탈시켰다.

어느 날, 수업 중에 친구들과 너무 떠드는 학생의 행동을 지적했다. 그러나 학생이 그 사실을 인정하지 않았으며 지적을 받은 것에 감정이 상했다는 것을 표현했다. 나는 예상치 못한 학생의 반응에 많이 당황했고 머릿속이 하얘졌다. 그리고 교사가 그런 모습을 보였다는 사실에 수치심을 느끼자 화가 나기 시작했다. 그 학생의 행동을 제압하고자 나는 징계를 운운하며 일방적으로 훈계했다. 마음이 안정된 이후에 다시 생각해 봐도 학생의 상황이나 맥락을 묻지 않고 학교 규율에 따라서 학생을 지도한 것이 형평성에 어긋날 것 같지 않았다. 학생 또한, 학급 학생들 앞에서 공개적으로 비난과 위협을 받았다는 생각에 마음의 문을 굳게 닫아 버렸다.

이제야 나는 남학생을 하나의 동질한 집단으로만 바라봤음을 고백한다. 특히 어릴 적 가족뿐만 아니라 학교와 사회에서 경험한 성차별과 성폭력 문화로 인한 두려움과 방어 기제가 큰 영향을 미쳤다. 그래서 여교사-남학생 사이의 갈등을 더더욱 '피해자-가해자' 구도로만 단순하게 바라보기가 쉬웠다. 그들을 많이 두려워했고 내가 겪는 성적 대상화만큼 그들을 타자화했다. 학교와 교사의 힘(권위)과 징계 권한에 기대어 그들의 폭력에 윤리적으로 응징하고 싶은 마음도 없었다고 할 순 없다. 그것은 바로, 사람이 아닌 힘의 논리와 제도에 의존하는 것이었다. 학교에서 나이 위계와 성별 위계에서 상대적으로 취약한 상황에 놓인 나 자신을 보호하면서 학생보다 우월한 위치를 차지할 수 있는 가장 빠른 방법이었다.

학교의 권위는 부드러우면서도 폭력적이었다. 이에 취약했던 학생은 욕설 또는 자해에 가까운 폭력으로 저항했고 여러 차례 징계를 받았다. 하지만 이러한 학생들은 가정의 경제적 형편이 좋지 않거나, 조력과 돌봄을 주고받을 관계 자원이 거의 없는 경우가 많았다. 그들은 되도록 빨리 자립하기 위해 이 학교로의 진학을 선택했다. 담임 교사로서 이를 잘 알고 있었지만, 오히려 그들을 '소통 불가능한 존재'로 판단하는 증거와 진술서를 남기기를 학교 관리자로부터 요구받기도 했다. 그 과정에서 나는 사회와 학교에서 교사에게 기대하는 역할 또는 일에 대해 제대로 성찰해 보려 하지 않았다는 점을 깨달았다.

수치심과 자긍심 - 돌봄, 애도, 우정

학교 안에 고립된 내가 다른 세상으로 나올 수 있게 제안해 준 사람들이 있었다. 2015년 학교 도서관 업무를 맡았을 때의 일이다. 점심시간에 학생들이 쉬거나 만화책을 보러 도서관에 몰려오는 때를 빼고는 혼자 있는 시간이 많았다. 가끔 책을 빌리는 한 역사 선생님이 계셨는데 그녀가 학생을 대하는 모습이 꽤 인상적이었다. 학생에게 존댓말을 쓰는 교사는 그녀가 처음이었다. 보통 선생님들은 도서관에 들어오자마자 학생들이 장난치거나 수업을 방해하지 않도록 엄하게 경고하는 경우가 많았다. 그런데 그녀는 도서관 이용 방법부터 친절하게 안내해 주었고, 책을 만져 보거나 원하는 것을 찾아볼 수 있도록 시간을 충분히 주었다. 몇몇 학생들이 소소하게 장난을 치고 서가를 뛰어다니기도 했지만 대부분 각자 자신이 읽고 싶은 책을 천천히 찾아보기 시작했다. 또 소파에서 서로 기대어 잠깐 잠이 든 학생들도 있었다. 나는 문득 학생들에게 그들이 잠시라도 기대어 잘 수 있는 공간이 자기 책상밖에 허락되지 않았다는 것을 느꼈다.

수업이 끝나고 나서 그녀가 먼저 말을 걸었다. "나도 전교조 조합원이에요." 그녀가 직접 내게 정체성에 대해 밝히는 순간 소위 '비슷한 종족'을 만난 느낌이 들었다. 학교를 지배하는 군대식 가부장적 문화에 대해 함께 문제의식을 나눌 수 있겠다고 생각했다. 가볍게 주말 안부를 나누다 보니, 나는 마음이 편안해져서 가족을 돌보고 있는 내 일상을 이야기하게 되었다. 그 이후로 그녀는 항상 내 어머니의 안부를 다정하게 물어봐 주었다. 그것은 나에게 적당히 안온한 기분을 가져다주었고, 불안한 내 마음을 조금 보여 줘도 괜찮음을 느꼈다. 나는 그녀에게 학교에서 혼자 해결하기 어려웠던 고민을 공유하고 조언을 구할 수 있었다.

그녀는 조심스럽고 섬세했다. 그러나 새로운 세상에 호기심이 많았고, 자신이 원하는 것을 잘 인식하고 도전하는 용기 또한 매우 컸다. 전교조에서 여성위원회 활동을 하고 있었던 그녀의 제안 덕분에 여성위원회 조합원들과 함께하는 마더피스motherpeace 타로카드 상담 교육에 참여했다. 그때 나는 처음으로 가족을 돌보는 일에 대한 막막함 그리고 상처와 연결된 기억을 꺼내어 보았다. 사람들 또한 돌봄에 대한 부정적인 감정을 비슷하게 가지고 있었으며 이에 대해 함께 말하고 경청하는 분위기를 만들어 나갈 수 있다는 것에 위로를 크게 받았다. 처음에는 내가 내 이야기를 타인에게 말한다는 것에 두려운 마음이 컸지만, 여성의 발화를 억압하고 무시하려는 가부장적 문화가 잘못임을 증언하는 조합원들 덕분에 용기를 낼 수 있었다. 다시는 기억하고 싶지 않은 상처와 고통을 직접 마주하면서도 그것을 시간의 흐름에 흘려보낼 수 있다는 것도 알게 되었다. 그것은 함께 애도를 나눌 수 있는 타자가 없었다면 불가능했을 작업이었다.

더 나아가 그의 제안으로 학교 축제와 지역 청소년 대상 활동에서 타로 상담을 함께 진행하면서 학생들의 다양한 고민을 듣고 이야기를 나누는 시간을 가졌다. 이를 통해 나는 내 삶에서 청소년의 정체성과 겹치는 부분이 있다는 것을 느꼈다. 그 시절에 느낀 불안함, 막막함, 분노, 답답함이 청년이 되어서도, 비혼 여성 당사자로서도 계속해서 이어지고 있음을 알 수 있었다. 개인의 구체적인 삶의 맥락에 무관심하며 편의대로 판단하려고 했던 나의 특권에 대해 성찰할 수 있었다. 그러다 보니 이 활동 자체가 내게 소중한 자기 돌봄의 경험으로 되돌아왔다. 왜냐하면 그것은 내가 학생들이 가진 다양한 고민과 욕구에 연결된 존재임을 깨닫고 과거의 나에게도 응답과 위로를 보내는 행위였기 때문이다.

몇 년이 지난 후에야 그 역사 선생님의 어머니 또한 암 투병을 하셨단 것을 알게 되었다. 그녀는 어머니께서 돌아가시기 전에 휴직하고 어머니를 간호했었는데 그 시간을 되돌아보면 인생에서 평화로운 순간이었다고 말씀해 주셨다. 곰곰이 생각해 보니, 돌봄을 주고받는 시간이 평화로울 수 있다는 것이 놀랍게 느껴졌다. 그동안 누군가에게 돌봄을 제공하는 상황이 내 삶을 희생하는 것처럼 부담스러웠고, 지치고, 고단하고, 쓸쓸한 일처럼 느껴졌기 때문이었다. 하지만 이 노동은 — 만약 상황과 맥락을 고려한 상호의존적 돌봄의 여건을 마련하도록 사회에 요구하고 저항하는 일로 이어진다면 — 빈곤·고립·폭력으로부터 서로를 구하고 해방시키는 일일 수 있다. 한편 나를 성장시킨다고 생각했던 수많은 자기 계발과 기존의 교사 업무에 몰입했던 시간은 오히려 약자를 대상화하고 배제하는 무한 경쟁 체제를 유지하기 위함이었음을 깨달을 수 있었다.

 타자와 어떻게 관계를 맺어야 돌봄에서 모두가 평화로움을 감각할 수 있을까? 그때부터 나는 돌봄 노동의 경험을 다시 생각하게 되었다. 그리고 가족 내 돌봄 관계에서 발생하는 갈등과 폭력이 개인의 윤리와 책임만의 문제가 아닌 사회 구조의 모순에서 비롯됨을 깨닫게 되었다.

취약함으로 서로 연결된 난잡한 돌봄

 엄마는 암 투병을 하시다 떠나셨고, 이때 나는 아빠와 관계를 한 번 더 단절했다가 다시 아빠의 인지저하증을 계기로 돌봄에 연루되어 있다. 비슷한 경험이 있는 그 누구라도 용기를 얻을 수 있으면 좋겠다는 생각으로 작은 기록을 남기고자 한다.
 2011년, 엄마가 암 진단을 받고 투병을 시작했을 때, 나는 그녀를 잃어버릴 수 있다는 두려움에 압도되었다. 그리고 그녀를 돌보는 사람이 되기로 마음을 먹었다. 나는 오랜 기간 사귄 애인이 내가 그녀를 돌보는 일을 이해하지 못하는 것을 보고 이별을 통보했다. 또한 대학원에 진학하여 공부를 더 하고 싶었던 마음도 포기했다. 이렇듯 내가 그녀를 돌보기 위해 관계와 일에서 포기하는 것은 점점 늘어났다. 그런데도 엄마가 항암 부작용 때문에 치료를 포기하려는 것을 이해할 수가 없었다. 나는 아픈 사람이라면 당연히 병원에서 권하는 모든 검사와 치료를 견뎌 내야 한다고만 생각했다.

2022년 여름, 엄마는 부신까지 암이 전이된 것을 알게 되었다. 부신이 있는 부위에 15번이나 방사선 치료를 받았지만 암성 통증은 더욱 심해졌다. 엄마는 나와 여동생에게 연명 치료 거부 의사를 밝혔다. 그리고 호스피스 병동에서 삶을 마무리하고 싶다고 말했다. 처음에는 그녀가 돌봄을 제대로 받을 수 없는 현실 때문에 치료 중단 결정을 내릴 수밖에 없었다는 생각이 들어 마음이 무거웠다.

엄마는 첫 항암 치료를 받은 후 회복하는 기간에 한 천주교 요양 쉼터에서 무료로 자기 돌봄과 영성과 관련한 교육을 받았고 다시 신앙생활을 시작했다. 요양 병원에서 머무는 동안에도 기도 공동체 활동을 통해 비슷한 질병 경험을 가진 동료들과 마음을 나누었다. 폐암이 또 재발하고 뇌종양을 발견하여 두 차례 수술을 받았음에도, 천주교 영성원에서 급식 노동자로도, 청소 봉사자로도 일했다. 그렇게 자신의 영적인 신념을 지켜 왔던 그녀였기에, 죽음 앞에서도 수녀님과 신부님과 긴밀한 관계를 맺길 원했다. 그녀는 원하는 바를 솔직하게 요청했고 나와 여동생도 이들에게 의지하며 도움을 받을 수 있도록 해 주었다.

2023년 1월 초, 그녀는 호스피스에서 2개월간 있다가 퇴원했으나 일주일 만에 암성 통증을 견딜 수 없어 재입원했다. 그 이후로 마약성 진통제 주사를 자주 요청했고 의식이 있는 시간이 많이 줄었다. 하지만 나는 엄마의 관점에서 현실을 조금씩 바라볼 수 있게 되었다. 그리고 낯선 사람들과 관계를 맺은 경험을 통해 돌봄의 태도와 자세에 대해 다시 한번 성찰할 수 있었다. 처음에는 그녀가 어떻게든 소변줄을 빼려고 하거나 침상에서 벗어나려고 하면 나는 쉽게 당황했다. 그녀를 보호하기 위해 큰 목소리로 행동을 제지하려고만 했다. 하지만 비슷한 돌봄 경험을 가진 이들의 글을 통해 섬망 증상이 몸의 급격한 변화를 잘 받아들이지 못하기 때문에 생기는 것임을 알게 되었다.

새벽마다 섬망 증상이 자주 반복되면 간호사님이 찾아오셔서 그녀가 원하는 대로 할 수 있게 도와주셨다. 처음 그녀는 기저귀 사용을 거부했고 타인의 손에 자신의 몸을 맡기는 것을 매우 두려워했다. 간호사님은 그녀의 표정과 말소리만으로도 그 불안함과 공포의 마음을 읽으셨다. 엄마가 두 팔을 자신의 목에 감을 수 있게 한 후 안아서 몸을 일으켜 화장실로 갈 수 있도록 보조했고, 변기에서 용변을 볼 수 있도록 도와주셨다. 그 과정을 통해 그녀는 나에게도 천천히 자신의 몸에 대한 접촉을 허락해 주었고 용변 처리도 맡겼다.

또한 자원봉사자분은 항상 돌봄을 받는 이에게 먼저 무엇을 할 것인지 쉬운 말로 친절하게 안내해 주셨다. 그녀의 표정과 움직임을 고려하여 원하는 방식의 목욕을 할 수 있도록 도움을 주셨다. 그녀가 스스로 씻으려고 할 때는 충분히 기다려 주셨고, 내가 물이 사방으로 뿌려지는 것을 걱정할 때는 '어머니가 하고 싶으신 대로 최대한 도와드리는 것이 좋다'라고 말씀해 주셨다. 그 일로부터 나도 마음의 여유를 가질 수 있었다. 그녀가 하고 싶은 것을 스스로 할 수 있도록 보조하고, 미리 세워 둔 돌봄 계획도 상황에 따라 과감하게 포기할 수 있었다. 그녀는 완전히 의식을 잃기 직전에 나에게 당신의 아버지와 오랜 친구에게 연락하길 부탁했다. 그리고 한없이 사랑한다고 말해 주었다.

호스피스에서 지낸 4개월은 죽음을 삶의 일부로 받아들이게 되었던 소중한 시간이었다. 처음으로 엄마의 눈높이와 발걸음을 맞추었던 순간이 충분하다고 느꼈다. 이러한 돌봄은 관계의 긴장을 함께 견뎌 내는 일이고, 나와 타자의 세계가 매우 다르다는 것을 인정하는 일이라는 것을 깨달았다. 또 신체가 노화되고 기능을 점차 잃어 가는 순간이 두려울지라도 주변의 존재를 돌보며 배려하는 이들을 만날 수 있다는 믿음이 생겼다. 그리고 타인의 존엄성을 존중하며 돌보는 일이, 곧 나의 존엄성과 연결되는 일이었음을 알게 해 주었다.

취약한 몸과 삶에 귀 기울이는 시간

2018년, 인문계 고등학교로 자리를 옮겼다. 나는 성차별적인 학교 문화를 바꾸는 활동에 의욕적이었으며, 엄마의 질병 경험을 가까이에서 지켜보면서 사회적 약자로서 여성의 건강권과 질병권 문제에 관심을 가지게 되었다. 특히 노동과 의료 분야에서 두드러지는, 아프고 노화하는 몸을 바라보는 사회적 시선에 문제성을 많이 느꼈다. 이에 대해 비슷한 경험이나 고민이 있는 청소년과 함께 이야기하며 공부해 보고 싶었다. 그래서 방과 후 수업 프로그램 중 하나로 인문학 강좌를 개설하여 청소년 대상의 페미니즘과 인권을 주제로 한 책을 선정하여 함께 이야기 나누었다. 우리는 가족, 미디어, 학교, 교과서에서 마주하는 성별 고정 관념을 발견하고, 이를 자신의 목소리로 직접 말해 보고, 서로의 지지를 받으며, 책과 자신의 삶을 연결하는 작업을 할 수 있었다.

첫해에는 탈코르셋 운동, 스쿨 미투 운동, 성소수자 이슈에 관심이 있는 여성 청소년들이 수업을 많이 신청했다. 오히려 교과서에 나오지 않는 개념이나 지식을 학생들에게 배우는 경우가 많았다. 특히 성별 정체성과 성적 지향의 다양성, 미디어와 문화 콘텐츠, 불법 촬영에 대해 자신의 생각을 표현하고 다른 이의 생각을 경청하는 것이 재미있었다. 그리고 애초부터 교사가 잘 모를 수 있다는 점을 학생에게 솔직히 밝히며 도움을 요청하는 것이 큰 해방감을 주었다.

이때 여성의 몸을 주제로 진행한 미디어 수업을 통해 외모지상주의, 월경권, 잘 아플 권리 등의 주제를 내 삶의 문제로 생각할 수 있었다. 당시 다이어트 때문에 급식을 잘 먹지 않는 여학생들이 많았고, 사회적으로도 여성의 섭식장애 경험이 주목을 받고 있었다. 학생들과 이야기를 나누다 보니 과거 경험이 떠올랐다.

나는 20대 초반에 심한 다이어트로 인한 골다공증과 무월경증으로 1~2년 정도 병원에 다니며 호르몬 약과 칼슘제를 복용했다. 분명히 나 자신을 돌보기 위해서는 적절한 열량과 영양소를 지닌 음식을 먹어야만 한다는 것을 알고는 있었다. 하지만 문화와 사회적 인식은 내 감정을 지배했고, 마른 몸을 적극적으로 욕망하게 만들었다. 가족, 학교, 광고 등 내가 마주하는 풍경이 비현실적으로 마른 몸을 기준으로 여성에게 꾸밈을 강제하는 것처럼 보였다.

시험 기간 이후 학생들과 '자기 몸의 상태와 느낌을 그림으로 표현하기'*를 했을 때였다. 예상보다 그림에서 통증이 선명하게 느껴져서 많이 놀랐다. 아프거나 힘든 상태에서도 쉬지도 못하고 자신이 해야 할 일에 매달리느라 소진되어 온 흔적이 몸 곳곳에 남아 있었다. 장시간 의자에 앉아 있어 혹사당한 허리, 쉬지 않고 필기해야 했던 손에 연필 선이 새까맣게 그어져 있었다. 그것을 보는 내내 허리와 손에서 잊고 있던 통증이 밀려오는 것만 같았다. 각자의 자화상을 타인에게 설명해 보는 작업이 그동안 외면받아 왔던 고통에 이름을 붙여 주었다. 이는 서로의 몸을 보살피는 계기가 되었다. 그 이후로는 교실 안에서 이미지나 감정으로 자기 생각을 표현하고 듣는 시간을 많이 마련하려고 했다. 그리고 나, 학생, 세상을 연결하는 작업을 하려고 노력했다.

---

* 사진작가이자 성평등교육 활동가인 혜영의 '자화상 그리기' 활동을 참고하였음.

이 수업을 경험하면서 가장 많이 변화한 사람은 바로 나였다. 내가 기억하고 싶지 않은 경험을 되돌아보며 현재 삶의 문제를 고민하고 대응하는 힘을 갖게 되었다. 그 과정에서 학생들이 들려준 이야기와 지지의 마음이 큰 도움이 되었다. 비록 방과 후 수업이지만 학생들은 나를 믿고 자신의 취약한 삶의 일부를 나누어 주었다. 이를 통해 질병, 장애, 노화, 죽음의 문제를 일상의 문제로 깊게 생각하고 싶어졌다.

취약함을 재정의하며, 교육을 돌봄으로 재발명하자

　이 글을 쓰는 동안, 돌봄이 나에게 어떤 영향을 끼쳤는지 다른 시각으로 해석해 볼 기회가 있었다. 돌봄 경험 덕분에 나는 사람에 대한 이해와 포용의 폭이 훨씬 깊어지고 넓어졌다. 소위 장애와 질병이 없는 상태를 정상으로 바라보는 시선이 얼마나 편협한 관점인지를, 누구나 상황과 맥락, 조건에 따라 취약한 상태에 놓일 수 있다는 사실을 알게 되었다. 그래서인지 타인의 상태를 면밀히 관찰하여 기분이나 상태 변화를 빠르게 알아차리되, 그에 맞춰 내 의사를 전달하고 도움을 요청하기를 주저하지 않게 되었다.
　무엇보다 이러한 인식은 과거에 경험한 성적 억압으로부터 '남성성'과 '비청소년' 정체성에 특권을 부여하는 규범에 대한 저항감으로 연결되었다. 그리고 24세에 아빠로부터 주거 분리를 감행할 때, 30대 초반에 가부장적인 고등학교로부터 도망쳐 나올 때, 나는 오히려 '청소년' 정체성에 동질감을 깊게 느끼게 되었다.

그래서 나는 보편적인 교사 정체성을 벗어던지고자 마음먹었다. 그리고 다른 돌봄 윤리와 태도를 고민하는 세계를 만나서, 나에 대해 자긍심을 느낄 수 있게 되었다. '청소년'의 정체성에 동질감을 느낀다는 것과 완벽주의 성향이 때로는 나를 의기소침하게 만들 때가 있다. 그럴 때마다 나는 거창한 욕구와 부담감을 버리고 내 체력적, 자원적 한계를 고려한 자기 돌봄을 고민하려고 노력한다. 스스로에게 '애쓰지 않아도 괜찮다, 나에게도 더욱 다정해지자'라는 말을 되뇌고 있다.

나는 나에게 맞는 돌봄의 의미를 다시 정의내릴 수 있었다. 나에게 돌봄이란, '다정함을 잃지 않고, 함께 사는 과정을 꼼꼼하게 짚어 가며, 나와 타인이 주체적으로 서로 의존할 수 있도록 관심을 가지고 보살피는 일'이다. 그리고 나를 '나의 감정과 욕망, 신체와 섹슈얼리티를 인정하고 타자와의 관계를 기꺼이 감당하는 주체'*로 조금씩 바꿔 가며, 사회 규범으로부터 '살짝 이동해 보고 옆으로 한 보 옮겨 편차를 만들어 내는 것'**을 할 수 있게 되었다.

---

* 디디에 에리봉, 이상길 옮김(2021), 《랭스로 되돌아가다》, 문학과지성사, 317쪽.
** 디디에 에리봉(2021), 앞의 책, 258쪽.

나는 '교사로서 어떤 노동을 하고 싶은지'에 대한 고민이 다양한 위치의 교사 노동자들 사이에서 더 허심탄회하게 이야기되어, 그것이 사회 지배 질서와 불평등, 폭력에 저항하는 사회적 담론으로 전환되어야 한다고 생각한다.

코로나19 대유행이 심각했던 2021년 나는 등교에 어려움을 겪는 학생들을 생활교육위원회 대상자로 올리라는 요구를 받았다. 그중 한 학생은 다른 친구들의 시선을 두려워해서 화장실에 몸을 숨기거나 말없이 집으로 돌아가는 일이 잦았으며, 한 학생은 양육자가 정신 질환과 장애를 가지고 있었고 필요한 돌봄을 받기 어려워 청소년 쉼터로 이주한 상황이었다. 나는 생활부장 교사와 교감에게 돌봄 공백과 소외를 겪는 학생들에게 징계가 아니라 다른 해결 방안이 필요한 상황이 아닌지 질문했다. 그러나 이 질문은 소위 정상 가족의 비장애인 학생들을 어떻게 관리하고 통제할지를 가장 중요하게 생각하는 이들에게는 중요한 관심사가 아니었기에 묵살되었다. 코로나19 팬데믹 시기 우리 사회는 그 누구도 혼자 자립해서 살 수 없으며 모두에게 관계와 자원이 연결되어 있어야 한다는 것을 확인했다. 그러나 학교가 어떤 시공간이기를 바라는지에 대한 사회적 논의는 심화되지 않았다. 정부와 교육 당국은 비대면 원격 수업과 가상 현실 등 과학 기술의 활용에만 초점을 맞추고 있었다. 지금이라도 논의의 방향을 바꾸어야 한다. 신체적, 경제적, 사회적 취약성이 고립과 강제 분리로 이어지지 않도록 하는, 상호의존적인 관계 맺기가 가능한 교육 환경과 시스템을 만들도록 다양한 위치성을 가진 학생과 노동자의 목소리가 정책에 반영되어야 할 것이다.

 얼마 전, 나는 화학 실험 수업 시간에 학생들의 장난을 제지하다가 한 학생이 욕을 하는 것을 들었다. 그때 나는 한 청소년인권운동 활동가에게 청소년과의 갈등 상황에 대해 조언을 구했던 것을 떠올리며 스스로 질문했다. 나의 훈계를 거부하는 그 학생의 행동을 문제로만 판단하고 태도를 교정하는 일을 하고 싶은 것인가? 그 학생이 보이는 방어적인 태도를 억지로 해체할 것인가 아니면 관계와 신뢰를 쌓아 가는 길을 선택할 것인가? 먼저 나는 생각과 행동을 잠시 멈추었다. 그 학생도 방어할 수 있음을 인정하고, 서로에게 안전할 수 있는 거리를 확보하여 그 학생 또한 자율성을 가질 수 있게 할 여유가 필요했다.* 다음 날 아침, 그 학생에게 다가가서 잠시 이야기를 나눌 수 있을지 물어봤다. 그리고 내가 먼저 그의 행동을 잠깐 보고 일방적으로 판단한 것에 대해 미안하다고 먼저 사과했다. 학생 또한 속사정을 얘기하며 마음의 여유가 없었다고 말해 주었다. 이를 통해 나는 학생과 "같은 눈높이에서 말을 걸어 보려는 노력"과 "자기 힘으로 변화를 시도하고픈 자율성의 요구에 대한 경청"이 새로운 관계 맺기와 해방의 실천이 될

---

* 인권교육센터 들(2017), 《마음의 관리? 마음의 권리! 청소년 심리정서지원사업, 무엇을 묻고 무엇을 고민해야 하는가 - 2016 '위기청소년'자립지원사업 자몽自懜 연구 발표회》 자료집, 29~30쪽.

수 있음*을 깨달았다.

현실과 사회에서 행해지는 돌봄은 모두를 항상 이롭게 하는 성질의 것이 아니다. 오히려 돌봄을 주는 이와 돌봄을 받는 이의 위계 관계를 마치 이로운 것처럼 포장하여, 기존의 불평등과 차별을 공고하게 만들기도 한다. 가족, 학교를 포함한 사회는 아동과 청소년의 인권을 존중하는 것에 미성숙하기 때문이다. 그리고 보호자, 교사, 치료 및 상담 전문가 등 비청소년 시민들의 권력이 제대로 검토·제어되지 않기** 때문이다. 그러므로 돌봄은 취약한 상황과 맥락에 놓인 타자들에게 강제와 억압으로 작용할 수 있다. 또한 돌봄 노동에 값싼 비용을 지불하여 돌봄이 필요한 이를 취약한 타자 또는 시설에 쉽게 떠맡기고 개인과 사회의 몫을 다했다고 생각하기 쉽다.

그러므로 돌봄을 '자신과 타인의 심리적 해방을 서로 도우며, 타자에 대한 사회적 억압에 반대하는 운동과 연결된 일'로 재정의해야 한다. 그러기 위해 "취약하고 상호의존적인 존재들이 서로에게 필요한 것을 이해하는 법을 배우는 일"***임을 새롭게 인식하는 것에서부터 시작해야 한다. 왜냐하면 우리에게 타자의 개별적이면서 고유한 감각과 통찰이 사회 해방의 언어를 풍요롭

---

* 인권교육센터 들(2017), 앞의 자료집, 53~55쪽.
** 인권교육센터 들(2017), 앞의 자료집, 56쪽.
*** 수나우라 테일러, 이마즈 유리·장한길 옮김(2020), 《짐을 끄는 짐승들 – 동물해방과 장애해방》, 오월의봄, 372쪽.

게 제시해 주고 있기 때문이다. 그리고 이는 취약한 사회 구조의 문제를 마주할 힘*을 내 안에서 재발견하는 것으로 이어질 수 있다. '이상, 표준, 정상'이라고 여겨지는 것이, 개인이 있는 삶의 현장과 경험에 적용하기에는 얼마나 비현실적이면서도, 불충분한지에 대해 인정**하고 직면하는 힘 말이다. 이 힘을 개인이 오롯이 발휘하는 것은 불가능하다. 우리가 사는 사회가 '상호의존하며 존엄하게 사는 삶'의 조건과 환경, 지원 체계를 재발명할 수 있도록 돌봄 관계 당사자들의 주체적인 목소리가 정책과 제도에 반영되어야 한다.

무엇보다 교육은 각자의 존엄과 자유를 속박하지 않는 상호의존 관계 안에서 이루어져야 한다. 특히, 교사의 노동은 훈육, 교화, 돌봄이란 이름으로 청소년의 인권을 침해하는 일이 되어서는 안 된다. 그것은 이미 교육 노동이 아닌 구조적 폭력에 동조하는 일이기 때문이다. 그러므로 교사의 노동은 자신과 청소년을 '동등한 돌봄 관계의 주체'로 세우는 일이되, 그 누구의 개별적인 헌신과 역량에만 기대는 일이 되어서는 안 된다. "그러려면 청소년을 지원하는 교사와 더불어 실무자, 활동가의 안정적인 노동 조건과 이들

---

* 김혜미(2022),《박순애, 기록, 집》, 이매진, 228쪽. 저자는 기억을 통해 타인의 고통을 알게 되면서 인간의 취약성을 생각하게 되었고, 이 취약성이 다른 사람에게 의존하거나 관계를 맺을 때 해결된다고 말한다.
** 조한진희 외, 다른몸들 기획(2022),《돌봄이 돌보는 세계》, 동아시아, 54~56쪽.

을 위한 돌봄 지원 체계와 공동체 또한 마련되어야만 한다."* 그래야만 모두를 위한 안정적이고 지속적인 지지와 수평적 통합 지원이 가능한 학교와 사회로 바꿀 수 있을 것이다. 긴 돌봄의 시간을 겪으며, 나는 교육이 '각자에게 고유하고, 존엄한, 일상적 돌봄 관계'로 재발명 되어야 한다고 믿게 되었다.

---

* 인권교육센터 들(2017), 앞의 자료집, 60~67쪽.

교육공동체 벗

교육공동체 벗은 협동조합을 모델로 하는 작은 지식공동체입니다.
협동조합은 공통의 목적을 가진 사람들이 모여서 만든
권력과 자본으로부터 독립된 경제조직입니다.
교육공동체 벗의 모든 사업은 조합원들이 내는 출자금과 조합비로 운영됩니다.
수익을 목적으로 하지 않기에 이윤을 좇기보다
조합원들의 삶과 성장에 필요한 일들과
교육운동에 보탬이 될 수 있는 사업들을 먼저 생각합니다.
정론직필의 교육전문지, 시류에 휩쓸리지 않는 정직한 책들,
함께 배우고 나누며 성장하는 배움 공간 등
우리 교육 현실에 필요한 것들을 우리 힘으로 만들고 함께 나누고 있습니다.

조합원 참여 안내

출자금(1구좌 일반 : 2만 원, 터잡기 : 50만 원)을 낸 후 조합비(월 1만 5천 원 이상)를 약정해 주시면 됩니다. 조합원으로 참여하시면 교육공동체 벗에서 내는 격월간 교육전문지 《오늘의 교육》과 조합통신을 받아 보실 수 있습니다. 출자금은 종잣돈으로 가입할 때 한 번만 내시면 됩니다. 조합을 탈퇴하거나 조합 해산 시 정관에 따라 반환합니다. 터잡기 조합원은 벗의 터전을 함께 다지는 데 의미와 보람을 두며 권리와 의무에서 일반 조합원과 차이는 없습니다. 아래 홈페이지나 카페에서 조합 가입 신청서를 내려받아 작성하신 후 메일이나 팩스로 보내 주세요.

홈페이지 communebut.com
이메일 communebut@hanmail.net
전화 02-332-0712
팩스 0505-115-0712

교육공동체 벗을 만드는 사람들

※하파타순

후쿠시마 미노리, 황지영, 황정일, 황정원, 황이경, 황윤호성, 황영수, 황봉희, 황규선, 황고운, 홍지영, 홍정인, 홍승희, 홍순성, 홍성근, 홍성구, 홍서연, 현복실, 허창수, 허윤영, 허성실, 허성균, 허보영, 허광영, 함점순, 함영기, 한학범, 한채민, 한진, 한지혜, 한은okay, 한송희, 한성찬, 한석주, 한민호, 햔민혁, 한만중, 한날, 한길수, 한경희, 하주현, 하정호, 하정필, 하인호, 하승우, 하승수, 하순배, 탁동철, 최희성, 최현숙, 최현미, 최han나, 최진규, 최주연, 최정윤, 최정아, 최은희, 최은정, 최은숙, 최은경, 최윤미, 최유리, 최원혜, 최우성, 최영식, 최연희, 최연정, 최승훈, 최승복, 최선자, 최선경, 최봉선, 최보람, 최병우, 최미영, 최류미, 최다현, 최광용, 최경미, 최경련, 채효정, 채종민, 채민정, 차종숙, 차용훈, 진현, 진주형, 진용용, 진영준, 진낭, 지정운, 지수연, 주예진, 주винoung, 조희정, 조혜원, 조현민, 조향미, 조해수, 조준혁, 조진희, 조지연, 조정희, 조원희, 조원배, 조용진, 조영현, 조영숙, 조영숙, 조영선, 조여은, 조여경, 조성희, 조성실, 조성배, 조성대, 조석현, 조석영, 조남규, 조경애, 조경아, 조경삼, 조경미, 제남모, 정희영, 정홍윤, 정현숙, 정혜레나, 정한경, 정춘수, 정진영a, 정견영b, 정진규, 정주리, 정종헌, 정종민, 정재학, 정이든, 정은희, 정은주, 정은균, 정유진, 정유숙, 정유섭, 정원탁, 정원석, 정용주, 정예현, 정예슬, 정애순, 정소정, 정보라, 정민석, 정미숙a, 정미숙b, 정명옥, 정명영, 정득녀, 정다수, 정남주, 정광호, 정광필, 정광일, 정관모, 정경원, 전혜원, 전지훈, 전정희, 전유미, 전세라, 전보애, 전민기, 흔미영, 전명훈, 전난희, 장주연, 장인하, 장은정, 장윤영, 장원영, 장시준, 장상욱, 장병훈, 장병학, 장병순, 장근영, 장군, 장경훈, 임혜정, 임향신, 임한철, 임하영, 임지영, 임중혁, 임종길, 임정은, 임전수, 임수진, 임성빈, 임선영, 임상진, 임동헌, 임덕연, 임경환, 이희옥, 이희연, 이효진, 이호진, 이혜정, 이혜영, 이혜리, 이현, 이혁규, 이향숙, 이한진, 이하영, 이태영, 이태경, 이치형, 이충근, 이진희, 이진혜, 이진주, 이진욱, 이지홍, 이지향, 이지혁, 이지향, 이지영, 이지연, 이지연, 이주희, 이주영, 이종수, 이정희a, 이정희b, 이제익, 이재은, 이재영, 이재두, 이인사, 이은희a, 이은희b, 이은향, 이은진, 이은주, 이은영, 이은숙, 이은민, 이윤엽, 이윤숭, 이윤선, 이윤미, 이윤경, 이유진a, 이유진b, 이월녀, 이원님, 이용환, 이용석, 이용기, 이영화, 이영주, 이영아, 이연희, 이연주, 이연숙, 이연수, 이승철, 이승화, 이승기, 이수현, 이수정a, 이수정b, 이수연, 이수미, 이성희, 이성호, 이성채, 이성숙, 이성수, 이선표, 이선영a, 이선영b, 이선애a, 이선애b, 이선미, 이상훈, 이상화, 이상직, 이상원, 이상미, 이상대, 이병준, 이병곤, 이범희, 이민정, 이민아, 이민숙, 이미옥, 이미숙, 이미라, 이문영, 이명훈, 이명철, 이동철, 이동준, 이동범, 이다연, 이남숙, 이난영, 이나경, 이기자, 이기규, 이근철, 이근영, 이규빈, 이광연, 이계삼, 이경화, 이경은a, 이경은b, 이경화, 이경연, 이경림, 이건희, 윤효성, 윤미연, 윤종은, 윤지형, 윤종원, 윤영훈, 윤영백, 윤수진, 윤상혁, 윤병일, 윤규석, 유효성, 유재호, 유영길, 유병준, 위양자, 원지영, 원윤희, 원성제, 우창숙, 우지영, 우완, 우수경, 오중근, 오정오, 오재홍, 오은정, 오은경, 오유진, 오수진, 오세희, 오민식, 오명환, 오동석, 염정미, 여희영, 여희영, 엄방호, 엄기호, 엄기욱, 양해준, 양진석, 양은주, 양은숙, 양영희, 양애정, 양선아, 양서영, 양상진, 양근라, 막효빈, 안찬희, 안지욱, 안준철, 안정선, 안옥수, 안영신, 안영빈, 안순억, 심은보, 심우향, 심승희, 심우환, 심동으, 심나은, 심경일, 신혜선, 신중일, 신창호, 신창록, 신중휘, 신중식, 신은정, 신은주, 신소희, 신소희, 신미옥, 신소영, 신기정, 신미옥, 송혜란, 송한별, 송정은, 송인혜, 송용석, 송아미, 송승훈a, 송승훈b, 송수연, 송명숙, 송경재, 손현아, 손진근, 손정란, 손은경, 손성연, 손민정, 손미숭, 소수영, 성현석, 성열란, 성보란, 설은주, 설원민, 선마 라, 석옥자, 석미화, 석경순, 서지연, 서정오, 서인선, 서은기, 서혜린, 서명숙, 서금숙, 서강선, 상형구, 변현숙, 변나은, 백현희, 백승범, 배회철, 배주영, 배효정, 배이상헌, 배영진, 배나영, 배성연, 배경내, 방득일, 방경내, 반영주, 박희진, 박희영, 박효정, 박환조, 박혜숙, 박형진, 박현희, 박현숙, 박춘애, 박춘배, 박철호, 박진희, 박진환, 박준수, 박진교, 박지희, 박지홍, 박지원, 박종구, 박정희, 박정미, 박재선, 박은하, 박은이, 박은경, 박용번, 박옥주, 뽞옥균, 박영실, 박역사, 박신자, 박수진, 박수경, 박소현, 박세일, 박성규, 박선영, 박상현, 박복희, 박명희, 박명도, 박명혁, 박도정, 박명숙, 박대성, 박노혜, 박내현, 박나실, 박기웅, 박교형준, 박경화, 박경이, 박건형, 박건진, 박건오, 민병성, 문호진, 문용식, 문영주, 문연심, 문수현, 문수영, 문수경, 문명숙, 문경희, 모은정, 맹우용, 마승희, 류창모, 류정희, 류재향, 류우종, 류명숙, 류대현, 류경로, 도정철, 도방주, 데와 타카유키, 노한나, 노영헌, 남효숙, 남정민, 남은정, 남효림, 남원호, 남예린, 남미자, 남궁역, 나여훈, 나규환, 김희윤, 김홍규, 김훈태, 김효미, 김홍규, 김홍겸, 김혜림, 김현진, 김현주a, 김현주b, 김현영, 김현실, 김헌택, 김헌용, 김하경, 김팔임, 김태훈, 김태원, 김찬영, 김찬, 김진희, 김진주, 김진숙, 김진, 김지훈, 김지혁, 김지원, 김지연, 김지연a, 김지연b, 김지광, 김은영, 김기홍, 김종진, 김종원, 김종숙, 김종선, 김정삼, 김재황, 김재련, 김재민, 김일곤, 김인순, 김이은, 김은파, 김은아, 김은식, 김은숙, 김은수, 김윤주, 김윤자, 김윤우, 김원예, 김원실, 김우영, 김용휘, 김용양, 김용만, 김요한, 김영희, 김영진, 김영주, 김영재, 김영삼, 김영미, 김영모, 김연주, 김연일, 김연미, 김아현, 김순천, 김수현, 김수진a, 김수진b, 김수정, 김수연, 김수경, 김소희, 김소혜, 김소영, 김세호, 김세원, 김성탁, 김성숙, 김성봉, 김성보, 김선희, 김선철, 김선우, 김선미, 김선구, 김석규, 김서화, 김서영, 김상희, 김상정, 김봉석, 김보현, 김보경, 김병희, 김병훈, 김병기, 김범주, 김민희, 김민섭, 김민서, 김민준, 김민결, 김미향, 김미진, 김미선, 김문옥, 김무영, 김묘선, 김명희, 김명섭, 김대현, 김대영, 김도식, 김다희, 김도훈, 김남철, 김나혜, 김기훈, 김기언, 김규태, 김규빛, 김광백, 김광민, 김고종호, 김경일, 김가연, 길지현, 기세라, 든현진, 금현오, 금명순, 권혜영, 권혁찬, 권혁기, 권태윤, 권자영, 권유나, 권용수, 권미지, 국찬석, 구자숙, 구원희, 구완희, 구수연, 구본희, 구미숙, 광훈, 곽혜영, 곽현주, 곽진경, 곽노현, 곽노근, 공현, 공진하, 고영하, 고진식, 고은주, 고윤경, 고영주, 고영실, 고병헌, 고병연, 고민경, 고미아, 강화정, 강혜인, 강현주, 강현경, 강한아, 강태식, 강준희, 강인성, 강이진, 강은영, 강윤진, 강유미, 강영일, 강영구, 강순원, 강수돌, 강성규, 강석도, 강서형, 강경모

※ 2024년 12월 10일 기준 750명

※ 이 책의 본문은 재생 용지를 사용해서 만들었습니다.